山東山大華特科技股份有限公司

SHANDONG SHANDA WIT SCIENCE AND TECHNOLOGY CO.,LTD.

山东山大华特科技股份有限公司于2001年在深交所上市，股票代码000915。公司是中国环境保护产业骨干企业、中国环保产业协会常务理事单位、山东省高新技术企业，通过了ISO9000国际质量体系认证，先后承担多项国家“863”计划项目、山东省科技攻关项目、山东省技术创新项目、山东省科技发展计划项目，拥有国家专利和著作权二十余项、科研成果三十余项。公司多个产品先后被列入国家级新产品、国家重点新产品，荣获国家科技发明奖，国家科技进步二等奖，山东省科技进步二、三等奖，全国发明展览会金奖等。

公司以山东大学为技术依托，以环保、医药为主导产业，以“水更清、天更蓝、环境更优美、人类更健康”为奋斗目标。

公司控股的达因制药以“使千千万万中国儿童健康强壮”为己任，致力于“成为儿童保健和治疗领域的领军企业”的宏伟战略目标，主要产品有伊可新（维生素A/D胶丸）、国家二类新药伊瑞（格列美脲片）、伊甘欣（甘草锌颗粒）、盖笛欣（复方碳酸钙泡腾颗粒）等。其中“伊可新”被认定为中国驰名商标，在全国维生素A/D制剂药市场及婴儿用维生素市场中处于领军地位。

公司是国内生产规模最大、历史最久、技术研发实力最雄厚的二氧化氯发生器、消毒剂专业制造企业，二氧化氯行业国家标准起草单位，目前已经形成了八大系列一百多个规格的“华特”牌二氧化氯发生器产品以及十余个规格的卫生消毒系列用品，获五项国家发明专利、五项实用新型专利，其中小型二氧化氯发生器技术性能居国内同类产品领先水平，国内市场占有率第一。

公司利用双氧水法、甲醇法两大工艺自行研发的纸浆漂白用大型二氧化氯制备装置制备能力达到10吨/天，在日照华泰纸业等多家单位成功投入运行，填补了该技术设备国产化的空白，主要经济技术指标达到国际先进水平。

公司致力于电力行业及工业企业的污染治理与环境改善，业务领域涉及燃煤锅炉烟气脱硫，钢厂烧结烟气脱硫、脱硝，锅炉烟气余热利用及深度节能工程，电厂污废水回用，工业废水处理等，具有工程设计、施工、安装、调试、售后等专业服务能力。在中国地区第一个许可引进美国MET公司的湿式石灰/石灰石烟气脱硫技术，拥有国际一流的烟气脱硫研发中心、国家烟气脱硫重点实验室和烟气脱硫设备生产基地，脱硫技术国内领先。

公司目前还涉足电子信息、晶体材料等产业。信息与自动化事业部主要从事通信和工控领域技术开发与应用，大屏幕显示系统、图像监控系统的开发、生产与应用。

山东华特中晶光电科技有限公司依托山东大学晶体研究所科技人才优势，在晶体材料的开发和研制中取得了多项重大突破，先后开发了国内领先的六硼化镧粉末，多晶、单晶材料，光学晶体材料，炭/炭复合材料，市场前景极为广阔。

华特人秉承“壁立千仞、有为则刚”的精神，以“敬业、创新、合作、诚信”的工作作风，为打造底蕴深厚、业绩优良、员工爱戴、公众信赖的优秀上市公司而不懈努力！

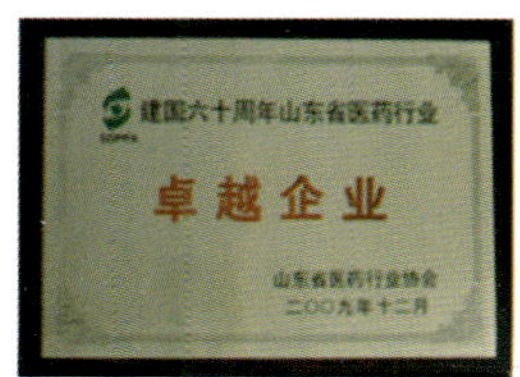

——您身边的电能质量治理专家

华天公司创立于1991年。2000年底，山东山大科技集团公司联合山东省高新技术投资有限公司山东省企业信用担保有限责任公司、山东银座商城股份有限公司等战略投资者及公司经营管理骨干共同成立了山东山大华天科技股份有限公司,公司注册资本5 500万元。

公司现拥有省级企业技术中心、山东省电能质量控制工程技术研究中心及山东省电能质量控制工程实验室,同时承担多项国家发改委产业化专项、山东省科技攻关项目、山东省技术创新项目、山东省重点节能技术项目、山东省第一批战略性新兴产业重点项目等，拥有多项国家发明专利；取得了国家火炬计划重点高新技术企业、山东省高新技术企业、山东省质量管理先进企业、山东省管理创新优秀企业、山东省首批创新型企业等荣誉称号。

“追求最卓越，挑战最巅峰，做同行业的巨人和领袖”是山大华天永远的追求，山大华天将凭借充满活力的企业文化、高素质的人才、一流的设备、先进的技术和管理，更充分、更完美地服务社会，报效国家。

•电能质量专家 •打造绿色电网 •服务节能减排

•HTQF华天新一代有源滤波器 •HT-STATCOM 静态同步补偿

•HTEQ系列动态消谐无功补偿器 •HTPF系列无源电力滤波器

•HTVQ系列电压无功综合控制系统

•应急供电系统整体解决方案提供商

•HTY系列单相应急电源 •HTYS系列三相应急电源

•FEPS系列可变频三相（动力型）应急电源

HOTEAM 山东山大华天科技股份有限公司 SHANDONG HOTEAM TECHNOLOGIES CO.,LTD.

电话：0531－82670000 82670099 传真：0531－82952200

地址：山东省济南市千佛山路5号华天大厦

网址：http://www.huatian.com.cn/

公司发展二十年来，已为中国移动、中国重汽、北京地铁等上千家优秀的大小企业提供了优秀的节能方案与设备，山大华天期待与您共创

绿色化工，让生活更美好

——山东石大胜华化工集团股份有限公司

山东石大胜华化工集团厂区全景

山东石大胜华化工集团股份有限公司是教育部直属全国重点大学，国家“211工程”重点建设高校——中国石油大学（华东）的校办企业，是以生物化工及基本有机化工产品的生产、销售为主的国家重点高新技术企业。公司位于中国黄河三角洲的中心城市——东营市。

集团公司占地 1 400 余亩，现有员工 1 300 余人，注册资本 1.52 亿元，总资产 20 亿元。集团下属东营石大胜华新材料有限公司、东营中石大工贸有限公司、东营石大宏益化工有限公司、青岛石大胜华国际贸易有限公司、东营盛世化工有限公司等多家单位。

集团公司目前建有 12 套生产装置，拥有 20 多种产品，其中 11 万吨 / 年碳酸二甲酯装置产能规模位居亚洲同类产品之首。公司生产的碳酸二甲酯曾先后荣获 2004 年上海国际工业博览会银奖，中国化工学会精细化工专业委员会“质量过硬，优秀重点推荐产品”等荣誉称号，远销欧美、日韩、东南亚地区和国内十几个省市，国际、国内市场占有率名列同行之首。

在进行装置建设的同时，集团公司建有污水处理装置、循环水装置、尾气回收等装置，保证了达标排放，实现了节能减排和资源循环利用，提高了能源利用效率。

集团公司十分注重产品质量，拥有高素质的管理和化验人员，配备了高档进口气相色谱仪、微库仑分析仪、微量水分测定仪以及其他常规检测设备，检测水平居国内同行业领先地位。自 2004 年 6 月起开始实施 QHSE 管理体系以来，在质量、环保、安全等各方面的管理均赢得了国内外客户的高度赞誉。

集团公司自成立以来，先后获得山东省管理创新优秀企业、东营市安全生产工作先进单位、东营市外经贸工作先进企业、东营市十佳科技创新企业、东营市诚信企业、东营市守合同重信用企业等多项荣誉称号。

作为绿色化工产业的倡导者和实践者，集团公司秉承“引领绿色化工潮流，提升健康生活品质”的神圣历史使命，致力于成为世界上最优秀的碳酸酯类产品和锂电池材料供应商。

山东石大胜华化工集团污水处理装置

沈阳东创贵金属材料有限公司

沈阳东创贵金属材料有限公司（原东北大学黄金学院贵金属材料厂）是东北大学科技产业集团有限公司下属的国有全资企业，也是全国黄金、白银等稀缺贵金属深加工行业骨干企业之一。公司创建于1973年。厂区占地面积12 000平方米，建筑面积5 800平方米，注册资金934万元，资产总额2 234万元，现有职工42人。2010年工厂销售收入1.55亿元人民币，其中高新技术产品及高新技术性收入占全年销售总额的68%。公司是中国人民银行指定的金、银提纯，加工和回收单位，也是集团所属公司中最具特色的小型巨人企业之一。

多年来，公司紧密依托东北大学人才、科研、技术优势，努力提高企业自身核心竞争力，不断研制高新技术产品，在金、银及其合金材料，复合材料的开发上加大力度，努力满足市场需求，目前公司的产品已形成八大系列，近百个品种，被广泛应用于各类金银镀膜、电力电子、特种玻璃、国防军工等领域，其中的部分产品替代了进口。产品远销包括香港在内的二十多个省、市及特别行政区。其中一些产品获得了国家、省、部级科技进步奖及国家发明专利。2006年企业被认定为“沈阳市高新技术企业”“辽宁省高新技术企业”。

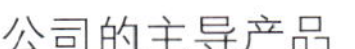

厂房外观

公司的主导产品：

1. 金、银及其合金真空离子溅射靶材，稀贵金属及难熔金属靶材。
2. 金、银、铂、钯及其合金的板材，箔材，带材，线材。
3. 包银复合熔丝系列产品。
4. 银三层复合弹性带材。
5. 高压灭弧银双喉管、银导电辊及电触头产品。
6. 金、银投资，纪念产品。

公司以不断推出新技术、新产品为主导思想，加大科技产业的投入。公司生产的银靶材，1N14、2N18、玫瑰金等系列金靶材，银三层复合弹性带材，已经替代了美国、德国、瑞士的进口材料。其中，玫瑰金靶材已获得国家发明专利。公司有一个团结、务实的领导班子，积极向上的职工队伍。

电极头

纪念章

金合金靶材

线材

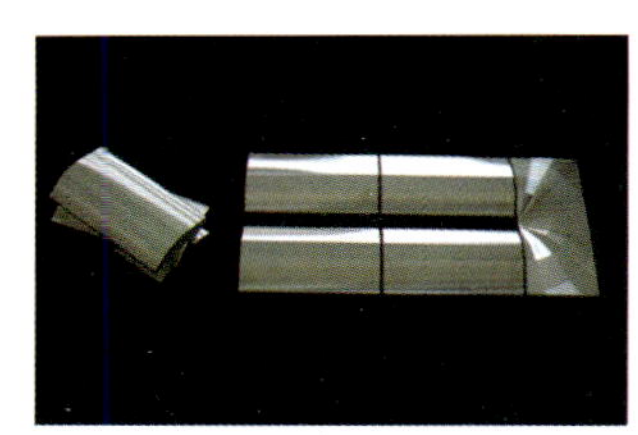

银靶材

中国文化，现代气息

CHINESE CULTURE, MODERN STYLE

同

T 依托百年学府同济大学的深厚底蕴，经过半个多世纪的积累和进取，拥有了深厚的工程设计实力和强大的技术咨询能力。

With one hundred years' history and the profound cultural foundation of Tongji University, TJAD has accumulated rich experience in both engineering design and technical consultancy through continuous progress in the course of half a century.

J 汇聚二千多名优秀的工程技术人才，提供客户一流的工程咨询服务，通过卓越的能力推动城市发展、建立美好的生活。

TJAD has employed more than two thousan outstanding architectural design and engineerin personnel to provide top engineering consultin services for our clients. Meanwhile, we have bee working hard to promote urban development an aiming to build a better life with our special ability.

计

A 业务范围涉及各个重要领域，工程案例遍布全国各个省、非洲以及南美，是目前国内资质涵盖面最广的设计咨询公司之一。

TJAD has the most extensive coverage of national qualifications. The business scope of TJAD includes all kinds of important fields, it has dealt with thousands of project cases in China, Africa and South America.

D 传承历史，突破创新，崇尚可持续设计，将建筑与社会文化紧紧相连。

TJAD closely combines architecture an social culture along with historical heritage, breakthrough innovation, and advocating fo sustainable design.

2010年度中国高等学校校办产业统计报告

中华人民共和国教育部科技发展中心
中国高校校办产业协会
编

北京理工大学出版社
BEIJING INSTITUTE OF TECHNOLOGY PRESS

图书在版编目(CIP)数据

2010年度中国高等学校校办产业统计报告/中华人民共和国教育部科技发展中心中国高校校办产业协会编. —北京:北京理工大学出版社,2011.10

ISBN 978-7-5640-5134-1

Ⅰ.①2…　Ⅱ.①中…　Ⅲ.①高等学校-校办工厂-统计分析-中国-2010　Ⅳ.①G649.22

中国版本图书馆CIP数据核字(2011)第190034号

出版发行 / 北京理工大学出版社
社　　址 / 北京市海淀区中关村南大街5号
邮　　编 / 100081
电　　话 / (010)68914775(办公室)　68944990(批销中心)　68911084(读者服务部)
网　　址 / http://www.bitpress.com.cn
印　　刷 / 北京泽宇印刷有限公司
开　　本 / 787毫米×1092毫米　1/16
印　　张 / 20.75
彩　　插 / 10
字　　数 / 434千字
版　　次 / 2011年10月第1版　　2011年10月第1次印刷
印　　数 / 1~2000册　　　　责任校对 / 周瑞红
定　　价 / 200.00元　　　　责任印制 / 边心超

《2010年度中国高等学校校办产业统计报告》

编 委 会

前　言

一、高校校办产业统计工作为全面了解全国高校校办产业发展情况提供了重要的数据支持，通过对相关数据的归纳和分析，能够清楚地描述出全国高校校办产业的整体状况，为各高校和各省、自治区、直辖市教育行政主管部门了解本单位与本地区高校校办产业发展和全国总体状况提供了有益的帮助，并为政府及有关部门制定相关政策提供了重要的决策依据。

二、随着中国高校校办产业的不断发展，其在高等院校科技成果转化和产业化过程中蕴藏的巨大商机和潜在的盈利能力，引起了人们对投资资本、投资服务领域的极大关注。对高校校办产业的基本情况、经营状况、运营效益、资产存量、资本结构、资金分配、盈利能力等统计数据的综合分析，成为研究这一领域投资价值的重要参考数据。

三、本书的统计时间为 2010 年 1 月 1 日—12 月 31 日。统计范围是全国全日制普通高等学校所投资的一级企业和二级企业（本资料的统计不包括我国台湾及港、澳地区的高校）。本统计报告采用合并财务报表的方式，填报主要财务指标。书中的数据采集权威、全面，资料详实、可靠。在编排中除文字表述外，还绘制了大量图表，力求简明扼要，一目了然。各统计部分都有简单的数据分析，以提示数据的信息关联。

四、随着高校产业规范化建设的逐步深入，高校产业管理体制发生了较大变化，为力求客观准确地反映高校校办产业的总体情况，同时保持历年统计数据的可比性，从 2008 年起我们组织专家对校办产业统计范围、统计对象、统计规则等进行了修订，2010 年度校办产业统计工作采用的是 2008 年制定的《全国普通高等学校校办产业统计年报暂行办法》。

五、我们将中国高等学校校办产业统计分析报告作为正式出版物出版，由于数据基础的限制，编撰时间有限、经验不足，所以本书在文字表述、数据分析等方面都存在着一些缺憾，敬请广大读者提出宝贵意见，我们将在今后的工作中加以完善。

六、本书的出版得到各省、自治区、直辖市教育厅（委）和北京理工大学的支持，在此深表感谢。

编　者

2011 年 8 月

目　　录

一、2010 年度全国普通高校校办产业统计分析

1. 全国普通高校校办产业概况

2010 年，全国共有 29 个省、自治区、直辖市（新疆生产建设兵团、西藏自治区和宁夏回族自治区未上报数据）的 494 所普通高校参加了全国普通高校校办产业统计工作，涉及企业共计 3 564 个，如图 1-1（a）所示。其中，一级企业 2 007 个，占 56.31%；二级企业 1 557 个，占 43.69%，如图 1-1（b）所示。

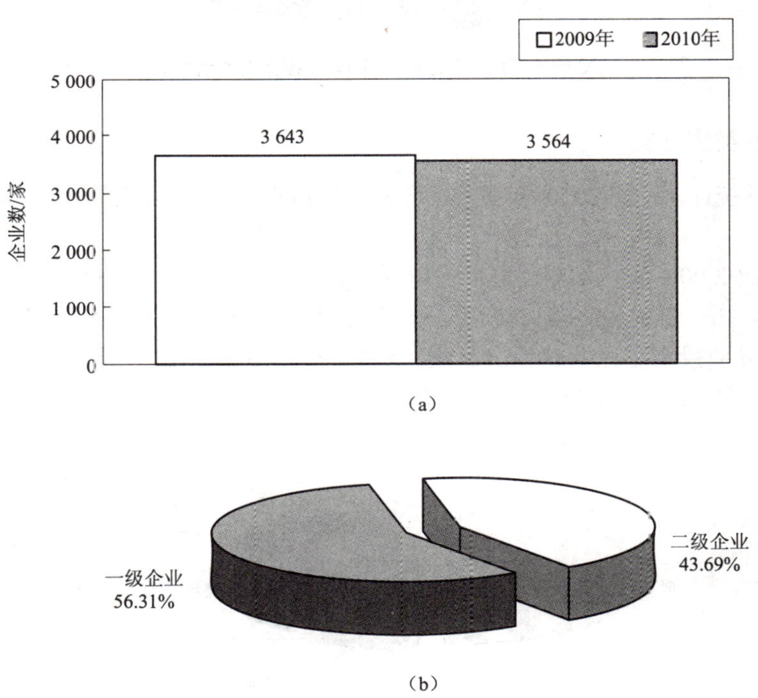

图 1-1　2010 年度参加统计工作的全国普通高校校办产业概况

（a）企业总数（与 2009 年度对比）；（b）一级企业和二级企业占比

（1）资产公司

参加 2010 年度全国普通高校校办产业统计工作的资产公司共计 190 个，占全国高校上报企业总数的 5.33%，如图 1-2 所示。

（2）科技企业

2010 年度参加全国普通高校校办产业统计工作的科技企业共计 1 044 个，占全国高校上报企业总数的 29.29%，其中，一级企业 428 个，二级企业 616 个，如图 1-3 所示。

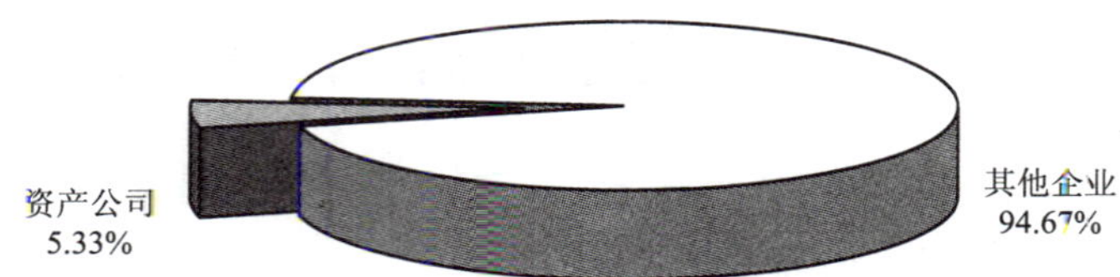

图 1-2　2010 年度资产公司占全国高校上报企业总数的比例

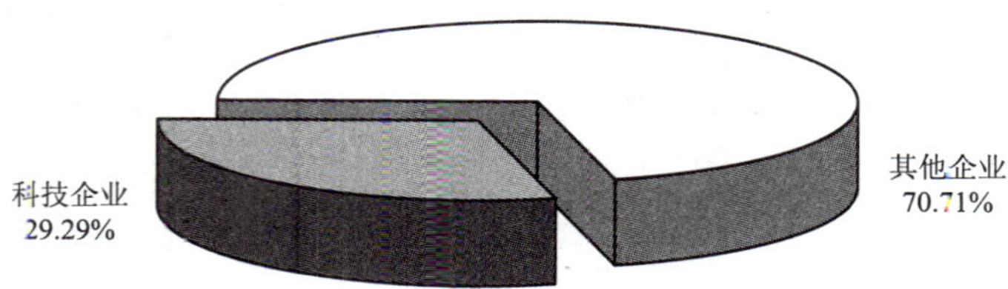

图 1-3　2010 年度科技企业占全国高校上报企业总数的比例

（3）按企业类型分类

按企业类型统计，参加 2010 年度全国普通高校校办产业统计工作的 3 564 个企业的具体情况如下：

① 一级企业 2 007 个。其中，上市公司 5 个，占一级企业的 0.25%；国有企业（全民所有制）1 030 个，占一级企业的 51.32%；公司制企业（内资有限责任公司）767 个，占一级企业的 38.22%；外商投资企业（包括港、澳、台出资人）9 个，占一级企业的 0.45%；其他类型企业 196 个，占一级企业的 9.76%，如图 1-4 所示。

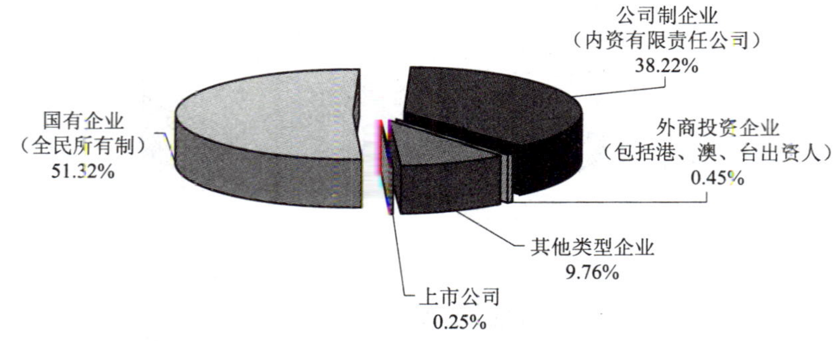

图 1-4　2010 年度全国高校校办一级企业按企业类型分类的比例

② 二级企业 1 557 个。其中，上市公司 18 个，占二级企业的 1.16%；国有企业（全民所有制）276 个，占二级企业的 17.73%；公司制企业（内资有限责任公司）1 156 个，占二级企业的 74.25%；外商投资企业（包括港、澳、台出资人）36 个，占二级企业的 2.31%；其他类型企业 71 个，占二级企业的 4.55%，如图 1-5 所示。

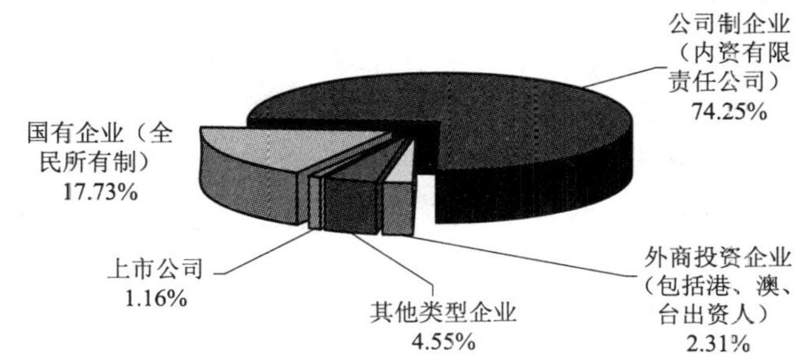

图 1-5　2010 年度全国高校校办二级企业按企业类型分类的比例

（4）按学校方控制力分类

按学校方控制力统计，参加 2010 年度全国普通高校校办产业统计工作的 3 564 个企业的具体情况如下：

① 一级企业 2 007 个。其中，控股企业（合并财务报表）1 646 个，占一级企业的 82.01%；对其有重要影响力的企业（权益法核算）162 个，占一级企业的 8.07%；参股企业（成本法核算）199 个，占一级企业的 9.92%，如图 1-6 所示。

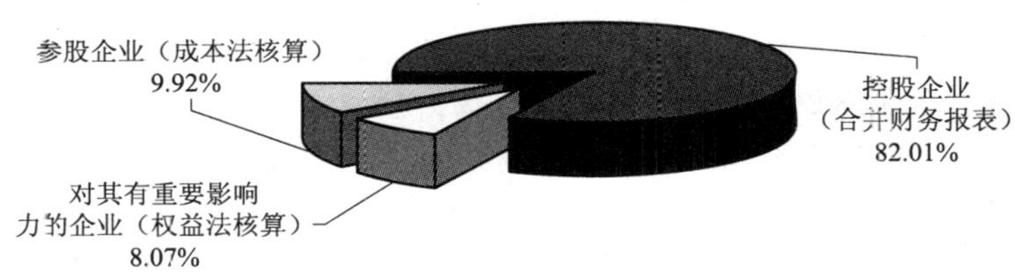

图 1-6　2010 年度全国高校校办一级企业按学校方控制力分类的比例

② 二级企业 1 557 个。其中，控股企业（合并财务报表）914 个，占二级企业的 58.70 %；对其有重要影响力的企业（权益法核算）254 个，占二级企业的 16.31%；参股企业（成本法核算）389 个，占二级企业的 24.99%，如图 1-7 所示。

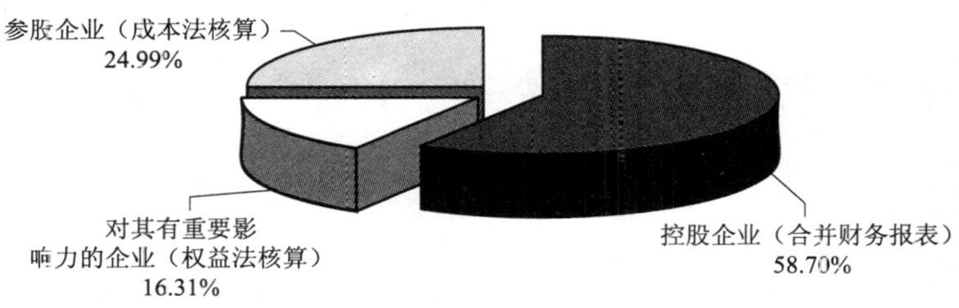

图 1-7　2010 年度全国高校校办二级企业按学校方控制力分类的比例

（5）按经营活动类型分类

按经营活动类型统计，参加2010年度全国普通高校校办产业统计工作的3 564个企业的具体情况如下：

① 一级企业2 007个。其中，科技开发企业448个，占一级企业的22.32%；文化智力企业164个，占一级企业的8.17%；校办工厂（农场）企业271个，占一级企业的13.50%；投资管理企业195个，占一级企业的9.72%；后勤服务企业214个，占一级企业的10.66%；其他类型企业715个，占一级企业的35.63%，如图1-8所示。

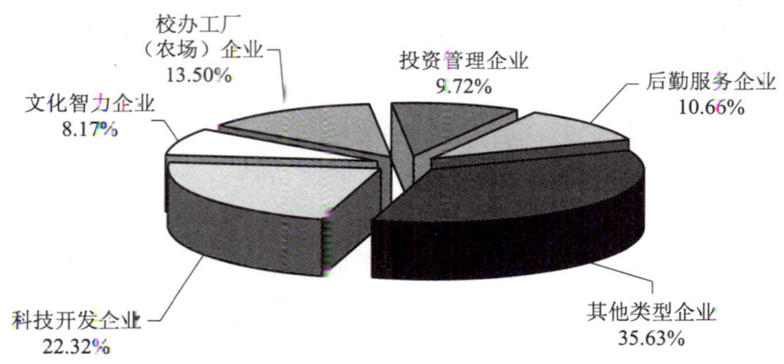

图1-8　2010年度全国高校校办一级企业按经营活动类型分类的比例

② 二级企业1 557个。其中，科技开发企业604个，占二级企业的38.79%；文化智力企业138个，占二级企业的8.86%；校办工厂（农场）企业49个，占二级企业的3.15%；投资管理企业52个，占二级企业的3.34%；后勤服务企业90个，占二级企业的5.78%；其他类型企业624个，占二级企业的40.08%，如图1-9所示。

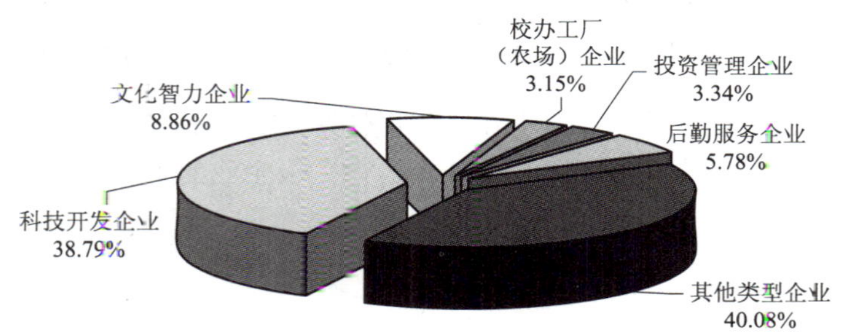

图1-9　2010年度全国高校校办二级企业按经营活动类型分类的比例

2. 资产状况

2010年末，全国高校校办产业资产总额为2 292.41亿元，其中，负债总额为1 314.63亿元，所有者权益为977.78亿元，归属于学校方股东的所有者权益为513.06亿元，全国高校校办产业的资产负债率为57.35%，如图1-10所示。

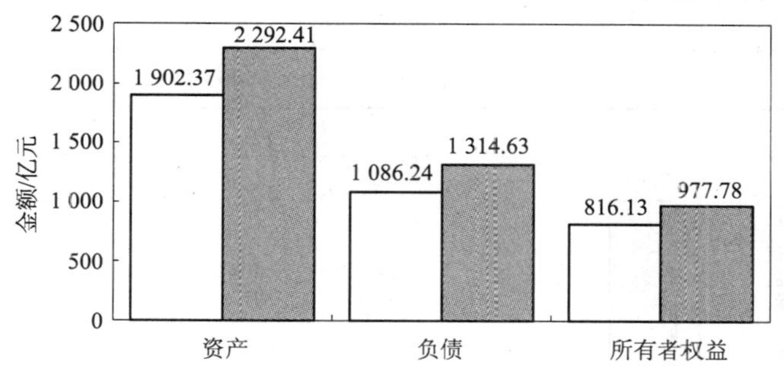

图 1-10　2010 年末全国高校校办产业资产状况（与 2009 年末对比）

3. 经营状况

（1）收入总额情况

① 2010 年度全国高校校办产业收入总额为 1 671.83 亿元，比 2009 年度收入总额(1 412.29 亿元）增加了 259.54 亿元，增长率为 18.38%，如图 1-11 所示。

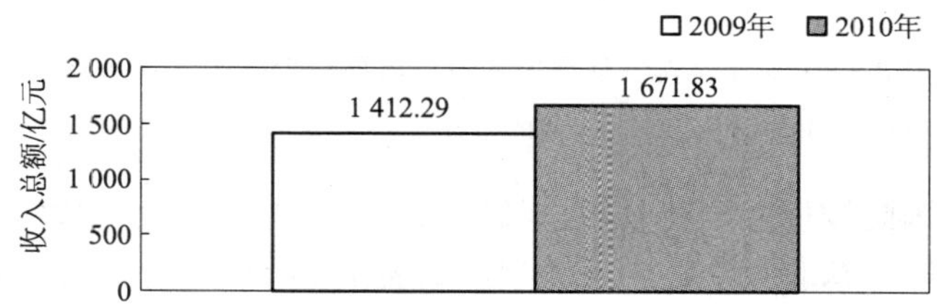

图 1-11　2010 年度全国高校校办产业收入总额（与 2009 年度对比）

② 2010 年度全国高校校办产业收入总额排名前五位的省、市分别是：北京市 1 039.44 亿元；山东省 111.08 亿元；上海市 85.69 亿元；辽宁省 78.84 亿元；湖北省 65.81 亿元，如表 1-1 和图 1-12（a）所示。该五省、市高校校办产业收入共计 1 380.86 亿元，占全国高校校办产业收入总额（1 671.83 亿元）的 82.60%，如图 1-12 所示。

表 1-1　2008—2010 年度全国高校校办产业收入总额排名前五位的省、市

单位：亿元

省/市	北京市	山东省	上海市	辽宁省	湖北省
2008 年收入总额	785.40	78.67	60.01	58.84	49.72
省/市	北京市	上海市	山东省	辽宁省	湖北省
2009 年收入总额	893.45	77.66	77.64	64.45	58.44

续表

省/市	北京市	山东省	上海市	辽宁省	湖北省
2010 年收入总额	1 039.44	11.08	85.69	78.84	65.81

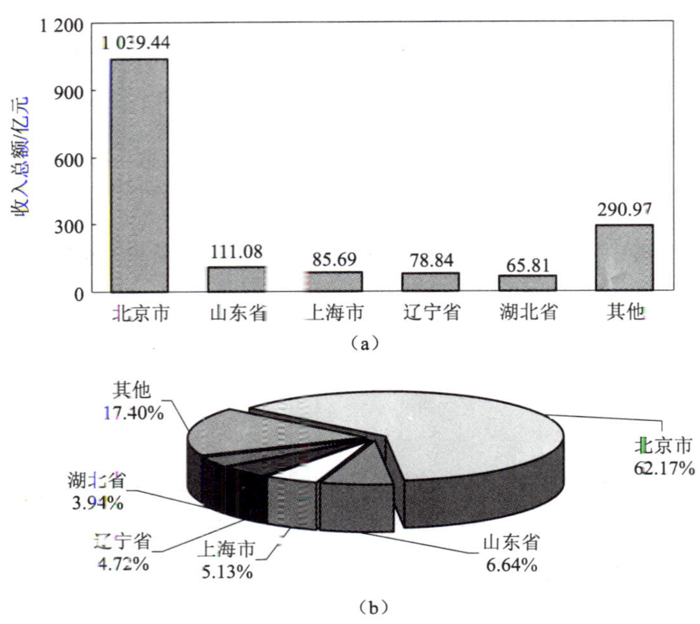

图 1-12　2010 年度排名前五位的省、市高校校办产业收入总额情况

（a）五省、市及其他省、市高校校办产业收入总额；（b）五省、市高校校办产业收入总额占比

③ 2010 年度全国高校校办产业收入总额排名前五位的高校分别是北京大学、清华大学、中国石油大学（华东）、东北大学、同济大学，如表 1-2 所示。其收入状况如图 1-13 所示。

表 1-2　2010 年度全国高校校办产业收入总额排名前五位的高校

单位：亿元

序号	学　校　名　称	收入总额
1	北京大学	626.95
2	清华大学	350.33
3	中国石油大学（华东）	87.61
4	东北大学	65.19
5	同济大学	42.36

（2）利润总额情况

① 2010 年度全国高校校办产业实现利润总额为 100.28 亿元，比 2009 年度实现的利润总额（87.35 亿元）增加了 12.93 亿元，增长率为 14.80%，如图 1-14 所示。

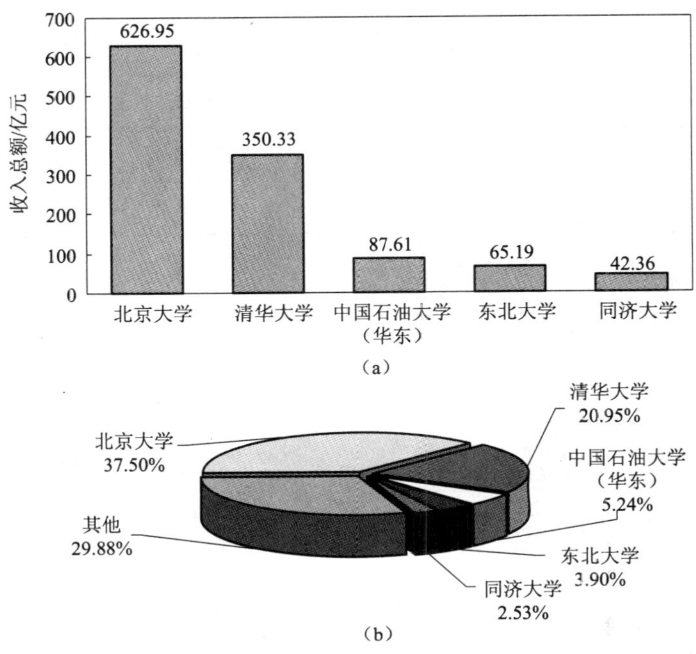

图 1-13 2010 年度排名前五位的高校校办产业收入总额情况

（a）五所高校校办产业收入总额；（b）五所高校校办产业收入总额占比

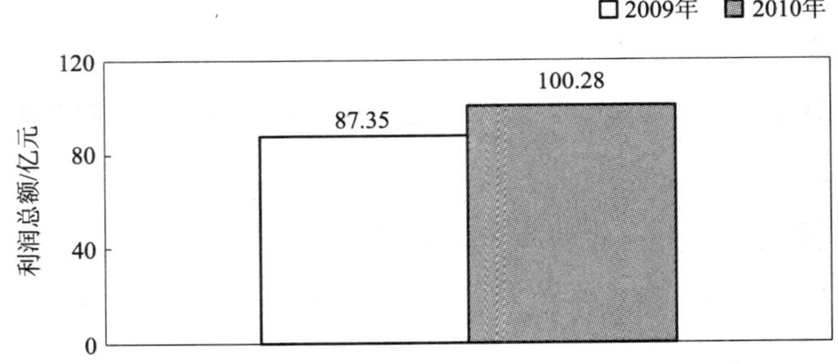

图 1-14 2010 年度全国高校校办产业实现利润总额（与 2009 年度对比）

② 2010 年度全国高校校办产业利润总额排名前五位的省、市分别是：北京市 46.35 亿元；上海市 8.89 亿元；辽宁省 8.80 亿元；山东省 7.42 亿元；湖北省 7.32 亿元，如表 1-3 和图 1-15（a）所示。该五省、市高校校办产业利润总额共计 78.78 亿元，占全国高校校办产业利润总额的 78.56%，如图 1-15（b）所示。

表 1-3 2008—2010 年度全国高校校办产业实现利润总额排名前五位的省、市

单位：亿元

省/市	北京市	辽宁省	上海市	湖北省	山东省
2008 年利润总额	46.34	7.38	5.38	3.80	2.11

续表

省/市	北京市	辽宁省	上海市	湖北省	山东省
2009 年利润总额	41.88	9.23	8.03	7.59	4.89
省/市	北京市	上海市	辽宁省	山东省	湖北省
2010 年利润总额	46.35	8.89	8.80	7.42	7.32

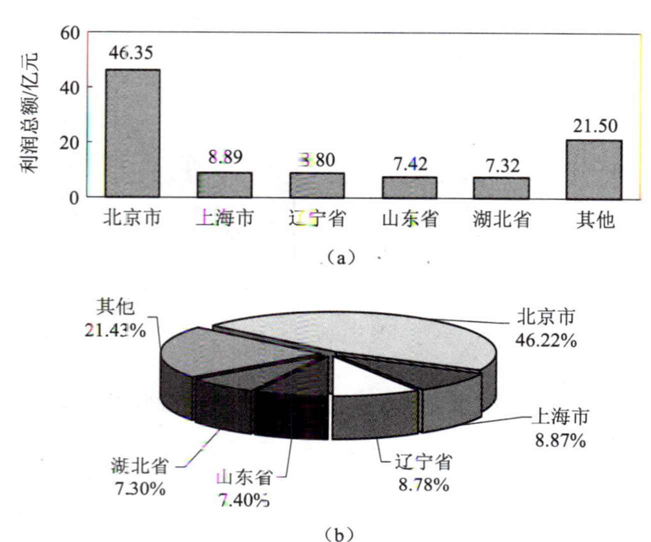

图 1-15　2010 年度排名前五位的省、市高校校办产业利润总额情况

（a）五省、市及其他省、市高校校办产业利润总额；（b）五省、市高校校办产业利润总额占比

③ 2010 年度全国高校校办产业利润总额排名前五位的高校分别是北京大学、清华大学、东北大学、华中科技大学、中国石油大学（华东），如表 1-4 和图 1-16（a）所示。其利润的情况如图 1-16 所示。

表 1-4　2010 年度全国高校校办产业实现利润总额排名前五位的高校

单位：亿元

序号	学 校 名 称	收入总额
1	北京大学	30.12
2	清华大学	11.41
3	东北大学	6.91
4	华中科技大学	5.18
5	中国石油大学（华东）	5.13

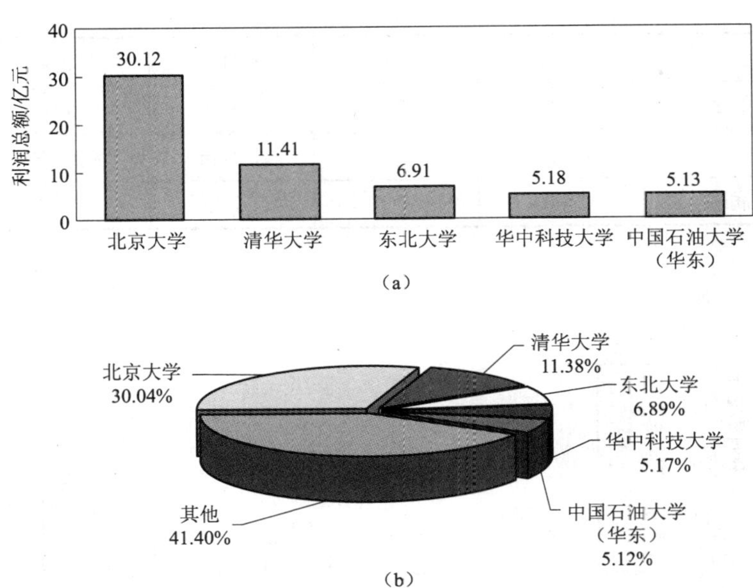

图 1-16　2010 年度排名前五位的高校校办产业利润情况

（a）五所高校校办产业利润总额；（b）五所高校校办产业利润总额占比

（3）净利润额情况

① 2010 年度全国高校校办产业共实现净利润额 82.00 亿元，比 2009 年度净利润额（56.77 亿元）增加了 25.23 亿元，增长率为 44.44%，如图 1-17 所示。

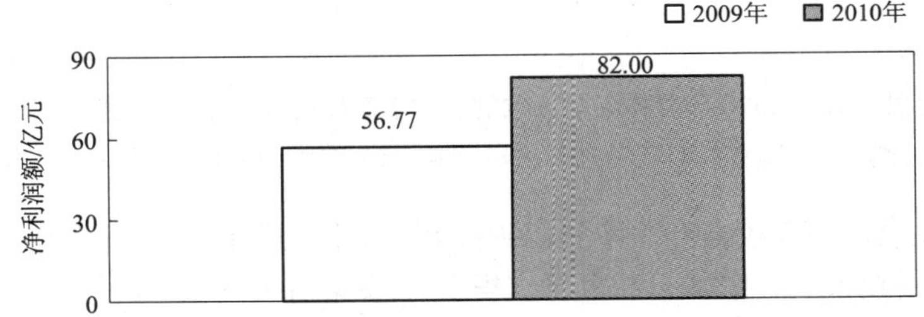

图 1-17　2010 年度全国高校校办产业净利润额情况（与 2009 年度对比）

② 2010 年度全国高校校办产业实现净利润额排名前五位的省、市分别是：北京市 38.03 亿元；辽宁省 7.70 亿元；上海市 7.25 亿元；湖北省 5.94 亿元；山东省 5.93 亿元，如表 1-5 和图 1-18（a）所示。该五省、市高校校办产业净利润额共计 64.85 亿元，占全国高校校办产业净利润额的 79.08%，如图 1-18 所示。

表 1-5　2008—2010 年度全国高校校办产业实现净利润额排名前五位的省、市

单位：亿元

省/市	北京市	辽宁省	上海市	湖北省	山东省
2008 年净利润额	21.81	6.51	4.02	3.18	1.45

续表

省/市	北京市	辽宁省	上海市	湖北省	江苏省
2009 年净利润额	20.03	7.70	6.58	6.10	3.63
省/市	北京市	辽宁省	上海市	湖北省	山东省
2010 年净利润额	38.03	7.70	7.25	5.94	5.93

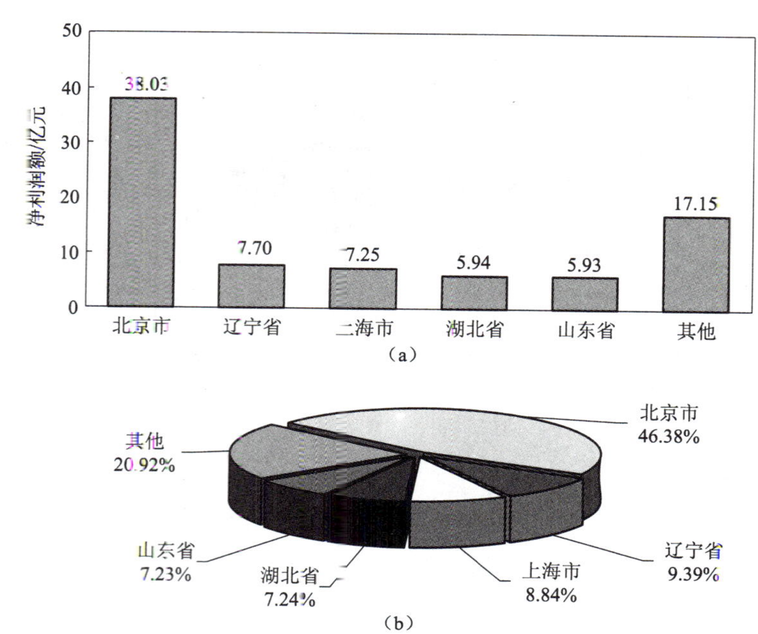

图 1-18　2010 年度排名前五位的省、市高校校办产业净利润额情况

（a）五省、市及其他省市高校校办产业的净利润额；（b）五省、市高校校办产业净利润额占比

③ 2010 年度全国高校校办产业净利润额排名前五位的高校分别是北京大学、清华大学、东北大学、华中科技大学、中国石油大学（华东），如表 1-6 和图 1-19（a）所示。其净利润情况如图 1-19 所示。

表 1-6　2010 年度全国高校校办产业实现净利润额排名前五位的高校

单位：亿元

序号	学 校 名 称	净利润额
1	北京大学	23.95
2	清华大学	9.92
3	东北大学	6.18
4	华中科技大学	4.35
5	中国石油大学（华东）	4.06

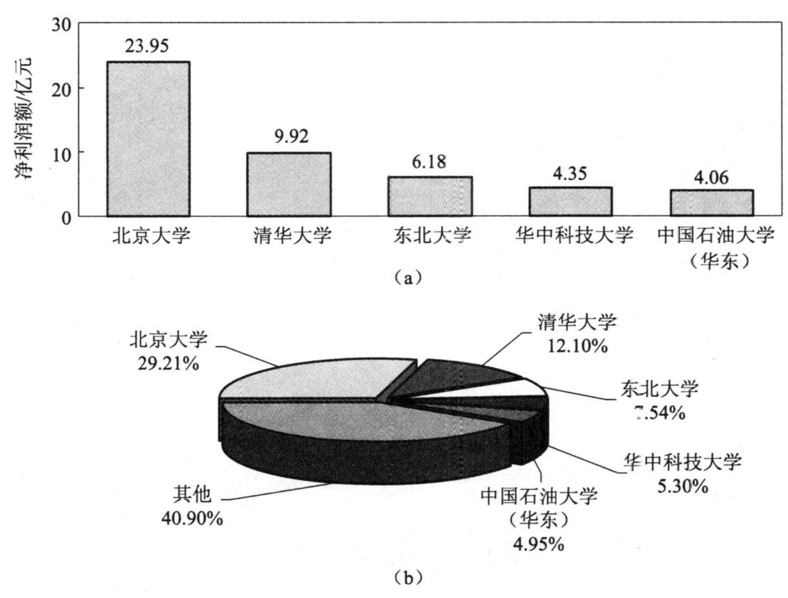

图 1-19　2010 年度排名前五位高校校办产业净利润额情况

（a）五所高校校办产业的净利润额；（b）五所高校校办产业的净利润额占比

（4）归属于学校方股东的净利润额情况

① 2010 年度全国高校校办产业归属于学校方股东的净利润额为 38.27 亿元，占全国高校校办产业实现净利润额（82.00 亿元）的 46.67%，如图 1-20 所示。比 2009 年度全国高校校办产业归属于学校方股东的净利润额（41.72 亿元）减少了 3.45 亿元，即降低了 8.27%。

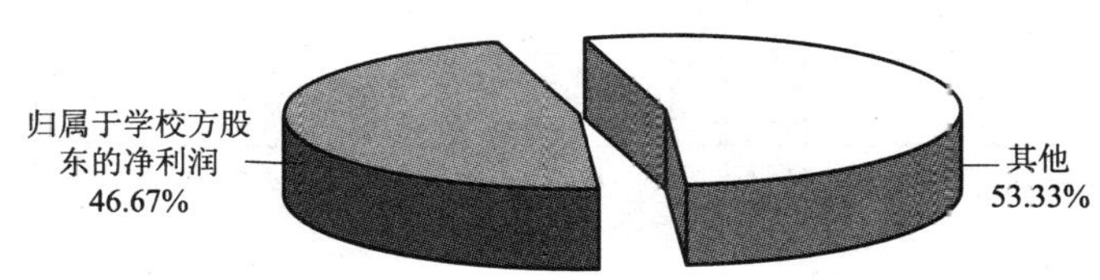

图 1-20　2010 年度全国高校校办产业归属于学校方股东的净利润额占比

② 2010 年度全国高校校办产业归属于学校方股东的净利润额排名前五位的省、市分别是：北京市 14.48 亿元；上海市 5.45 亿元；山东省 3.99 亿元；江苏省 2.56 亿元；辽宁省 2.48 亿元。该五省、市高校校办产业归属于学校方股东的净利润额共计 28.96 亿元，占全国高校校办产业归属于学校方股东的净利润额（38.27 亿元）的 75.67%，如图 1-21 所示。

③ 2010 年度全国高校校办产业归属于学校方股东的净利润额排名前五位的高校分别是：北京大学 8.27 亿元；中国石油大学（华东）3.38 亿元；清华大学 3.29 亿元；同济大学 2.22 亿元；华中科技大学 1.68 亿元，如图 1-22 所示。

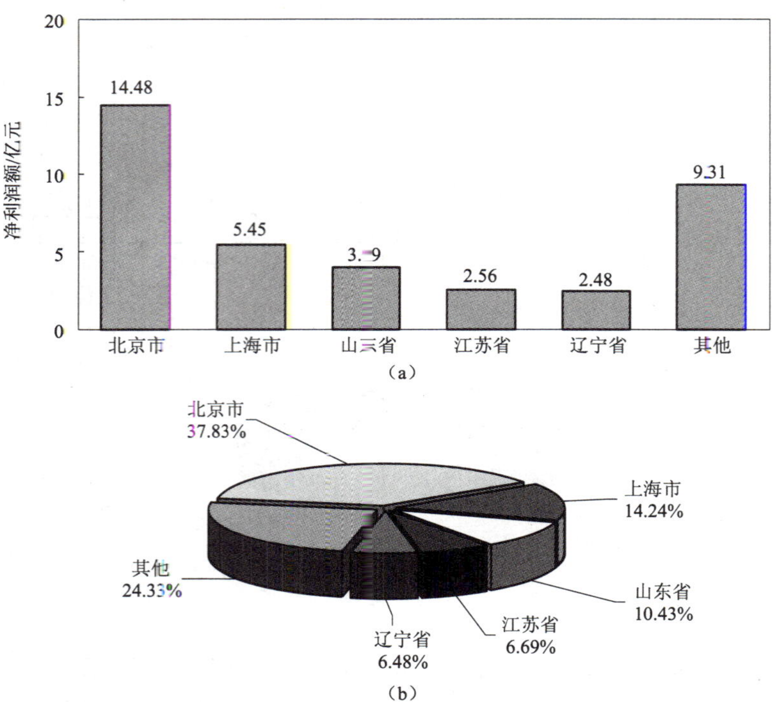

图 1-21　2010 年度排名前五位省、市高校校办产业归属于学校方股东的净利润额情况

（a）五省、市及其他省、市高校校办产业归属于学校方股东的净利润额；

（b）五省、市及其他省、市高校校办产业归属于学校方股东的净利润额占比

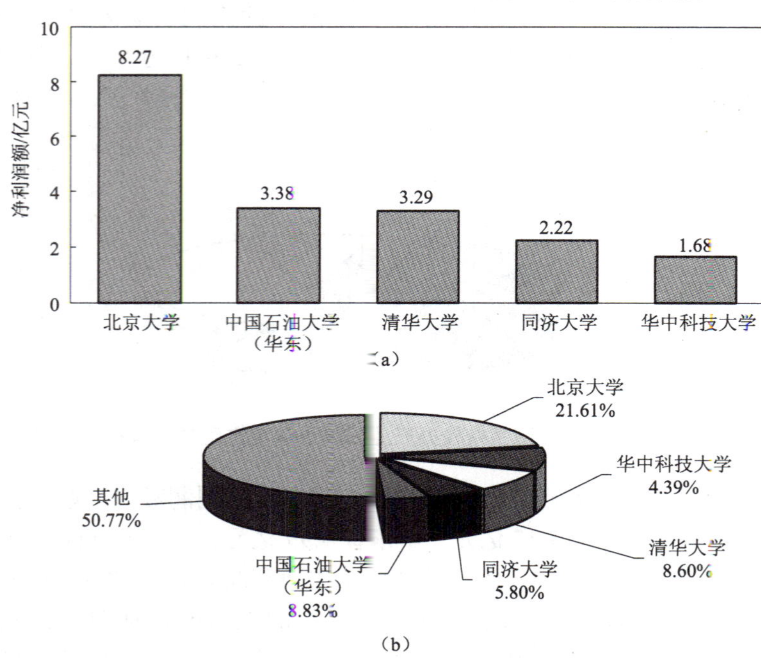

图 1-22　2010 年度排名前五位高校校办产业归属于学校方股东的净利润额情况

（a）五所高校校办产业归属于学校方股东的净利润额；

（b）五所高校及其他高校校办产业归属于学校方股东的净利润额占比

（5）已支付给学校的利润额或股利情况

2010 年度全国高校校办产业已支付给学校的利润额或股利为 11.74 亿元，比 2009 年度已支付给学校的利润额或股利（9.53 亿元）增加了 2.21 亿元，增长率为 23.19%，如图 1-23 所示。

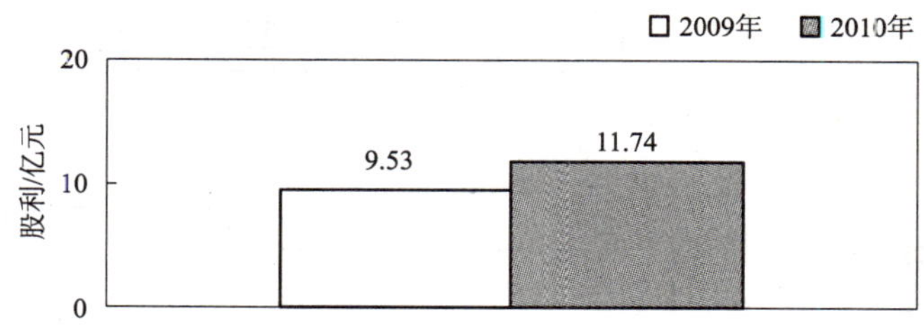

图 1-23　2010 年度全国高校校办产业已支付给学校的股利情况（与 2009 年度对比）

（6）上交税金情况

2010 年度全国高校校办产业向国家缴纳的税金总额为 139.92 亿元，比 2009 年度向国家缴纳的税金总额（117.59 亿元）增加了 22.33 亿元，增长率为 18.99%，如图 1-24 所示。

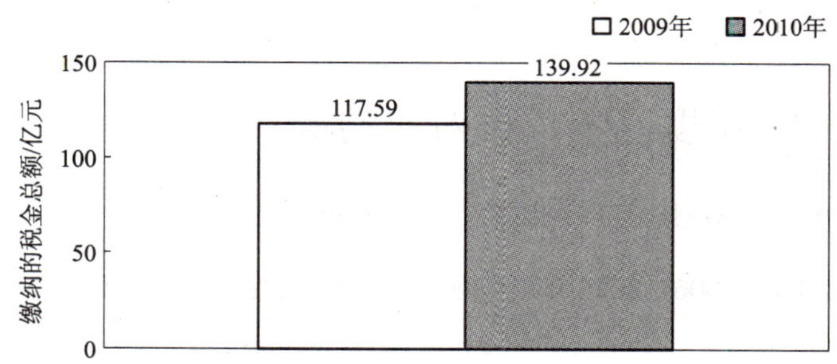

图 1-24　2010 年度全国高校校办产业上交税金情况（与 2009 年度对比）

4. 人员状况

2010 年末，全国高校校办产业职工总人数共计 40.15 万人（学校事业编制人数 28 321 人）。其中，接受高等教育的人员 19.81 万人，占校企人员总数的 49.34%；研究开发人员 7.30 万人，占校企人员总数的 18.18%；专职管理人员 3.71 万人，占校企人员总数的 9.24%。校办企业接纳学生实习人数达 107.49 万人次，累计工时 5 073.97 万小时。此外，高校校办企业还参与了硕士生、博士生的培养工作，2010 年度参与培养博士生 1 711 名、硕士生 7 432 名，如图 1-25 所示。

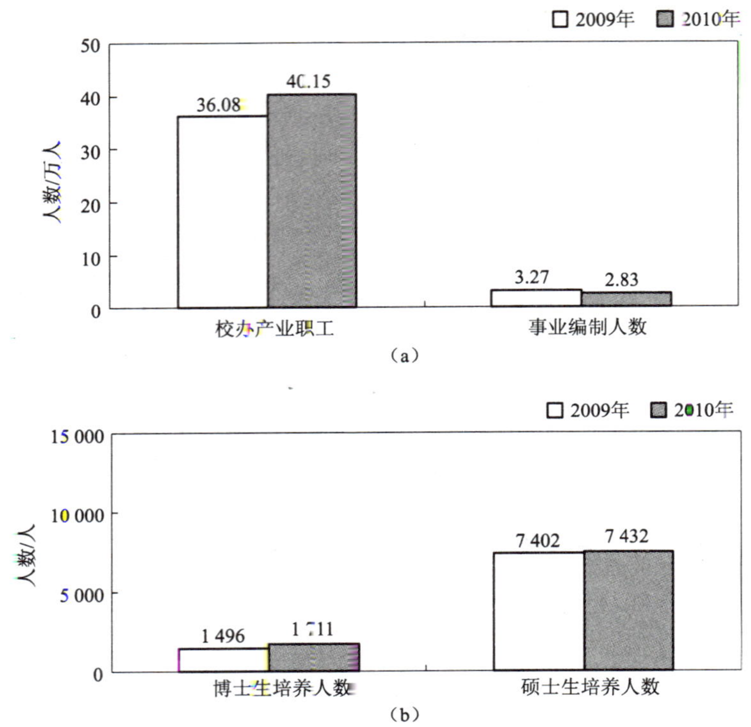

图 1-25　2010 年末全国高校校办产业人员状况及参与培养博士生、硕士生情况（与 2009 年度对比）

（a）职工中人员状况；（b）参与培养博士生、硕士生情况

5. 2006—2010 年度基本数据对照情况

2006—2010 年度全国高校校办产业生产经营数据对照情况如表 1-7 所示。

表 1-7　2006—2010 年度全国高校校办产业生产经营数据对照表

单位：亿元

年度	收入总额	利润总额	净利润额	上交税金
2006	1 167.31	59.53	37.99	44.73
2007	1 373.56	118.53	91.53	57.02
2008	1 233.37	71.23	40.87	94.69
2009	1 412.29	87.35	56.77	117.59
2010	1 671.83	100.28	82.00	139.92

2006—2010 年度全国高校校办产业收入总额情况如图 1-26 所示。

2006—2010 年度全国高校校办产业利润总额情况如图 1-27 所示。

2006—2010 年度全国高校校办产业净利润额情况如图 1-28 所示。

2006—2010 年度全国高校校办产业上交税金情况如图 1-29 所示。

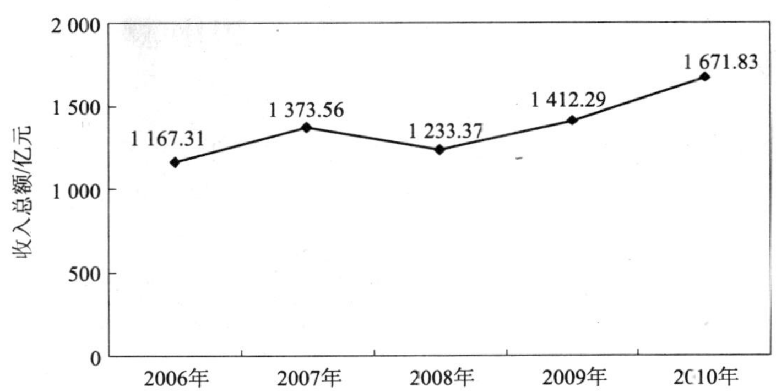

图 1-26　2006—2010 年度全国高校校办产业收入总额由线

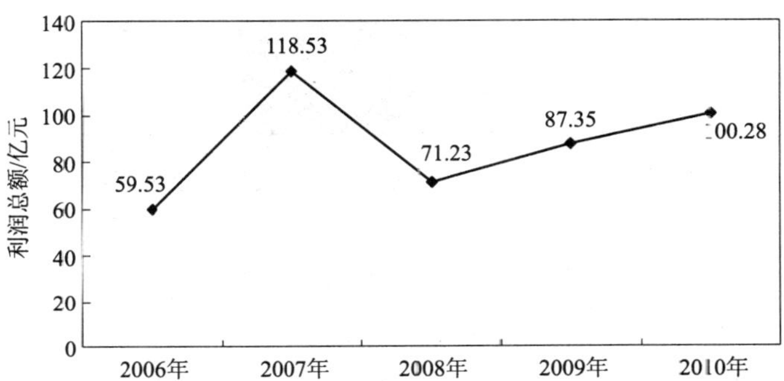

图 1-27　2006—2010 年度全国高校校办产业利润总额曲线

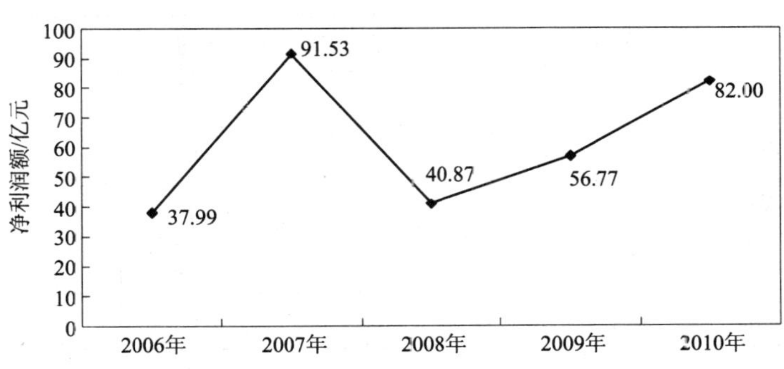

图 1-28　2006—2010 年度全国高校校办产业净利润额曲线

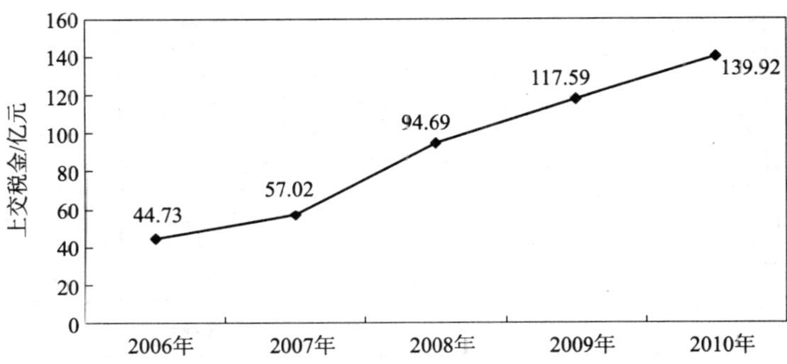

图 1-29　2006—2010 年度全国高校校办产业上交税金曲线

6. 科技创新指标

2010 年末，全国高校校办产业获授权的专利共 1 599 项，登记的计算机软件及集成电路版权共 803 项，获省市部委、国家级的奖项共 1 230 项，如图 1-30 所示。

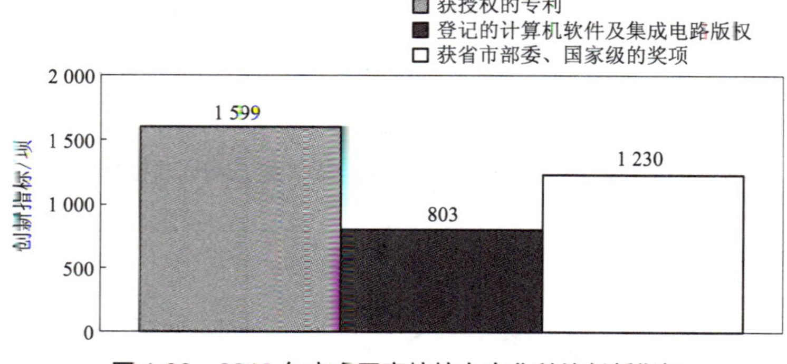

图 1-30　2010 年度全国高校校办产业科技创新指标

7. 2010 年度全国高校校办产业统计综合分析附表

附表 1　全国各省、自治区、直辖市高校校办产业情况一览表

2010 年 12 月 31 日

序号	省、自治区、直辖市	企业总数/家	一级企业数/家	所占比例/%	二级企业数/家	所占比例/%
1	北京市	469	188	40.09	281	59.91
2	天津市	101	98	97.03	3	2.97
3	河北省	70	57	81.43	13	18.57
4	山西省	33	33	100.00	0	0.00
5	内蒙古自治区	23	23	100.00	0	0.00
6	辽宁省	178	131	73.60	47	26.40
7	吉林省	44	26	59.09	18	40.91
8	黑龙江省	135	71	52.59	64	47.41
9	上海市	424	111	26.18	313	73.82
10	江苏省	457	242	52.95	215	47.05
11	浙江省	125	92	73.60	33	26.40
12	安徽省	57	40	70.18	17	29.82
13	福建省	100	68	68.00	32	32.00
14	江西省	59	59	100.00	0	0.00

续表

序号	省、自治区、直辖市	企业总数/家	一级企业数/家	所占比例/%	二级企业数/家	所占比例/%
15	山东省	176	105	59.66	71	40.34
16	河南省	44	42	95.45	2	4.55
17	湖北省	146	81	55.48	65	44.52
18	湖南省	83	41	49.40	42	50.60
19	广东省	198	126	63.64	72	36.36
20	广西壮族自治区	36	31	86.11	5	13.89
21	海南省	4	4	100.00	0	0.00
22	重庆市	64	33	51.56	31	48.44
23	四川省	194	101	52.06	93	47.94
24	贵州省	24	24	100.00	0	0.00
25	云南省	69	23	33.33	46	66.67
26	陕西省	163	92	56.44	71	43.56
27	甘肃省	65	49	75.38	16	24.62
28	青海省	5	0	0.00	5	100.00
29	新疆维吾尔自治区	18	16	88.89	2	11.11
合　计		3 564	2 007	56.31	1 557	43.69

附表 2　全国高校校办企业按工商登记注册类型分类表

2010 年 12 月 31 日

按工商登记注册类型分类	一级企业数/家	所占比例/%	二级企业数/家	所占比例/%
上市公司	5	0.25	18	1.16
国有企业（全民所有制）	1 030	51.32	276	17.73
公司制企业（内资有限责任公司）	767	38.22	1 156	74.25
外商投资企业（包括港、澳、台出资人）	9	0.45	36	2.31
其他类型企业	196	9.77	71	4.56
合　计	2 007	100.00	1 557	100

附表 3　全国高校校办企业按经营活动类型分类表

2010 年 12 月 31 日

按经营活动类型分类	一级企业数/家	所占比例/%	二级企业数/家	所占比例/%
科技开发	448	22.32	604	38.79
文化智力	164	8.17	138	8.86

续表

按经营活动类型分类	一级企业数/家	所占比例/%	二级企业数/家	所占比例/%
校办工厂（农场）	271	13.50	49	3.15
投资管理	195	9.72	52	3.34
后勤服务	214	10.66	90	5.78
其他类型	715	35.63	624	40.08
合　　计	2 007	100.00	1 557	100.00

附表 4　全国高校校办企业按学校方控制力类型分类表

2010 年 12 月 31 日

按学校方控制力类型分类	一级企业数/家	所占比例/%	二级企业数/家	所占比例/%
控股企业（合并财务报表）	1 646	82.01	914	58.70
对其有重要影响力的企业（权益法核算）	162	8.07	254	16.31
参股企业（成本法核算）	199	9.92	389	24.99
合　　计	2 007	100.00	1 557	100.00

附表 5　全国各省、自治区、直辖市高校校办产业资产总额排名情况一览表

2010 年 12 月 31 日　　单位：万元

序号	省、自治区、直辖市	资产总额
1	北京市	12 925 284.17
2	上海市	1 825 708.34
3	辽宁省	1 392 588.65
4	湖北省	992 669.00
5	山东省	831 322.05
6	江苏省	803 779.32
7	浙江省	644 707.20
8	四川省	522 519.10
9	广东省	480 770.81
10	湖南省	450 318.03
11	陕西省	406 836.07
12	重庆市	362 399.88
13	黑龙江省	208 754.52
14	天津市	142 521.82

续表

序号	省、自治区、直辖市	资产总额
15	河北省	122 327.07
16	福建省	116 330.11
17	安徽省	105 657.44
18	山西省	104 149.23
19	广西壮族自治区	96 355.64
20	云南省	86 483.12
21	江西省	75 971.65
22	吉林省	51 025.15
23	甘肃省	47 328.65
24	河南省	38 497.90
25	内蒙古自治区	26 059.47
26	新疆维吾尔自治区	25 414.44
27	青海省	14 749.72
28	海南省	12 625.82
29	贵州省	10 916.72
合　　计		22 924 071.09

附表6　全国各省、自治区、直辖市高校校办产业负债总额排名情况一览表

2010年12月31日　　　　单位：万元

序号	省、自治区、直辖市	负债总额
1	北京市	7 725 332.61
2	上海市	1 070 189.51
3	山东省	562 656.88
4	湖北省	468 208.81
5	浙江省	449 388.33
6	江苏省	409 121.67
7	辽宁省	390 344.78
8	四川省	333 585.98
9	广东省	266 702.16
10	重庆市	259 298.77
11	陕西省	258 475.51

续表

序号	省、自治区、直辖市	负债总额
12	湖南省	232 335.82
13	黑龙江省	110 883.10
14	天津市	81 051.29
15	河北省	72 104.70
16	福建省	67 511.23
17	江西省	63 778.33
18	云南省	49 451.17
19	安徽省	49 193.61
20	山西省	44 917.63
21	广西壮族自治区	37 908.78
22	吉林省	28 327.27
23	甘肃省	27 717.33
24	河南省	22 850.50
25	内蒙古自治区	19 695.11
26	新疆维吾尔自治区	18 349.14
27	青海省	11 796.75
28	海南省	9 629.73
29	贵州省	5 488.52
合　计		13 146 295.02

附表 7　全国各省、自治区、直辖市高校校办产业所有者权益排名情况一览表

201[illegible]年 12 月 31 日　　　　单位：万元

序号	省、自治区、直辖市	所有者权益
1	北京市	5 199 951.56
2	辽宁省	1 002 243.87
3	上海市	755 518.83
4	湖北省	524 460.19
5	江苏省	394 657.65
6	山东省	268 665.17
7	湖南省	217 982.21
8	广东省	214 068.65

续表

序号	省、自治区、直辖市	所有者权益
9	浙江省	195 318.87
10	四川省	188 933.12
11	陕西省	148 360.56
12	重庆市	103 101.11
13	黑龙江省	97 871.42
14	天津市	61 470.53
15	山西省	59 231.60
16	广西壮族自治区	58 446.86
17	安徽省	56 463.83
18	河北省	50 222.37
19	福建省	48 818.88
20	云南省	37 031.95
21	吉林省	22 697.88
22	甘肃省	19 611.32
23	河南省	15 647.40
24	江西省	12 193.32
25	新疆维吾尔自治区	7 065.30
26	内蒙古自治区	6 364.36
27	贵州省	5 428.20
28	海南省	2 996.09
29	青海省	2 952.97
合　　计		9 777 776.07

附表 8　全国各省、自治区、直辖市高校校办产业按归属于学校方股东的所有者权益排名情况一览表

2010 年 12 月 31 日　　　　单位：万元

序号	省、自治区、直辖市	归属于学校方股东的所有者权益
1	北京市	2 219 663.11
2	上海市	474 394.71
3	辽宁省	471 415.61
4	湖北省	341 285.67

续表

序号	省、自治区、直辖市	归属于学校方股东的所有者权益
5	江苏省	285 406.44
6	浙江省	165 150.15
7	广东省	150 026.50
8	山东省	141 614.14
9	陕西省	113 771.59
10	四川省	105 531.17
11	黑龙江省	92 398.42
12	重庆市	85 685.05
13	广西壮族自治区	58 121.24
14	天津市	57 778.50
15	湖南省	55 635.99
16	安徽省	55 552.70
17	山西省	55 107.69
18	福建省	47 434.21
19	河北省	40 843.50
20	云南省	35 829.27
21	吉林省	22 659.52
22	甘肃省	16 800.47
23	河南省	14 361.52
24	江西省	7 855.23
25	内蒙古自治区	6 011.33
26	新疆维吾尔自治区	4 298.44
27	贵州省	2 853.58
28	青海省	2 548.97
29	海南省	539.30
合　　计		5 130 574.02

附表 9　全国各省、自治区、直辖市高校校办产业收入总额排名情况一览表

2010 年 12 月 31 日　　　　单位：万元

序号	省、自治区、直辖市	收入总额
1	北京市	10 394 426.91
2	山东省	[illegible] 110 810.64

续表

序号	省、自治区、直辖市	收入总额
3	上海市	856 868.28
4	辽宁省	788 427.76
5	湖北省	658 133.31
6	江苏省	597 496.95
7	广东省	457 701.62
8	重庆市	305 318.70
9	浙江省	248 458.58
10	陕西省	220 450.78
11	四川省	177 838.27
12	湖南省	147 744.19
13	河北省	107 463.92
14	天津市	96 281.04
15	黑龙江省	90 426.64
16	安徽省	73 780.98
17	福建省	67 116.39
18	广西壮族自治区	48 939.11
19	甘肃省	45 471.85
20	山西省	40 661.58
21	云南省	35 199.43
22	吉林省	35 194.61
23	河南省	33 452.05
24	江西省	28 610.08
25	青海省	26 477.24
26	贵州省	9 404.08
27	新疆维吾尔自治区	8 291.93
28	内蒙古自治区	6 984.30
29	海南省	915.09
合　　计		16 718 346.31

附表 10　全国各省、自治区、直辖市高校校办产业利润总额排名情况一览表

2010 年 12 月 31 日　　　　单位：万元

序号	省、自治区、直辖市	利润总额
1	北京市	463 454.91
2	上海市	88 887.54
3	辽宁省	88 040.30
4	山东省	74 163.44
5	湖北省	73 206.80
6	江苏省	55 776.67
7	广东省	27 275.79
8	浙江省	25 671.57
9	陕西省	17 914.08
10	四川省	13 476.09
11	黑龙江省	12 765.16
12	湖南省	11 917.20
13	重庆市	10 471.14
14	安徽省	10 422.22
15	天津市	6 525.34
16	广西壮族自治区	5 594.96
17	河北省	4 886.75
18	云南省	4 814.46
19	甘肃省	3 088.26
20	福建省	2 786.53
21	青海省	2 461.98
22	山西省	1 230.35
23	河南省	952.25
24	新疆维吾尔自治区	798.25
25	吉林省	243.59
26	海南省	–125.06
27	内蒙古自治区	–204.37
28	江西省	–1 801.43
29	贵州省	–1 899.13
合　计		1 002 795.64

附表 11　全国各省、自治区、直辖市高校校办产业净利润额排名情况一览表

2010 年 12 月 31 日　　　　单位：万元

序号	省、自治区、直辖市	净利润额
1	北京市	380 273.05
2	辽宁省	77 024.43
3	上海市	72 535.59
4	湖北省	59 375.91
5	山东省	59 335.83
6	江苏省	48 964.82
7	广东省	21 792.25
8	浙江省	20 685.63
9	陕西省	15 174.85
10	黑龙江省	10 956.34
11	四川省	9 255.69
12	重庆市	8 818.57
13	安徽省	8 345.78
14	湖南省	6 347.23
15	天津市	5 554.91
16	广西壮族自治区	5 454.57
17	河北省	3 970.41
18	甘肃省	2 741.11
19	云南省	2 570.85
20	福建省	1 879.00
21	青海省	1 854.00
22	山西省	1 100.50
23	新疆维吾尔自治区	605.66
24	吉林省	94.34
25	河南省	−212.75
26	海南省	−239.06
27	内蒙古自治区	−250.41
28	江西省	−1 856.92
29	贵州省	−2 199.62
合　计		819 952.56

附表 12　全国各省、自治区、直辖市高校校办产业按归属于学校方股东的净利润额排名情况一览表

2010 年 12 月 31 日　　　　单位：万元

序号	省、自治区、直辖市	归属于学校方股东的净利润额
1	北京市	144 840.13
2	上海市	54 498.52
3	山东省	39 852.34
4	江苏省	25 557.43
5	辽宁省	24 793.82
6	湖北省	20 897.77
7	广东省	15 101.36
8	浙江省	14 078.21
9	黑龙江省	11 074.23
10	陕西省	8 250.34
11	安徽省	7 902.87
12	广西壮族自治区	5 664.67
13	重庆市	3 721.79
14	云南省	2 232.26
15	河北省	1 659.31
16	湖南省	1 420.00
17	山西省	1 216.14
18	甘肃省	1 128.23
19	天津市	876.02
20	福建省	654.78
21	青海省	600.58
22	四川省	591.09
23	吉林省	27.98
24	新疆维吾尔自治区	−19.06
25	内蒙古自治区	−90.31
26	河南省	−509.20
27	江西省	−976.10
28	贵州省	−2 304.81
合　　计		382 740.39

附表 13　全国高校校办产业收入总额过五千万元的高校排名情况一览表

2010 年 12 月 31 日　　　　单位：万元

序号	学 校 名 称	收入总额
1	北京大学	6 269 457.68
2	清华大学	3 503 298.73
3	中国石油大学（华东）	876 109.00
4	东北大学	651 930.56
5	同济大学	423 642.69
6	华中科技大学	386 705.05
7	中山大学	259 301.49
8	重庆工学院	210 159.30
9	武汉大学	200 949.84
10	上海交通大学	175 819.70
11	浙江大学	148 411.53
12	山东大学	136 185.63
13	北京外国语大学	129 274.13
14	中南大学	120 539.08
15	北京师范大学	108 035.75
16	苏州大学	103 270.62
17	南京工程学院	89 518.72
18	西南交通大学	87 806.95
19	华南理工大学	82 016.10
20	南京大学	79 160.47
21	复旦大学	77 316.46
22	西安交通大学	71 615.84
23	天津大学	69 816.70
24	燕山大学	65 668.51
25	哈尔滨工业大学	59 761.00
26	上海外国语大学	51 199.90
27	北京林业大学	50 632.20
28	西安建筑科技大学	47 989.79
29	中国人民大学	47 388.29

续表

序号	学　校　名　称	收入总额
30	重庆大学	43 030.93
31	武汉理工大学	38 142.70
32	厦门大学	35 356.25
33	华东师范大学	34 914.93
34	东南大学	34 910.18
35	江苏科技大学	34 663.42
36	四川大学	33 096.46
37	南京师范大学	32 557.92
38	广西师范大学	31 356.81
39	西南大学	31 125.13
40	大连理工大学	30 760.00
41	浙江工业大学	30 012.65
42	华南农业大学	29 693.06
43	长安大学	26 753.63
44	合肥工业大学	26 635.12
45	北京航空航天大学	26 070.50
46	北京交通大学	26 046.72
47	中国石油大学（北京）	25 465.83
48	青海交通职业技术学院	24 892.02
49	北京科技大学	24 706.28
50	江苏技术师范学院	23 069.75
51	南京理工大学	22 765.37
52	中国农业大学	21 396.95
53	山西师范大学	21 387.16
54	郑州大学	20 934.13
55	湖南大学	20 867.36
56	北京建筑工程学院	20 617.83
57	广州美术学院	20 603.35
58	北京理工大学	20 036.15
59	南京中医药大学	18 775.46

续表

序号	学 校 名 称	收入总额
60	北京化工大学	18 637.00
61	四川师范大学	18 233.39
62	重庆邮电大学	18 060.68
63	河海大学	17 703.32
64	暨南大学	17 492.45
65	中国矿业大学	17 340.87
66	兰州交通大学	17 313.43
67	上海大学	17 140.92
68	山东科技职业学院	16 748.82
69	辽宁师范大学	16 342.36
70	江苏农林职业技术学院	16 116.00
71	西安理工大学	15 966.53
72	长沙理工大学	15 322.91
73	中国科学技术大学	15 289.60
74	中国药科大学	15 172.98
75	扬州大学	15 016.10
76	山东建筑大学	15 000.00
77	延边大学	14 798.00
78	宁波大学	14 554.77
79	广州大学	14 179.44
80	昆明理工大学	13 726.56
81	西南石油大学	13 427.91
82	中国地质大学（北京）	12 894.28
83	鲁迅美术学院	12 799.51
84	安徽大学	12 201.44
85	上海理工大学	12 091.18
86	云南大学	11 330.67
87	北京体育大学	11 154.34
88	烟台工程职业技术学院	10 807.58
89	浙江商业职业技术学院	10 778.77

续表

序号	学 校 名 称	收入总额
90	黑龙江大学	10 698.21
91	中国矿业大学（北京）	10 668.59
92	大连海事大学	10 294.00
93	兰州大学	10 114.89
94	江南大学	10 065.55
95	上海师范大学	9 830.45
96	东北林业大学	9 784.09
97	西北工业大学	9 723.81
98	浙江林学院	9 617.80
99	福州大学	9 198.48
100	上海海事大学	9 167.00
101	洛阳理工学院	9 032.00
102	安徽中医学院	8 945.03
103	东北师范大学	8 853.80
104	鲁东大学	8 809.22
105	华南师范大学	8 610.79
106	北京工业大学	8 560.00
107	沈阳建筑大学	8 466.95
108	广西大学	8 446.10
109	沈阳航空工业学院	8 377.00
110	兰州理工大学	8 323.14
111	江西师范大学	8 304.35
112	华东理工大学	8 283.33
113	陕西师范大学	8 276.24
114	中国人民公安大学	8 272.75
115	吉林大学	8 252.05
116	华中师范大学	8 129.13
117	福建工程学院	8 066.79
118	北京语言大学	7 969.83
119	东北财经大学	7 674.00

续表

序号	学 校 名 称	收入总额
120	连云港职业技术学院	7 598.81
121	武汉工程大学	7 344.67
122	河北医科大学	7 194.72
123	南京林业大学	6 976.95
124	太原理工大学	6 903.74
125	青岛理工大学	6 829.99
126	徐州师范大学	6 659.67
127	中国海洋大学	6 523.98
128	西北师范大学	6 465.00
129	上海立信会计学院	6 390.01
130	天津工业大学	6 317.77
131	苏州科技学院	6 152.97
132	太原科技大学	6 140.10
133	上海电机学院	6 037.24
134	广东工业大学	6 014.72
135	青岛大学	5 907.17
136	辽宁工业大学	5 844.32
137	华北电力大学	5 839.81
138	沈阳药科大学	5 830.02
139	江西中医学院	5 829.00
140	西北农林科技大学	5 801.33
141	安徽工业大学	5 723.86
142	上海应用技术学院	5 700.67
143	北京邮电大学	5 608.64
144	山东师范大学	5 463.25
145	常州工学院	5 436.80
146	郑州牧业工程高等专科学校	5 306.10
147	云南师范大学	5 263.21
148	集美大学	5 238.99
149	河北理工大学	5 230.00

附表 14　全国高校校办产业利润总额过千万元的高校排名情况一览表

2010 年 12 月 31 日　　单位：万元

序号	学校名称	利润总额
1	北京大学	301 212.82
2	清华大学	114 102.16
3	东北大学	69 082.28
4	华中科技大学	51 818.83
5	中国石油大学（华东）	51 308.60
6	同济大学	44 634.28
7	山东大学	23 992.97
8	武汉大学	18 932.98
9	浙江大学	18 201.02
10	上海交通大学	14 645.27
11	南京大学	14 459.52
12	中南大学	14 290.54
13	南京工程学院	12 988.11
14	哈尔滨工业大学	11 614.00
15	中山大学	11 482.53
16	北京师范大学	10 935.92
17	上海外国语大学	8 918.42
18	华南理工大学	8 314.69
19	中国人民大学	7 709.81
20	西南交通大学	7 630.03
21	重庆大学	7 101.01
22	辽宁师范大学	7 065.35
23	西安建筑科技大学	5 964.19
24	广西师范大学	5 756.57
25	北京外国语大学	5 559.15
26	西安交通大学	5 509.74
27	西南大学	5 291.30
28	天津大学	5 206.30
29	中国科学技术大学	5 168.58

续表

序号	学　校　名　称	利润总额
30	北京林业大学	4 903.24
31	苏州大学	4 623.47
32	云南大学	4 511.09
33	复旦大学	4 425.42
34	大连理工大学	4 303.00
35	华南农业大学	4 219.44
36	华东师范大学	4 191.34
37	四川大学	4 046.39
38	江苏科技大学	3 982.15
39	南京师范大学	3 864.43
40	中国农业大学	3 738.14
41	中国矿业大学（徐州）	3 513.42
42	浙江工业大学	3 018.41
43	上海理工大学	2 875.21
44	合肥工业大学	2 682.15
45	华东理工大学	2 655.49
46	北京语言大学	2 586.60
47	南京中医药大学	2 535.38
48	长安大学	2 494.60
49	宁波工程学院	2 411.07
50	青海交通职业技术学院	2 314.72
51	陕西师范大学	2 214.14
52	南京理工大学	2 068.46
53	武汉理工大学	2 042.42
54	东北财经大学	2 034.00
55	北京科技大学	1 999.49
56	郑州大学	1 904.33
57	燕山大学	1 676.13
58	安徽中医学院	1 625.84
59	东南大学	1 544.21

续表

序号	学 校 名 称	利润总额
60	天津工业大学	1 496.74
61	河海大学	1 419.57
62	河北理工大学	1 408.00
63	西安理工大学	1 381.50
64	兰州交通大学	1 284.44
65	暨南大学	1 257.36
66	北京交通大学	1 236.33
67	黑龙江大学	1 219.99
68	上海大学	1 212.68
69	广州美术学院	1 196.33
70	华北电力大学	1 176.29
71	大连海事大学	1 122.00
72	浙江商业职业技术学院	1 058.15
73	电子科技大学	1 023.00

附表 15 全国高校校办产业净利润额过千万元的高校排名情况一览表

2010 年 12 月 31 日　　　　单位：万元

序号	学 校 名 称	净利润额
1	北京大学	239 487.14
2	清华大学	99 172.45
3	东北大学	61 845.47
4	华中科技大学	43 450.39
5	中国石油大学（华东）	40 647.10
6	同济大学	35 395.15
7	山东大学	20 191.88
8	浙江大学	14 912.97
9	武汉大学	13 685.24
10	南京大学	12 144.83
11	南京工程学院	11 217.80
12	上海交通大学	10 204.98
13	哈尔滨工业大学	10 112.00

续表

序号	学 校 名 称	净利润额
14	北京师范大学	9 487.18
15	中山大学	9 390.80
16	中南大学	9 025.91
17	上海外国语大学	8 735.07
18	华南理工大学	6 895.93
19	重庆大学	6 373.18
20	中国人民大学	6 188.33
21	西南交通大学	5 992.97
22	北京外国语大学	5 767.46
23	广西师范大学	5 686.57
24	辽宁师范大学	5 490.65
25	西安建筑科技大学	5 382.60
26	中国科学技术大学	4 710.01
27	江苏科技大学	4 635.57
28	西南大学	4 516.44
29	天津大学	4 386.85
30	西安交通大学	4 293.99
31	华东师范大学	4 100.65
32	华南农业大学	4 080.10
33	北京林业大学	4 061.11
34	苏州大学	4 007.14
35	大连理工大学	3 879.00
36	复旦大学	3 499.08
37	中国农业大学	3 481.35
38	南京师范大学	3 347.90
39	中国矿业大学（徐州）	2 842.95
40	华东理工大学	2 605.51
41	上海理工大学	2 582.76
42	合肥工业大学	2 408.44
43	浙江工业大学	2 368.70

续表

序号	学 校 名 称	净利润额
44	云南大学	2 345.90
45	宁波工程学院	2 309.18
46	南京中医药大学	2 276.08
47	陕西师范大学	2 213.83
48	长安大学	2 126.02
49	四川大学	1 983.08
50	北京语言大学	1 947.32
51	北京交通大学	1 813.70
52	北京科技大学	1 803.96
53	武汉理工大学	1 763.15
54	东北财经大学	1 713.00
55	青海交通职业技术学院	1 707.77
56	南京理工大学	1 685.94
57	郑州大学	1 459.03
58	天津工业大学	1 437.73
59	燕山大学	1 291.76
60	河海大学	1 274.89
61	河北理工大学	1 252.00
62	西安理工大学	1 166.62
63	暨南大学	1 129.48
64	兰州交通大学	1 040.44
65	华北电力大学	1 035.67

附表 16 全国高校校办产业按归属于学校方股东的净利润额过千万元的高校排名情况一览表

2010 年 12 月 31 日　　单位：万元

序号	学 校 名 称	归属于学校方股东的净利润额
1	北京大学	82 675.22
2	中国石油大学（华东）	33 827.00
3	清华大学	32 912.22
4	同济大学	22 199.73

续表

序号	学 校 名 称	归属于学校方股东的净利润额
5	华中科技大学	16 755.28
6	东北大学	13 903.96
7	浙江大学	11 024.03
8	上海交通大学	10 216.94
9	哈尔滨工业大学	9 909.00
10	上海外国语大学	8 722.81
11	北京外国语大学	8 663.39
12	南京大学	7 637.34
13	华南理工大学	6 806.19
14	中国人民大学	6 188.33
15	山东大学	5 765.02
16	辽宁师范大学	5 500.65
17	广西师范大学	5 295.78
18	中国科学技术大学	4 699.12
19	西安建筑科技大学	4 372.60
20	华东师范大学	4 116.32
21	中南大学	4 056.42
22	重庆大学	4 014.86
23	中山大学	3 606.45
24	华南农业大学	3 408.92
25	大连理工大学	3 349.00
26	西安交通大学	3 227.01
27	中国农业大学	3 102.11
28	武汉大学	3 006.30
29	江苏科技大学	2 854.25
30	南京师范大学	2 836.26
31	中国矿业大学	2 834.58
32	上海理工大学	2 582.76
33	北京林业大学	2 506.69
34	浙江工业大学	2 391.41

续表

序号	学 校 名 称	归属于学校方股东的净利润额
35	南京工程学院	2 331.70
36	合肥工业大学	2 284.97
37	云南大学	2 219.67
38	华东理工大学	1 982.60
39	北京语言大学	1 890.57
40	北京科技大学	1 703.23
41	四川大学	1 472.14
42	复旦大学	1 382.76
43	武汉理工大学	1 269.49
44	南京理工大学	1 252.66
45	大连海事大学	1 129.00
46	燕山大学	1 049.03

附表 17　全国高校收入总额过一亿元的企业排名情况一览表（不含资产公司）

2010 年 12 月 31 日　　单位：万元

序号	企 业 名 称	收入总额
1	北大方正集团有限公司	5 395 631.35
2	同方股份有限公司	1 900 216.78
3	山东石大科技集团有限公司	590 180.10
4	安徽安大科教发展有限公司	570 006.87
5	北京北大资源集团有限公司	569 343.90
6	东软集团股份有限公司	536 156.00
7	紫光股份有限公司	453 499.95
8	山东山大科技园发展有限公司	363 262.56
9	诚志股份有限公司	316 055.90
10	山东石大胜华化工集团股份有限公司	278 928.22
11	华工科技产业股份有限公司	219 427.39
12	重庆达康建筑工程公司	207 444.00
13	上海同济科技实业股份有限公司	200 834.40
14	北京北大未名生物工程集团有限公司	188 097.75
15	广州中山医医药有限公司	185 955.76

续表

序号	企 业 名 称	收入总额
16	辽宁省路桥建设集团有限公司	184 094.93
17	山东石大科技石化有限公司	133 704.99
18	北京清尚建筑装饰工程有限公司	133 291.04
19	外语教学与研究出版社有限责任公司	98 477.89
20	浦华环保有限公司	95 510.00
21	同济大学建筑设计研究院（集团）有限公司	89 791.00
22	北京师范大学出版社	81 868.33
23	南京康尼机电股份有限公司	75 706.49
24	江苏苏大特种化学试剂有限公司	68 673.97
25	上海交大企业管理中心	63 631.65
26	上海复旦复华科技股份有限公司	61 620.07
27	上海新南洋股份有限公司	57 265.87
28	山东山大华特科技股份有限公司	56 834.67
29	武汉天喻信息产业股份有限公司	53 331.07
30	上海同济城市规划设计研究院	49 964.00
31	清华大学建筑设计研究院有限公司	49 958.41
32	清华大学出版社有限公司	49 456.14
33	北京林大林业科技股份有限公司	48 543.79
34	北京北大青鸟软件系统有限公司	48 036.89
35	江苏南大苏富特科技股份有限公司	43 707.22
36	上海外语教育出版社有限公司	41 784.43
37	武汉华中数控股份有限公司	40 711.63
38	紫光集团有限公司	40 624.18
39	启迪控股股份有限公司	40 603.00
40	中山大学达安基因股份有限公司	39 231.16
41	杭州浙大同力后勤集团有限公司	38 954.83
42	浙江大学建筑设计研究院	36 352.91
43	北京清华城市规划设计研究院	34 379.49
44	中国人民大学出版社有限公司	33 930.00
45	山东石大恒业科贸有限公司	32 028.25

续表

序号	企 业 名 称	收入总额
46	西安华清科教产业（集团）有限公司	31 871.00
47	华南理工大学建筑设计研究院	31 743.00
48	北京清华阳光能源开发有限责任公司	31 539.42
49	上海昂立教育科技有限公司	31 355.40
50	龙江环保集团股份有限公司	31 193.15
51	北京大学出版社	30 881.00
52	上海交大南洋房地产（集团）有限公司	30 602.64
53	哈尔滨工业大学建筑设计研究院	30 573.00
54	西安交通大学科技园有限责任公司	29 002.37
55	华东师范大学出版社有限公司	28 763.89
56	沈阳东北大学冶金技术研究所有限公司	26 939.00
57	武汉南华高速船舶工程股份有限公司	26 406.21
58	广西师范大学出版社集团有限公司	24 661.87
59	武汉华工创业投资有限责任公司	23 216.00
60	青海海通汽车贸易有限公司	22 133.00
61	天津市天大北洋化工设备有限公司	21 679.72
62	秦皇岛燕大房地产开发有限公司	21 534.00
63	重庆西南师范大学出版社有限公司	21 469.00
64	博奥生物有限公司	20 432.72
65	复旦大学出版社有限公司	20 329.06
66	广东省集美设计工程公司	20 032.95
67	上海交大教育服务产业投资管理（集团）有限公司	19 210.00
68	哈尔滨工业大学国家大学科技园发展有限公司	18 907.00
69	山东山大华天科技股份有限公司	18 880.00
70	北京北大科技园有限公司	18 682.24
71	苏州苏大维格光电科技股份有限公司	18 643.66
72	东北大学设计研究院（有限公司）	17 892.82
73	华南理工大学科技开发公司	17 848.00
74	四川川大华西药业股份有限公司	17 766.00
75	秦皇岛燕大国海不锈钢业有限公司	17 691.86

续表

序号	企 业 名 称	收入总额
76	沈阳东洋异型管有限公司	17 437.00
77	江苏南星药业有限责任公司	17 269.00
78	常州翔宇置业有限公司	17 144.31
79	浙江浙大新宇集团有限公司	16 961.15
80	北京外语音像出版社有限公司	16 949.00
81	山东崇德置业有限公司	16 730.82
82	厦门南强建筑工程公司	16 079.07
83	江苏中江种业股份有限公司	16 047.00
84	上海铁大电信设备有限公司	15 758.22
85	西安理工晶体科技有限公司	15 666.00
86	天津大学建筑设计研究院	15 638.70
87	沈阳东创贵金属材料有限公司	15 597.65
88	《英语周报》社有限公司	15 426.00
89	重庆重邮信科（集团）股份有限公司	15 420.44
90	辽宁师范大学出版社有限责任公司	15 314.00
91	北京石大中油油品销售公司	15 168.00
92	山东地纬计算机软件有限公司	15 167.00
93	北京建工广厦资产经营管理中心	15 166.00
94	北京交大创新科技中心	13 882.00
95	大连理工大学出版社有限公司	13 807.00
96	浙江浙大圆正集团有限公司	13 731.08
97	延边大学出版社有限公司	13 371.00
98	北京华环电子股份有限公司	13 318.00
99	秦皇岛燕大汽车零部件制造有限公司	13 076.18
100	浙江大学出版社有限责任公司	13 050.11
101	鲁迅美术学院艺术工程总公司	12 711.92
102	浙江大学科技园发展有限公司	12 519.00
103	重庆大学科技企业（集团）有限责任公司	12 405.18
104	长安大学工程设计研究院	12 350.38
105	西安康桥后勤产业有限公司	11 996.83

续表

序号	企业名称	收入总额
106	成都西南交通大学科技园管理有限责任公司	11 924.53
107	浙江工业大学建筑规划设计研究院有限公司	11 759.60
108	北京北大科技园建设开发有限公司	11 462.56
109	湖南中大设计院有限公司	11 462.00
110	南京师范大学出版社有限责任公司	11 451.02
111	南京大学出版社有限公司	11 340.36
112	重庆大学出版社有限公司	11 338.89
113	东南大学建筑设计研究院	11 234.00
114	四川新概念教育投资有限公司	10 981.75
115	合肥工业大学建筑设计研究院	10 943.00
116	北京建工京精大房工程建设监理公司	10 777.00
117	华中科技大学出版社有限公司	10 776.71
118	郑州大学综合设计研究院	10 721.50
119	西安交通大学出版社有限责任公司	10 585.36
120	上海交大出版社有限公司	10 321.00
121	北京矿大能源安全科技有限公司	10 273.59
122	烟台捷林达通用齿轮箱制造有限公司	10 206.51
123	苏州大学出版社	10 155.99

附表 18　全国高校利润总额过千万元的企业排名情况一览表（不含资产公司）

2010 年 12 月 31 日　　　　单位：万元

序号	企业名称	利润总额
1	北大方正集团有限公司	258 265.83
2	同方股份有限公司	71 801.51
3	东软集团股份有限公司	56 011.00
4	山东石大科技集团有限公司	34 283.50
5	华工科技产业股份有限公司	33 833.63
6	北京北大资源集团有限公司	26 812.25
7	上海同济科技实业股份有限公司	18 075.81
8	山东山大华特科技股份有限公司	15 321.07
9	南京康尼机电股份有限公司	12 241.71

续表

序号	企　业　名　称	利润总额
10	外语教学与研究出版社有限责任公司	12 170.08
11	同济大学建筑设计研究院（集团）有限公司	11 259.00
12	山东石大胜华化工集团股份有限公司	11 232.24
13	北京师范大学出版社	9 911.43
14	北京北大未名生物工程集团有限公司	9 532.27
15	清华大学出版社有限公司	8 941.00
16	北京北大青鸟软件系统有限公司	8 528.41
17	上海外语教育出版社有限公司	8 460.27
18	启迪控股股份有限公司	8 170.00
19	北京大学出版社	7 088.00
20	辽宁师范大学出版社有限责任公司	7 076.00
21	紫光集团有限公司	6 890.60
22	中山大学达安基因股份有限公司	6 794.24
23	江苏南大苏富特科技股份有限公司	6 554.30
24	武汉华中数控股份有限公司	6 279.15
25	中国人民大学出版社有限公司	6 261.00
26	武汉天喻信息产业股份有限公司	6 162.75
27	上海同济城市规划设计研究院	5 776.00
28	龙江环保集团股份有限公司	5 434.14
29	广西师范大学出版社集团有限公司	5 351.78
30	武汉华工创业投资有限责任公司	5 326.00
31	哈尔滨工业大学国家大学科技园发展有限公司	5 276.00
32	重庆西南师范大学出版社有限公司	5 227.00
33	上海交大企业管理中心	5 101.50
34	云南云大投资控股有限公司	5 077.53
35	浙江浙大新宇集团有限公司	5 070.00
36	北京林大林业科技股份有限公司	4 771.55
37	天津市天大北洋化工设备有限公司	4 648.05
38	紫光股份有限公司	4 436.25
39	山东石大科技石化有限公司	4 416.53

续表

序号	企 业 名 称	利润总额
40	西安华清科教产业（集团）有限公司	4 386.00
41	华东师范大学出版社有限公司	4 157.78
42	四川新概念教育投资有限公司	4 142.63
43	北京清尚建筑装饰工程有限公司	4 036.68
44	中工武大设计研究院有限公司	3 980.00
45	苏州苏大维格光电科技股份有限公司	3 872.65
46	东北大学设计研究院（有限公司）	3 838.43
47	浙江大学建筑设计研究院	3 674.14
48	浙江浙大圆正集团有限公司	3 650.13
49	华南理工大学建筑设计研究院	3 636.00
50	广州华南农业大学科技实业发展有限公司	3 407.30
51	复旦大学出版社有限公司	3 310.04
52	四川川大华西药业股份有限公司	3 257.00
53	上海复旦复华科技股份有限公司	3 069.76
54	浙江大学科技园发展有限公司	3 034.00
55	上海昂立教育科技有限公司	2 960.13
56	上海铁大电信设备有限公司	2 791.78
57	西安交通大学科技园有限责任公司	2 779.60
58	北京中农大科技企业孵化器有限公司	2 778.14
59	上海复旦科技园股份有限公司	2 712.98
60	山东地纬计算机软件有限公司	2 681.00
61	陕西师范大学出版总社有限公司	2 660.00
62	南京师范大学出版社有限责任公司	2 643.53
63	沈阳东北大学冶金技术研究所有限公司	2 633.00
64	上海交大科技园有限公司	2 596.70
65	上海交大南洋房地产（集团）有限公司	2 571.04
66	北京语言大学出版社有限公司	2 520.76
67	宁波科捷建筑工程技术服务中心	2 386.75
68	广州中山医医药有限公司	2 384.21
69	北京正方兴通信技术有限公司	2 382.22

续表

序号	企 业 名 称	利润总额
70	上海瑞纽机械装备制造有限公司	2 324.12
71	哈尔滨工业大学建筑设计研究院	2 257.00
72	诚志股份有限公司	2 216.24
73	大连理工大学出版社有限公司	2 200.00
74	浦华环保有限公司	2 103.00
75	清华大学建筑设计研究院有限公司	2 098.48
76	东北财经大学出版社	2 091.00
77	江苏南星药业有限责任公司	1 948.00
78	长安大学工程设计研究院	1 929.19
79	北京辰安伟业科技有限公司	1 919.00
80	重庆重大远兴科技发展有限公司	1 914.00
81	重庆大学出版社有限公司	1 769.58
82	浙江大学出版社有限责任公司	1 739.07
83	江苏宁谊文化实业有限公司	1 711.45
84	广州中大产业集团有限公司	1 692.89
85	上海新南洋股份有限公司	1 602.28
86	中国矿业大学出版社有限责任公司	1 564.14
87	浙江工业大学建筑规划设计研究院有限公司	1 549.59
88	秦皇岛燕大汽车零部件制造有限公司	1 441.86
89	四川新概念艺术产业有限公司	1 432.42
90	南京东南大学出版社有限公司	1 412.24
91	西安理工晶体科技有限公司	1 402.00
92	重庆大学建筑设计研究院	1 396.00
93	广州华工大集团有限公司	1 393.32
94	重庆大学城市规划与研究院	1 386.00
95	广州华南理工大学科技园有限公司	1 331.15
96	天津膜天膜工程技术有限公司	1 327.00
97	辽宁省路桥建设集团有限公司	1 324.00
98	西安康桥后勤产业有限公司	1 317.76
99	南京理工科技化工有限责任公司	1 315.80

续表

序号	企 业 名 称	利润总额
100	山东山大鸥玛软件有限公司	1 315.00
101	山东山大华天科技股份有限公司	1 246.00
102	郑州大学综合设计研究院	1 236.99
103	山大鲁能信息科技有限公司	1 208.00
104	广东省集美设计工程公司	1 178.95
105	北京华环电子股份有限公司	1 174.00
106	北京清华城市规划设计研究院	1 163.68
107	安徽中医学院中西医结合医院	1 155.63
108	西安建筑科技大学建筑设计研究院	1 126.00
109	重庆大学科技企业（集团）有限责任公司	1 125.76
110	武汉华工大学科技园发展有限公司	1 115.57
111	华南理工大学机动车辆技术设备厂	1 090.83
112	湖南大学设计研究院有限公司	1 080.00
113	中国人民大学书报资料中心	1 076.14
114	合肥工业大学出版社有限责任公司	1 050.09
115	华南理工大学科技开发公司	1 032.00
116	湖南中大设计院有限公司	1 027.00
117	南京大学城市规划设计研究院	1 026.82
118	武汉南华高速船舶工程股份有限公司	1 001.99

附表 19　全国高校净利润额过千万元的企业排名情况一览表（不含资产公司）

2010 年 12 月 31 日　　　　单位：万元

序号	企 业 名 称	净利润额
1	北大方正集团有限公司	111 521.48
2	同方股份有限公司	59 973.78
3	东软集团股份有限公司	50 730.00
4	华工科技产业股份有限公司	28 473.58
5	山东石大科技集团有限公司	25 824.70
6	北京北大资源集团有限公司	20 102.88
7	山东山大华特科技股份有限公司	13 249.65
8	外语教学与研究出版社有限责任公司	12 148.52

续表

序号	企　业　名　称	净利润额
9	清华大学出版社有限公司	11 065.38
10	南京康尼机电股份有限公司	10 690.30
11	上海同济科技实业股份有限公司	9 575.88
12	山东石大胜华化工集团股份有限公司	9 305.28
13	北京师范大学出版社	8 845.85
14	同济大学建筑设计研究院（集团）有限公司	8 658.00
15	上海外语教育出版社有限公司	8 423.31
16	北京大学出版社	6 339.00
17	江苏南大苏富特科技股份有限公司	6 168.47
18	紫光集团有限公司	5 967.76
19	启迪控股股份有限公司	5 916.00
20	中山大学达安基因股份有限公司	5 746.11
21	辽宁师范大学出版社有限责任公司	5 505.00
22	武汉华中数控股份有限公司	5 364.77
23	广西师范大学出版社集团有限公司	5 351.78
24	武汉天喻信息产业股份有限公司	5 211.25
25	中国人民大学出版社有限公司	5 037.00
26	龙江环保集团股份有限公司	4 667.67
27	重庆西南师范大学出版社有限公司	4 539.00
28	山东石大科技石化有限公司	4 416.53
29	西安华清科教产业（集团）有限公司	4 386.00
30	上海同济城市规划设计研究院	4 294.00
31	四川新概念教育投资有限公司	4 142.63
32	华东师范大学出版社有限公司	4 102.54
33	北京林大林业科技股份有限公司	3 962.19
34	天津市天大北洋化工设备有限公司	3 950.84
35	哈尔滨工业大学国家大学科技园发展有限公司	3 920.00
36	浙江浙大新宇集团有限公司	3 790.00
37	哈尔滨博实自动化股份有限公司	3 561.00
38	紫光股份有限公司	3 511.41

续表

序号	企 业 名 称	净利润额
39	广州华南农业大学科技实业发展有限公司	3 407.30
40	苏州苏大维格光电科技股份有限公司	3 291.75
41	复旦大学出版社有限公司	3 267.66
42	东北大学设计研究院（有限公司）	3 262.66
43	浙江大学建筑设计研究院	3 200.58
44	武汉华工创业投资有限责任公司	3 076.00
45	北京清尚建筑装饰工程有限公司	2 992.30
46	华南理工大学建筑设计研究院	2 986.00
47	浙江大学科技园发展有限公司	2 900.00
48	北京中农大科技企业孵化器有限公司	2 778.14
49	浙江浙大圆正集团有限公司	2 723.11
50	四川川大华西药业股份有限公司	2 661.00
51	陕西师范大学出版总社有限公司	2 660.00
52	上海昂立教育科技有限公司	2 566.23
53	云南云大投资控股有限公司	2 541.96
54	上海交大企业管理中心	2 491.90
55	南京师范大学出版社有限责任公司	2 401.77
56	北京正方兴通信技术有限公司	2 382.22
57	山东地纬计算机软件有限公司	2 377.00
58	上海复旦科技园股份有限公司	2 371.70
59	上海交大科技园有限公司	2 362.94
60	中工武大设计研究院有限公司	2 300.00
61	宁波科捷建筑工程技术服务中心	2 293.80
62	沈阳东北大学冶金技术研究所有限公司	2 256.00
63	上海铁大电信设备有限公司	2 251.92
64	大连理工大学出版社有限公司	2 200.00
65	上海交大南洋房地产（集团）有限公司	2 114.83
66	西安交通大学科技园有限责任公司	2 102.40
67	浦华环保有限公司	2 087.00
68	哈尔滨工业大学建筑设计研究院	2 058.00

续表

序号	企 业 名 称	净利润额
69	上海复旦复华科技股份有限公司	2 043.96
70	上海瑞纽机械装备制造有限公司	2 031.67
71	北京语言大学出版社有限公司	1 890.57
72	上海同济科技园有限公司	1 774.30
73	重庆大学出版社有限公司	1 769.58
74	诚志股份有限公司	1 759.10
75	浙江大学出版社有限责任公司	1 739.07
76	江苏南星药业有限责任公司	1 739.00
77	广州中山医医药有限公司	1 725.13
78	东北财经大学出版社	1 713.00
79	北大先锋科技有限公司	1 711.28
80	北京辰安伟业科技有限公司	1 690.00
81	重庆重大远兴科技发展有限公司	1 678.00
82	长安大学工程设计研究院	1 618.77
83	上海交大科技园（上饶）有限公司	1 615.30
84	广州中大产业集团有限公司	1 469.24
85	清华大学建筑设计研究院有限公司	1 449.40
86	四川新概念艺术产业有限公司	1 432.42
87	北京北大维信生物科技有限公司	1 408.26
88	广州华南理工大学科技园有限公司	1 311.15
89	天津膜天膜工程技术有限公司	1 307.00
90	江苏宁谊文化实业有限公司	1 276.47
91	南京东南大学出版社有限公司	1 250.44
92	广州华工大集团有限公司	1 227.73
93	山大鲁能信息科技有限公司	1 208.00
94	重庆大学建筑设计研究院	1 200.00
95	秦皇岛燕大汽车零部件制造有限公司	1 196.86
96	西安理工晶体科技有限公司	1 194.00
97	重庆大学城市规划与研究院	1 188.00
98	山东山大华天科技股份有限公司	1 172.00

续表

序号	企 业 名 称	净利润额
99	中国矿业大学出版社有限责任公司	1 167.35
100	浙江工业大学建筑规划设计研究院有限公司	1 162.19
101	北京北大未名生物工程集团有限公司	1 162.10
102	江苏南大光电材料股份有限公司	1 122.40
103	华东理工大学华昌聚合物有限公司	1 120.19
104	成都交大光芒实业有限公司	1 118.30
105	山东山大鸥玛软件有限公司	1 118.00
106	北京华环电子股份有限公司	1 053.00
107	合肥工业大学出版社有限责任公司	1 050.09
108	重庆大学科技企业（集团）有限责任公司	1 041.79
109	南京理工科技化工有限责任公司	1 029.20
110	辽宁省路桥建设集团有限公司	1 006.36

附表 20　全国高校归属于学校方股东的净利润额过千万元的企业排名情况一览表（不含资产公司）

2010 年 12 月 31 日　　　　单位：万元

序号	企 业 名 称	归属于学校方股东的净利润额
1	北大方正集团有限公司	78 065.04
2	山东石大科技集团有限公司	25 824.70
3	外语教学与研究出版社有限责任公司	12 143.52
4	同方股份有限公司	11 451.79
5	清华大学出版社有限公司	11 065.38
6	华工科技产业股份有限公司	10 357.24
7	东软集团股份有限公司	8 540.00
8	上海外语教育出版社有限公司	8 423.31
9	北京大学出版社	6 339.00
10	同济大学建筑设计研究院（集团）有限公司	6 060.00
11	北京北大资源集团有限公司	5 628.81
12	辽宁师范大学出版社有限责任公司	5 505.00
13	广西师范大学出版社集团有限公司	5 351.78
14	中国人民大学出版社有限公司	5 037.00

续表

序号	企 业 名 称	归属于学校方股东的净利润额
15	华东师范大学出版社有限公司	4 121.44
16	哈尔滨工业大学国家大学科技园发展有限公司	3 920.00
17	上海交大南洋房地产（集团）有限公司	3 888.50
18	哈尔滨博实自动化股份有限公司	3 561.00
19	广州华南农业大学科技实业发展有限公司	3 407.30
20	西安华清科教产业（集团）有限公司	3 377.00
21	复旦大学出版社有限公司	3 267.66
22	浙江大学建筑设计研究院	3 200.58
23	北京林大林业科技股份有限公司	2 988.79
24	启迪控股股份有限公司	2 987.00
25	北京中农大科技企业孵化器有限公司	2 778.14
26	浙江浙大圆正集团有限公司	2 723.11
27	上海交大企业管理中心	2 491.90
28	南京师范大学出版社有限责任公司	2 401.77
29	山东地纬计算机软件有限公司	2 377.00
30	上海交大科技园有限公司	2 347.11
31	上海同济科技实业股份有限公司	2 238.84
32	大连理工大学出版社有限公司	2 200.00
33	南京康尼机电股份有限公司	2 113.89
34	浙江大学科技园发展有限公司	2 084.00
35	哈尔滨工业大学建筑设计研究院	2 058.00
36	云南云大投资控股有限公司	2 033.57
37	上海瑞纽机械装备制造有限公司	2 031.67
38	西安交通大学科技园有限责任公司	1 927.36
39	北京语言大学出版社有限公司	1 890.57
40	上海同济科技园有限公司	1 774.30
41	浙江大学出版社有限责任公司	1 739.07
42	北大先锋科技有限公司	1 711.28
43	上海交大科技园（上饶）有限公司	1 615.30
44	北京正方兴通信技术有限公司	1 572.26

续表

序号	企业名称	归属于学校方股东的净利润额
45	武汉华中数控股份有限公司	1 551.90
46	山东山大华特科技股份有限公司	1 538.52
47	北京清尚建筑装饰工程有限公司	1 493.39
48	四川川大华西药业股份有限公司	1 483.00
49	广州中大产业集团有限公司	1 469.24
50	清华大学建筑设计研究院有限公司	1 449.40
51	北京北大维信生物科技有限公司	1 408.26
52	浙江浙大新宇集团有限公司	1 288.60
53	南京东南大学出版社有限公司	1 250.44
54	山大鲁能信息科技有限公司	1 208.00
55	重庆大学建筑设计研究院	1 200.00
56	中国矿业大学出版社有限责任公司	1 167.35
57	浙江工业大学建筑规划设计研究院有限公司	1 162.19
58	紫光集团有限公司	1 140.81
59	中工武大设计研究院有限公司	1 127.00
60	江苏南大光电材料股份有限公司	1 122.40
61	华东理工大学华昌聚合物有限公司	1 120.19
62	成都交大光芒实业有限公司	1 118.30
63	上海昂立教育科技有限公司	1 087.70
64	中山大学达安基因股份有限公司	1 071.52
65	武汉华工创业投资有限责任公司	1 052.60
66	紫光股份有限公司	1 050.47
67	广州华南理工大学科技园有限公司	1 048.92
68	辽宁省路桥建设集团有限公司	1 032.89
69	东北大学设计研究院（有限公司）	1 011.43
70	重庆大学科技企业（集团）有限责任公司	1 000.05

二、2010 年度全国普通高校校办科技企业统计分析

1. 全国普通高校校办科技企业概况

2010 年度参加全国普通高校校办产业统计工作的科技企业共计 1 044 个。其中，一级企业 428 个，占 41.00%；二级企业 616 个，占 59.00%，如图 2-1 所示。

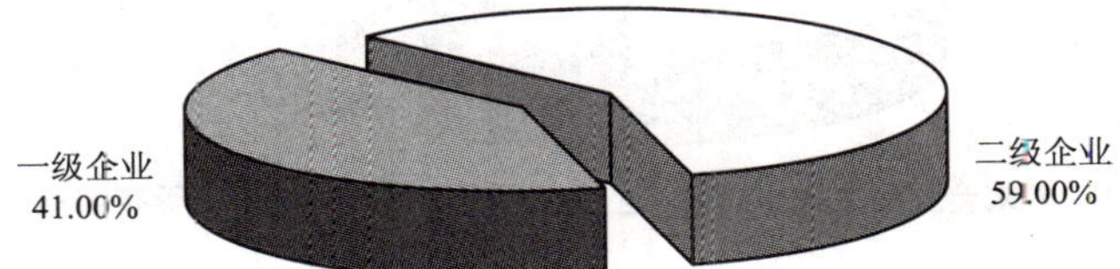

图 2-1　2010 年度参加全国高校校办产业统计的科技企业一、二级企业占比

2. 资产状况

① 2010 年末，全国高校校办科技企业资产总额为 1 492.44 亿元，占全国高校校办产业资产总额（2 292.41 亿元）的 65.10%，如图 2-2 所示。

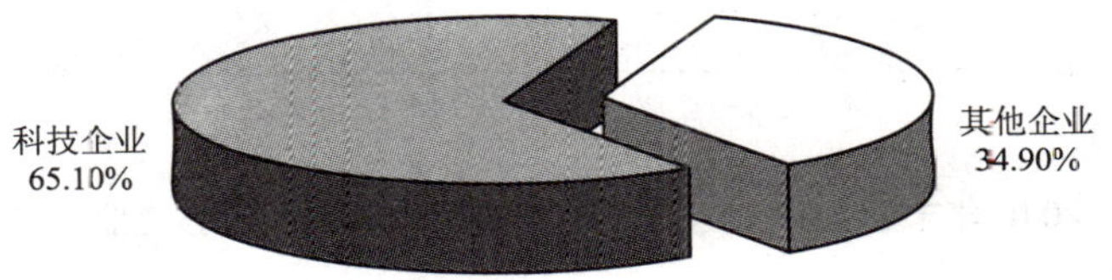

图 2-2　2010 年末全国高校校办科技企业资产总额占比情况

② 2010 年末，全国高校校办科技企业负债额为 879.23 亿元，占全国高校校办产业负债额（1 314.63 亿元）的 66.88%，如图 2-3 所示。

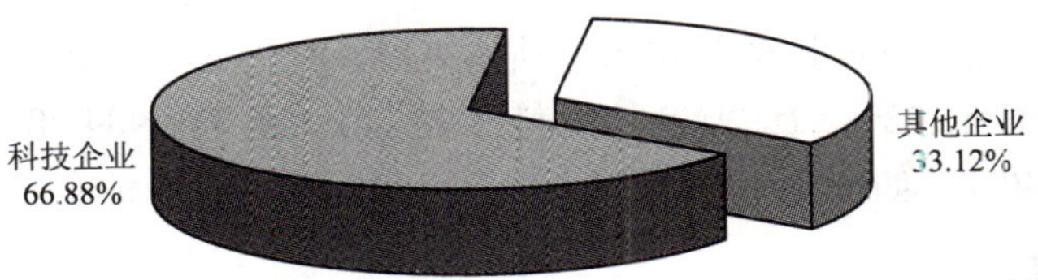

图 2-3　2010 年末全国高校校办科技企业负债额占比情况

③ 2010 年末，全国高校校办科技企业所有者权益为 613.21 亿元，占全国高校校办产业所有者权益（977.78 亿元）的 62.71%，如图 2-4 所示。

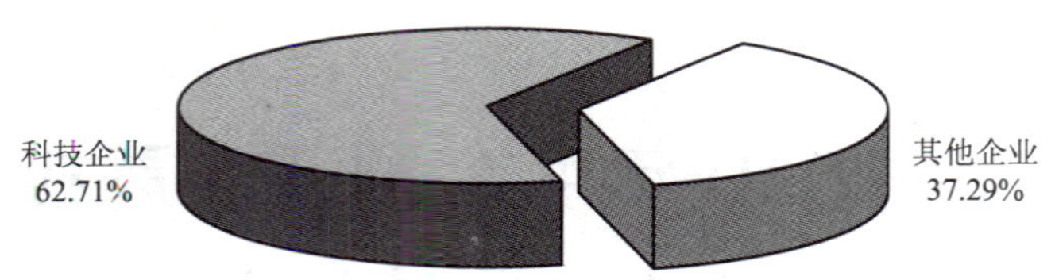

图 2-4　2010 年末全国高校校办科技企业所有者权益占比情况

④ 2010 年末，全国高校校办科技企业归属于学校方股东的所有者权益为 247.88 亿元，占全国高校校办产业归属于学校方股东的所有者权益（513.06 亿元）的 48.31%，如图 2-5 所示。

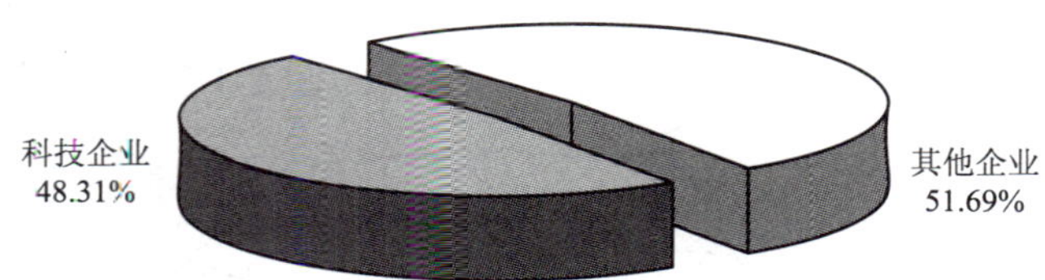

图 2-5　2010 年末全国高校校办科技企业归属于学校方股东的所有者权益占比情况

⑤ 2010 年末，全国高校校办科技企业的资产负债率为 58.91%，如图 2-6 所示。

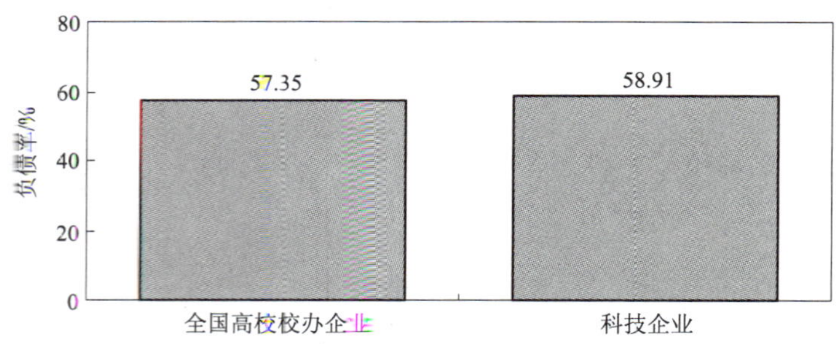

图 2-6　2010 年末全国高校校办企业资产负债率及校办科技企业资产负债率

3. 经营状况

（1）收入总额情况

2010 年度全国高校校办科技企业收入总额为 1 135.49 亿元，占全国高校校办产业收入总额（1 671.83 亿元）的 67.92%，比 2009 年度科技企业收入总额（984.78 亿元）增加了 150.71 亿元，增长率为 15.30%，如图 2-7 所示。

（2）利润总额情况

2010 年度全国高校校办科技企业实现利润总额为 62.28 亿元，占全国高校校办产业实现利润总额（100.28 亿元）的 62.11%，比 2009 年度科技企业实现利润总额（50.66 亿元）增加了 11.62 亿元，增长率为 22.94%，如图 2-8 所示。

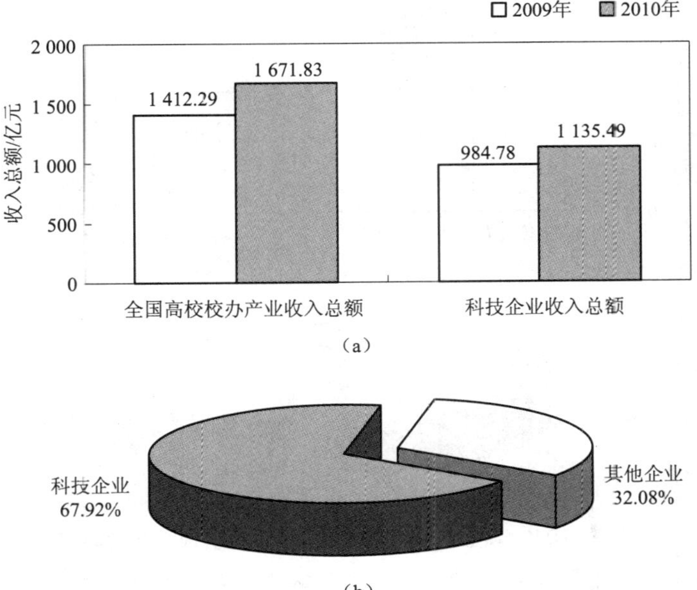

图 2-7　2010 年度全国高校校办科技企业收入总额情况

（a）校办产业与科技企业收入总额（与 2009 年度对比）；（b）科技企业收入占比

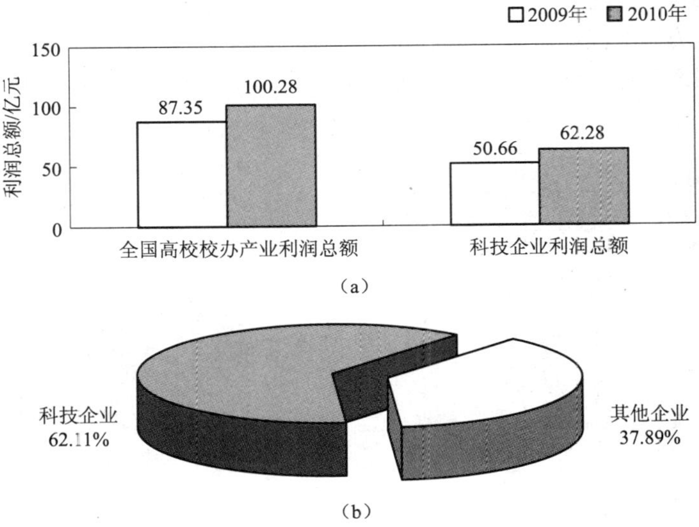

□2009年 ■2010年

150
100
50
0
利润总额/亿元
87.35
100.28
50.66
62.28
全国高校校办产业利润总额
科技企业利润总额

（a）

科技企业
62.11%
其他企业
37.89%

（b）

图 2-8　2010 年度全国高校校办科技企业实现利润总额情况

（a）校办产业与科技企业实现利润总额（与 2009 年度对比）；（b）科技企业实现利润占比

（3）净利润额情况

2010 年度全国高校校办科技企业实现净利润额为 44.69 亿元，占全国高校校办产业实现净利润额（82.00 亿元）的 54.50%，比 2009 年度科技企业实现净利润额（32.62 亿元）增加了 12.07 亿元，增长率为 37.00%，如图 2-9 所示。

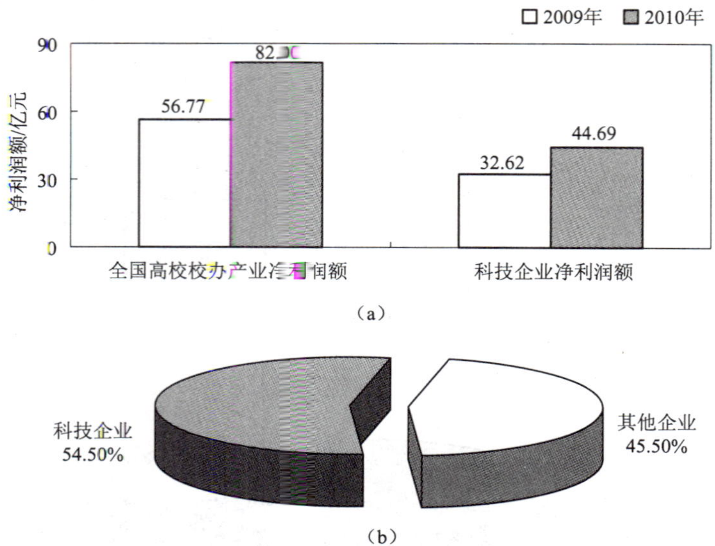

图 2-9 2010 年度全国高校校办科技企业实现净利润额情况

（a）校办产业与科技企业净利润额（与 2009 年度对比）；（b）科技企业实现净利润额占比

（4）归属于学校方股东的净利润额情况

2010 年度全国高校校办科技企业归属于学校方股东的净利润额为 21.06 亿元，占全国高校校办产业归属于学校方股东净利润额（38.27 亿元）的 55.03%，比 2009 年度全国高校校办科技企业归属于学校方股东的净利润额（22.33 亿元）减少了 1.27 亿元，降低了 5.69%，如图 2-10 所示。

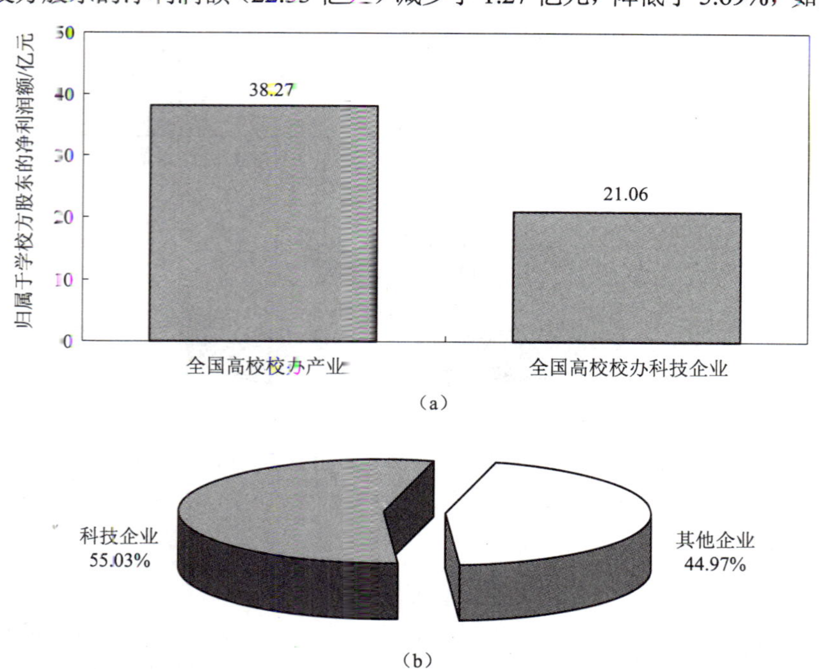

图 2-10 2010 年度全国高校校办科技企业归属于学校方股东的净利润额情况

（a）校办产业与科技企业归属于学校方股东的净利润额；（b）科技企业归属于学校方股东的净利润额占比

（5）已支付给学校方股东的利润额或股利情况

2010 年度全国高校校办科技企业已支付给学校方股东的利润额或股利为 3.32 亿元，占全国高校校办产业已支付给学校的利润额或股利（11.74 亿元）的 28.28%，比 2009 年度科技企业已支付给学校方股东的利润额或股利（3.13 亿元）增加了 0.19 亿元，增长率为 6.07%，如图 2-11 所示。

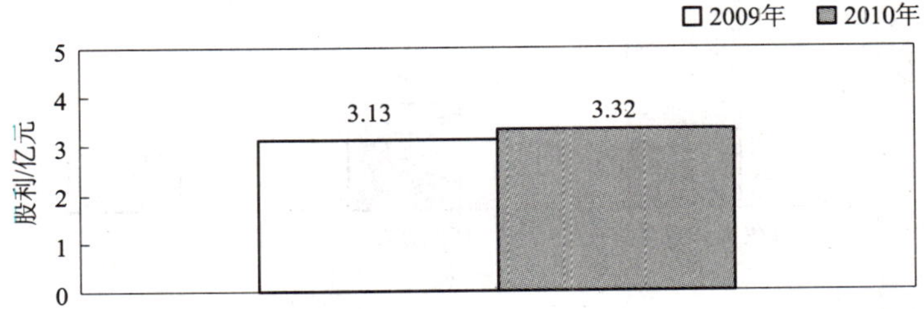

图 2-11　2010 年度全国高校校办科技企业已支付给学校方股东的利润额或股利情况（与 2009 年度对比）

（6）上交税金情况

2010 年度全国高校校办科技企业向国家缴纳税金总额为 46.54 亿元，占全国高校校办产业向国家缴纳税金总额（139.92 亿元）的 33.26%，比 2009 年度科技企业向国家缴纳税金总额（42.54 亿元）增加了 4.00 亿元，增长率为 9.40%，如图 2-12 所示。

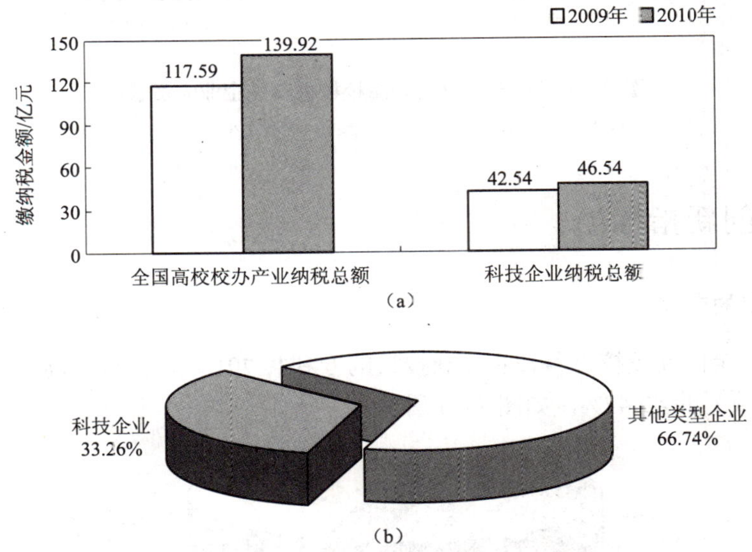

图 2-12　2010 年度全国高校校办科技企业上交税金情况

（a）科技企业与校办产业向国家缴纳税金总额（与 2009 年度对比）；（b）科技企业向国家缴纳税金占比

4. 人员状况

2010 年末，全国高校校办科技企业职工总人数共计 10.86 万人。其中，接受高等教育的人员 5.69 万人，占校企人员总数的 52.39%；研究开发人员 1.96 万人，占校企人员总数的

18.05%；专职管理人员 1.05 万人，占校企人员总数的 9.67%。校办科技企业接纳学生实习人数达 18.16 万人次，累计工时 1 288.61 万小时。此外，高校校办科技企业还参与了硕士生、博士生的培养工作，2010 年度参与培养博士生 664 名、硕士生 3 547 名，如图 2-13 所示。

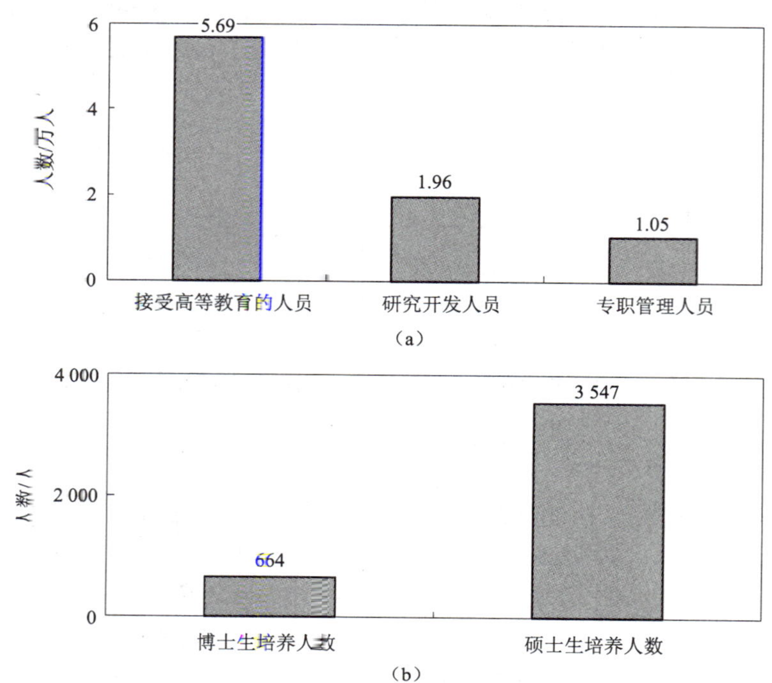

图 2-13　2010 年度全国高校校办科技企业人员状况

（a）职工中三类人员状况；（b）参与培养博士生、硕士生人数

5. 科技创新指标

（1）获授权的专利

2010 年末，全国高校校办科技企业获授权的专利共 791 项，占全国高校校办产业获授权专利项（1 599 项）的 49.47%，如图 2-14 所示。

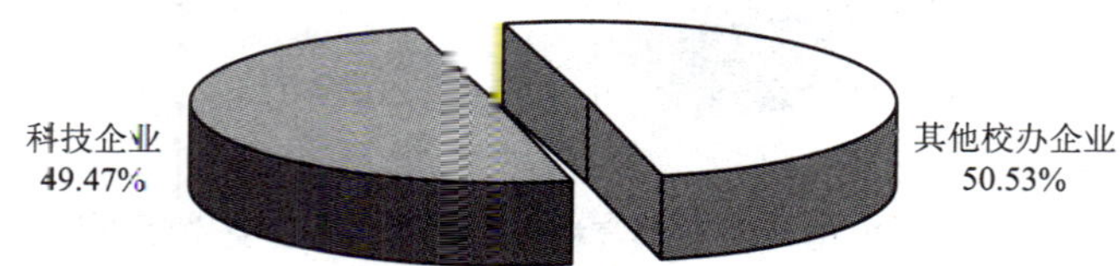

图 2-14　2010 年末全国高校校办科技企业获授权的专利情况

（2）登记的计算机软件及集成电路版权

2010 年末，全国高校校办科技企业登记的计算机软件及集成电路版权共 313 项，占全国高校校办产业登记的计算机软件及集成电路版权项（803 项）的 38.98%，如图 2-15 所示。

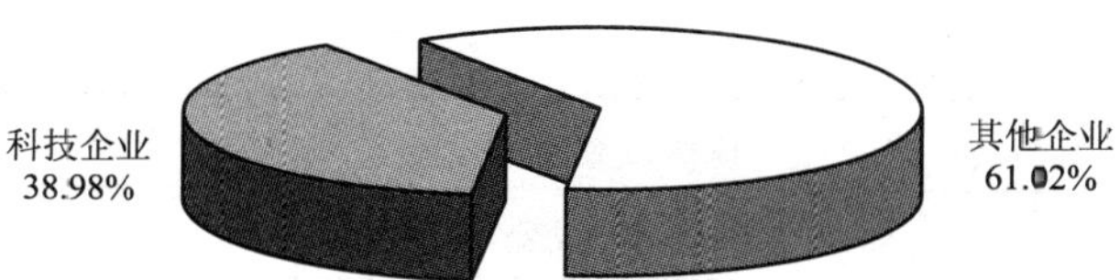

图 2-15　2010 年末全国高校校办科技企业登记的计算机软件及集成电路版权情况

（3）获省市部委、国家级的奖项

2010 年末，全国高校校办科技企业获省市部委、国家级的奖项 307 项，占全国高校校办产业获省市部委、国家级奖项（1 230 项）的 24.96%，如图 2-16 所示。

图 2-16　2010 年末全国高校校办科技企业获省市部委、国家级的奖项情况

6. 2010 年度全国高校校办科技企业统计综合分析附表

附表 1　全国各省、自治区、直辖市高校校办科技企业资产
总额排名前一百名情况一览表（不含资产公司）

2010 年 12 月 31 日　　单位：万元

序号	省、自治区、直辖市高校校办科技企业	资产总额
1	北大方正集团有限公司	5 022 302.24
2	东软集团股份有限公司	685 888.00
3	北京北大青鸟软件系统有限公司	508 239.64
4	北京北大未名生物工程集团有限公司	260 147.31
5	北京北大科技园建设开发有限公司	201 083.55
6	同济大学建筑设计研究院（集团）有限公司	174 356.00
7	上海复旦复华科技股份有限公司	143 355.66
8	北京北大科技园有限公司	99 112.09
9	南京康尼机电股份有限公司	84 822.54
10	中山大学达安基因股份有限公司	67 106.87
11	江苏南大苏富特科技股份有限公司	57 455.43
12	北京理工世纪科技集团有限公司	43 517.17
13	上海同济城市规划设计研究院	42 875.00
14	重庆重邮信科（集团）股份有限公司	40 204.35

续表

序号	省、自治区、直辖市高校校办科技企业	资产总额
15	武汉南华高速船舶工程股份有限公司	39 730.46
16	北大国际医院集团有限公司	38 788.85
17	北京中农大科技企业孵化器有限公司	36 529.00
18	天大科技园有限公司	33 569.37
19	西安理工晶体科技有限公司	33 175.00
20	沈阳东北大学冶金技术研究所有限公司	30 896.00
21	北京北航科技园有限公司	27 344.14
22	四川川大华西药业股份有限公司	26 325.00
23	东北大学设计研究院（有限公司）	25 220.82
24	华南理工大学建筑设计研究院	25 139.00
25	北京汉通科技有限责任公司	24 977.00
26	广东省集美设计工程公司	24 971.81
27	山大鲁能信息科技有限公司	23 740.00
28	山东山大华天科技股份有限公司	23 664.00
29	苏州苏大维格光电科技股份有限公司	23 174.16
30	河北医科大学生物医学工程中心	21 710.00
31	上海纳米技术及应用国家工程研究中心有限公司	21 118.74
32	北洋国家精馏技术工程发展有限公司	18 267.37
33	山东地纬计算机软件有限公司	17 284.00
34	上海铁大电信设备有限公司	17 161.45
35	上海瑞纽机械装备制造有限公司	16 638.47
36	新疆大学科技园有限责任公司	16 156.18
37	黑龙江哈尔滨医大药业有限公司	16 013.00
38	华南理工大学科技开发公司	15 280.00
39	武汉武大科技园有限公司	13 737.25
40	湖南大学科技园有限公司	13 440.00
41	广西中医学院制药厂	13 181.16
42	中工武大设计研究院有限公司	12 685.05
43	中国药科大学制药有限公司	11 274.10
44	上海同济建设工程质量检测站	11 175.92

续表

序号	省、自治区、直辖市高校校办科技企业	资产总额
45	大连理工大学技术转移中心	11 027.50
46	合肥工业大学建筑设计研究院	10 835.00
47	白求恩医科大学制药厂	10 387.00
48	南京鼎牌电器有限公司	10 110.15
49	南京河海科技有限公司	9 800.89
50	南京南大药业有限责任公司	9 620.81
51	广州华南农业大学科技实业发展有限公司	9 350.50
52	湖大海捷制造技术有限公司	8 922.00
53	上海大学科技园区	8 765.47
54	太原科大重工科技有限责任公司	8 718.38
55	上海香料研究所	8 671.50
56	沈阳东大三建工业炉制造有限公司	8 319.00
57	沈阳东洋异型管有限公司	8 154.00
58	上海同济新产业发展公司	7 871.18
59	南京聚星机械装备股份有限公司	7 735.61
60	江苏倍康药业有限公司	7 454.04
61	江苏药物研究所有限公司	7 389.54
62	成都西南交通大学科技园管理有限责任公司	7 336.17
63	北京化大化新科技股份有限公司	7 238.00
64	广州华工信息软件有限公司	7 155.31
65	北京金时石油测试技术有限公司	7 081.00
66	北京北航天华科技有限责任公司	7 070.20
67	常州翔宇资源再生科技有限公司	7 052.57
68	山东山大鸥玛软件有限公司	6 708.00
69	北京工大智源科技发展有限公司	6 690.00
70	北京矿大能源安全科技有限公司	6 573.62
71	广州惠华动物保健品有限公司	6 522.99
72	北京银盘电子技术有限公司	6 444.00
73	广东暨大基因药物工程研究中心有限公司	6 260.70
74	湖北武大有机硅新材料股份有限公司	6 201.80
75	沈阳北方交通工程公司	6 054.78

续表

序号	省、自治区、直辖市高校校办科技企业	资产总额
76	浙江大学农业科技园有限公司	6 001.20
77	南京理工科技园股份有限公司	5 890.03
78	合肥工大建设监理有限责任公司	5 833.00
79	兰州天际环境保护有限公司	5 804.00
80	北京北大宇环微电子系统有限公司	5 800.17
81	江苏南大金山环保科技有限公司	5 773.31
82	南京理工大学科技贸易公司	5 736.79
83	西安西北工业大学科技产业集团公司	5 695.13
84	北京北大维信生物科技有限公司	5 689.15
85	上海同济科技园有限公司	5 536.59
86	北大先锋科技有限公司	5 523.09
87	上海师大科技开发总公司	5 443.13
88	上海理工科技园有限公司	5 420.90
89	四川光亚聚合物化工有限公司	5 414.20
90	苏州中核华东辐照有限公司	5 342.37
91	武汉理工新能源有限公司	5 250.47
92	华中师范大学科技开发总公司	5 204.14
93	大连海大船舶导航国家工程研究中心有限责任公司	5 189.00
94	杨凌农林科大校办产业发展有限公司	5 138.31
95	温州医学院生物与天然药物开发中心有限公司	5 127.62
96	广州华新科实业有限公司	4 989.85
97	南京理工科技化工有限责任公司	4 989.30
98	江苏苏大投资有限公司	4 807.80
99	甘肃工大舞台技术工程有限公司	4 700.90
100	西安沃兰科技有限责任公司	4 680.53

附表2　全国各省、自治区、直辖市高校校办科技企业负债总额排名前一百名情况一览表（不含资产公司）

2010年12月31日　　　　单位：万元

序号	省、自治区、直辖市高校校办科技企业	负债总额
1	北大方正集团有限公司	3 054 628.55
2	北京北大青鸟软件系统有限公司	450 854.49

续表

序号	省、自治区、直辖市高校校办科技企业	负债总额
3	东软集团股份有限公司	227 368.00
4	北京北大未名生物工程集团有限公司	177 742.86
5	北京北大科技园建设开发有限公司	171 476.57
6	同济大学建筑设计研究院（集团）有限公司	154 835.00
7	北京北大科技园有限公司	88 606.63
8	上海复旦复华科技股份有限公司	81 111.70
9	南京康尼机电股份有限公司	57 742.45
10	天大科技园有限公司	31 193.65
11	江苏南大苏富特科技股份有限公司	30 136.36
12	武汉南华高速船舶工程股份有限公司	29 889.16
13	北京中农大科技企业孵化器有限公司	27 158.68
14	上海同济城市规划设计研究院	26 561.00
15	广东省集美设计工程公司	22 221.96
16	河北医科大学生物医学工程中心	21 011.00
17	西安理工晶体科技有限公司	20 832.00
18	北京理工世纪科技集团有限公司	20 453.08
19	沈阳东北大学冶金技术研究所有限公司	19 446.00
20	中山大学达安基因股份有限公司	19 014.85
21	北京北航科技园有限公司	18 979.83
22	重庆重邮信科（集团）股份有限公司	16 060.71
23	华南理工大学建筑设计研究院	14 028.00
24	北洋国家精馏技术工程发展有限公司	13 748.82
25	华南理工大学科技开发公司	13 689.00
26	山东山大华天科技股份有限公司	13 343.00
27	新疆大学科技园有限责任公司	12 660.00
28	大连理工大学技术转移中心	10 185.12
29	武汉武大科技园有限公司	10 061.84
30	四川川大华西药业股份有限公司	9 644.00
31	白求恩医科大学制药厂	9 024.00
32	苏州苏大维格光电科技股份有限公司	8 910.34

续表

序号	省、自治区、直辖市高校校办科技企业	负债总额
33	上海铁大电信设备有限公司	8 895.20
34	南京南大药业有限责任公司	8 587.99
35	上海同济建设工程质量检测站	8 529.11
36	北京银盘电子技术有限公司	8 174.00
37	合肥工业大学建筑设计研究院	8 168.00
38	黑龙江哈尔滨医大药业有限公司	7 871.00
39	湖南大学科技园有限公司	7 678.00
40	南京鼎牌电器有限公司	7 279.04
41	广西中医学院制药厂	7 256.06
42	成都西南交通大学科技园管理有限责任公司	6 660.29
43	东北大学设计研究院（有限公司）	6 654.52
44	江苏倍康药业有限公司	6 538.97
45	太原科大重工科技有限责任公司	6 347.20
46	湖大海捷制造技术有限公司	6 135.00
47	北京北航天华科技有限责任公司	6 064.49
48	北京金时石油测试技术有限公司	5 833.00
49	南京河海科技有限公司	5 748.56
50	上海瑞纽机械装备制造有限公司	5 735.03
51	南京聚星机械装备股份有限公司	5 618.17
52	沈阳北方交通工程公司	5 599.07
53	上海香料研究所	5 572.60
54	河北医科大学制药厂	5 570.65
55	中工武大设计研究院有限公司	5 498.15
56	北京矿大能源安全科技有限公司	5 497.05
57	广州惠华动物保健品有限公司	5 096.09
58	北京北大宇环微电子系统有限公司	5 077.59
59	南京理工大学科技贸易公司	5 046.08
60	山东地纬计算机软件有限公司	4 931.00
61	上海大学科技园区	4 854.87
62	上海同济新产业发展公司	4 617.68

续表

序号	省、自治区、直辖市高校校办科技企业	负债总额
63	兰州天际环境保护有限公司	4 509.00
64	沈阳东大三建工业炉制造有限公司	4 455.00
65	西安沃兰科技有限责任公司	4 453.74
66	合肥工大建设监理有限责任公司	4 448.00
67	沈阳东洋异型管有限公司	4 417.00
68	华中师范大学科技开发总公司	4 336.23
69	上海师大科技开发总公司	3 983.88
70	山东山大鸥玛软件有限公司	3 897.00
71	常州翔宇资源再生科技有限公司	3 877.49
72	广东暨大基因药物工程研究中心有限公司	3 761.29
73	上海纳米技术及应用国家工程研究中心有限公司	3 686.19
74	中国药科大学制药有限公司	3 248.01
75	上海理工科技园有限公司	3 238.67
76	大连海大船舶导航国家工程研究中心有限责任公司	3 143.00
77	广州华工信息软件有限公司	3 048.36
78	哈尔滨医科大学科技开发总公司	3 034.44
79	南京理工科技化工有限责任公司	3 003.30
80	北京工大智源科技发展有限公司	2 955.00
81	辽宁维森信息技术有限公司	2 756.00
82	天津工大纺织助剂有限公司	2 666.20
83	甘肃工大舞台技术工程有限公司	2 592.40
84	沈阳航空工业学院应用技术研究所	2 527.00
85	江苏南大金山环保科技有限公司	2 492.93
86	沈阳东创贵金属材料有限公司	2 427.29
87	广州绿色盈康生物工程有限公司	2 389.00
88	河南理工大学工矿技术开发公司	2 378.00
89	成都艾格机电设备有限责任公司	2 376.00
90	四川大学工程设计研究院	2 255.80
91	广西大学教育科技开发公司	2 239.00
92	广州中大中鸣科技有限公司	2 126.00

续表

序号	省、自治区、直辖市高校校办科技企业	负债总额
93	中国医科大学科技开发公司	2 085.00
94	西安中星材料有限责任公司	2 070.00
95	哈尔滨工业大学科技发展有限责任公司	2 064.00
96	兰州交大工程咨询有限责任公司	2 035.16
97	上海城市污染控制工程研究中心有限公司	1 884.00
98	浙江大学三伊电气电子工程公司	1 857.00
99	南京理工科技园股份有限公司	1 842.28
100	郑州轻工学院科工贸实业公司	1 781.65

附表3　全国各省、自治区、直辖市高校校办科技企业所有者权益排名前一百名情况一览表（不含资产公司）

2010 年 12 月 31 日　　　　单位：万元

序号	省、自治区、直辖市高校校办科技企业	所有者权益
1	北大方正集团有限公司	1 967 673.69
2	东软集团股份有限公司	458 520.00
3	北京北大未名生物工程集团有限公司	82 404.45
4	上海复旦复华科技股份有限公司	62 243.96
5	北京北大青鸟软件系统有限公司	57 385.15
6	中山大学达安基因股份有限公司	48 092.02
7	北大国际医院集团有限公司	38 788.85
8	北京北大科技园建设开发有限公司	29 606.98
9	江苏南大苏富特科技股份有限公司	27 319.07
10	南京康尼机电股份有限公司	27 080.09
11	北京汉通科技有限责任公司	24 977.00
12	重庆重邮信科（集团）股份有限公司	24 143.64
13	北京理工世纪科技集团有限公司	23 064.09
14	山大鲁能信息科技有限公司	22 923.00
15	同济大学建筑设计研究院（集团）有限公司	19 521.00
16	东北大学设计研究院（有限公司）	18 566.30
17	上海纳米技术及应用国家工程研究中心有限公司	17 432.55
18	四川川大华西药业股份有限公司	16 681.00

续表

序号	省、自治区、直辖市高校校办科技企业	所有者权益
19	上海同济城市规划设计研究院	16 314.00
20	苏州苏大维格光电科技股份有限公司	14 263.82
21	山东地纬计算机软件有限公司	12 353.00
22	西安理工晶体科技有限公司	12 343.00
23	沈阳东北大学冶金技术研究所有限公司	11 450.00
24	华南理工大学建筑设计研究院	11 111.00
25	上海瑞纽机械装备制造有限公司	10 903.44
26	北京北大科技园有限公司	10 505.46
27	山东山大华天科技股份有限公司	10 321.00
28	武汉南华高速船舶工程股份有限公司	9 841.30
29	北京中农大科技企业孵化器有限公司	9 370.32
30	广州华南农业大学科技实业发展有限公司	8 377.70
31	北京北航科技园有限公司	8 364.31
32	上海铁大电信设备有限公司	8 266.25
33	黑龙江哈尔滨医大药业有限公司	8 142.00
34	中国药科大学制药有限公司	8 026.09
35	中工武大设计研究院有限公司	7 186.90
36	江苏药物研究所有限公司	6 220.97
37	湖北武大有机硅新材料股份有限公司	6 201.80
38	北京化大化新科技股份有限公司	5 959.00
39	广西中医学院制药厂	5 925.10
40	浙江大学农业科技园有限公司	5 858.19
41	湖南大学科技园有限公司	5 762.00
42	北京北大维信生物科技有限公司	5 689.15
43	上海同济科技园有限公司	5 536.59
44	北大先锋科技有限公司	5 523.09
45	四川光亚聚合物化工有限公司	5 414.20
46	西安西北工业大学科技产业集团公司	4 894.26
47	武汉理工新能源有限公司	4 722.65
48	杨凌农林科大校办产业发展有限公司	4 716.84

续表

序号	省、自治区、直辖市高校校办科技企业	所有者权益
49	北洋国家精馏技术工程发展有限公司	4 518.55
50	北大软件教育发展有限公司	4 500.00
51	北京北大教育投资有限公司	4 500.00
52	重庆重大远兴科技发展有限公司	4 150.00
53	广州华工信息软件有限公司	4 106.95
54	南京河海科技有限公司	4 052.33
55	南京理工科技园股份有限公司	4 047.75
56	温州医学院生物与天然药物开发中心有限公司	4 019.48
57	上海大学科技园区	3 910.60
58	天津膜天膜工程技术有限公司	3 901.00
59	苏州中核华东辐照有限公司	3 884.74
60	沈阳东大三建工业炉制造有限公司	3 864.00
61	江苏苏大投资有限公司	3 819.00
62	重庆真测科技股份有限公司	3 772.00
63	沈阳东洋异型管有限公司	3 737.00
64	北京工大智源科技发展有限公司	3 735.00
65	武汉武大科技园有限公司	3 675.41
66	广州华新科实业有限公司	3 579.94
67	东方兴业网络教育服务有限公司	3 575.50
68	北京北航精密机电有限公司	3 520.13
69	新疆大学科技园有限责任公司	3 496.18
70	湖大海捷（湖南）工程技术研究有限公司	3 435.00
71	四川川大智胜软件股份有限公司	3 428.66
72	武汉凯迪电力股份有限公司	3 396.54
73	浙江林学院环境艺术工程公司	3 357.00
74	江苏南大金山环保科技有限公司	3 280.38
75	上海同济新产业发展公司	3 253.50
76	武汉工程大学研究设计院	3 251.00
77	上海上大热欣科技发展有限公司	3 240.16
78	沈阳华创风能有限公司	3 181.81

续表

序号	省、自治区、直辖市高校校办科技企业	所有者权益
79	北外在线（北京）教育科技有限公司	3 181.00
80	常州翔宇资源再生科技有限公司	3 175.08
81	杨凌西北农林科大新天地设施农业开发公司	3 139.42
82	北京北大英华科技有限公司	3 129.00
83	上海香料研究所	3 098.90
84	青岛科技大学科技开发公司	3 067.00
85	成都运达创新科技有限公司	2 904.87
86	重庆大学城市规划与研究院	2 882.00
87	西安邮电学院邮电技术公司	2 832.02
88	南京鼎牌电器有限公司	2 831.11
89	山东山大鸥玛软件有限公司	2 811.00
90	湖大海捷制造技术有限公司	2 787.00
91	广西医科大学制药厂	2 772.22
92	广东省集美设计工程公司	2 749.85
93	江苏省无锡江大大学科技园有限公司	2 748.45
94	广东华南理工大学造纸与污染控制国家工程研究中心	2 725.82
95	合肥工业大学建筑设计研究院	2 667.00
96	上海同济建设工程质量检测站	2 646.81
97	武汉化院科技开发实业总公司	2 530.13
98	广东暨大基因药物工程研究中心有限公司	2 499.41
99	深圳市永达电子股份有限公司	2 387.00
100	天大科技园有限公司	2 375.72

附表 4　全国各省、自治区、直辖市高校校办科技企业归属于学校方股东的所有者权益排名前一百名情况一览表（不含资产公司）

2010 年 12 月 31 日　　单位：万元

序号	省、自治区、直辖市高校校办科技企业	归属于学校方股东的所有者权益
1	北大方正集团有限公司	725 007.08
2	东软集团股份有限公司	75 417.12
3	北大国际医院集团有限公司	38 788.85
4	北京汉通科技有限责任公司	24 977.00

续表

序号	省、自治区、直辖市高校校办科技企业	归属于学校方股东的所有者权益
5	山大鲁能信息科技有限公司	22 923.00
6	重庆重邮信科（集团）股份有限公司	16 408.82
7	上海同济城市规划设计研究院	16 314.00
8	同济大学建筑设计研究院（集团）有限公司	13 664.70
9	北京北大科技园建设开发有限公司	12 138.73
10	上海复旦复华科技股份有限公司	11 942.07
11	华南理工大学建筑设计研究院	11 111.00
12	北京北大未名生物工程集团有限公司	9 648.83
13	北京中农大科技企业孵化器有限公司	9 370.32
14	山东地纬计算机软件有限公司	9 264.75
15	四川川大华西药业股份有限公司	8 961.81
16	广州华南农业大学科技实业发展有限公司	8 377.70
17	黑龙江哈尔滨医大药业有限公司	8 142.00
18	中山大学达安基因股份有限公司	8 050.04
19	中国药科大学制药有限公司	8 026.09
20	北京北航科技园有限公司	7 806.77
21	江苏药物研究所有限公司	6 220.97
22	湖北武大有机硅新材料股份有限公司	6 201.80
23	西安理工晶体科技有限公司	6 181.37
24	广西中医学院制药厂	5 925.10
25	浙江大学农业科技园有限公司	5 858.19
26	江苏南大苏富特科技股份有限公司	5 764.67
27	东北大学设计研究院（有限公司）	5 755.55
28	北京北大维信生物科技有限公司	5 689.15
29	上海瑞纽机械装备制造有限公司	5 560.75
30	上海同济科技园有限公司	5 536.59
31	北大先锋科技有限公司	5 523.09
32	四川光亚聚合物化工有限公司	5 414.20
33	南京康尼机电股份有限公司	5 306.21
34	西安西北工业大学科技产业集团公司	4 894.26

续表

序号	省、自治区、直辖市高校校办科技企业	归属于学校方股东的所有者权益
35	杨凌农林科大校办产业发展有限公司	4 716.84
36	北京化大化新科技股份有限公司	4 549.10
37	北洋国家精馏技术工程发展有限公司	4 518.55
38	北大软件教育发展有限公司	4 500.00
39	北京北大教育投资有限公司	4 500.00
40	上海纳米技术及应用国家工程研究中心有限公司	4 150.69
41	北京理工世纪科技集团有限公司	4 134.77
42	广州华工信息软件有限公司	4 040.42
43	上海铁大电信设备有限公司	3 967.80
44	江苏苏大投资有限公司	3 819.00
45	东方兴业网络教育服务有限公司	3 575.50
46	北京工大智源科技发展有限公司	3 548.25
47	中工武大设计研究院有限公司	3 521.58
48	北京北大科技园有限公司	3 506.49
49	武汉南华高速船舶工程股份有限公司	3 410.99
50	武汉凯迪电力股份有限公司	3 396.54
51	浙江林学院环境艺术工程公司	3 357.00
52	武汉工程大学研究设计院	3 251.00
53	上海大学科技园区	3 236.91
54	沈阳华创风能有限公司	3 181.81
55	北外在线（北京）教育科技有限公司	3 181.00
56	青岛科技大学科技开发公司	3 067.00
57	山东山大华天科技股份有限公司	3 062.84
58	上海香料研究所	2 973.40
59	成都运达创新科技有限公司	2 904.87
60	重庆大学城市规划与研究院	2 882.00
61	西安邮电学院邮电技术公司	2 832.02
62	广西医科大学制药厂	2 772.22
63	广东省集美设计工程公司	2 749.85
64	江苏省无锡江大大学科技园有限公司	2 748.45

续表

序号	省、自治区、直辖市高校校办科技企业	归属于学校方股东的所有者权益
65	沈阳东北大学冶金技术研究所有限公司	2 748.00
66	广东华南理工大学造纸与污染控制国家工程研究中心	2 725.82
67	广州华新科实业有限公司	2 701.42
68	合肥工业大学建筑设计研究院	2 667.00
69	天津膜天膜工程技术有限公司	2 622.25
70	上海同济建设工程质量检测站	2 611.95
71	武汉化院科技开发实业总公司	2 530.13
72	上海同济新产业发展公司	2 399.47
73	深圳市永达电子股份有限公司	2 387.00
74	南京理工科技园股份有限公司	2 275.71
75	河北理工大学智能仪器厂	2 270.00
76	天大科技园有限公司	2 233.18
77	太原中北新缘科技中心	2 214.67
78	北京北大创业园有限公司	2 207.37
79	上海复旦水务工程技术有限公司	2 198.98
80	北京北航精密机电有限公司	2 161.36
81	上海城市污染控制工程研究中心有限公司	2 071.80
82	常州翔宇资源再生科技有限公司	2 063.80
83	重庆重大远兴科技发展有限公司	2 033.50
84	南京河海科技有限公司	2 026.17
85	四川川大科技园发展有限公司	2 018.70
86	成都交大光芒实业有限公司	1 999.60
87	江苏南大光电材料股份有限公司	1 996.43
88	上海上大热欣科技发展有限公司	1 944.10
89	昆明理工大学设计院	1 934.00
90	武汉理工新能源有限公司	1 889.06
91	广州华农正大禽业有限公司	1 887.00
92	杨凌西北农林科大新天地设施农业开发公司	1 883.65
93	武汉武大科技园有限公司	1 810.14
94	北京北大英华科技有限公司	1 799.18

续表

序号	省、自治区、直辖市高校校办科技企业	归属于学校方股东的所有者权益
95	上海同济工程咨询有限公司	1 772.00
96	上海邦达电子系统工程有限公司	1 756.00
97	上海复旦光华信息科技有限公司	1 715.42
98	江西东华科技园有限责任公司	1 686.70
99	马鞍山市惊天液压机械制造有限公司	1 677.52
100	北京北大众志微系统科技有限公司	1 615.50

附表 5　全国各省、自治区、直辖市高校校办科技企业收入总额排名前一百名情况一览表（不含资产公司）

2010 年 12 月 31 日　　单位：万元

序号	省、自治区、直辖市高校校办科技企业	收入总额
1	北大方正集团有限公司	5 395 631.35
2	东软集团股份有限公司	536 156.00
3	北京北大未名生物工程集团有限公司	188 097.75
4	同济大学建筑设计研究院（集团）有限公司	89 791.00
5	南京康尼机电股份有限公司	75 706.49
6	上海复旦复华科技股份有限公司	61 620.07
7	上海同济城市规划设计研究院	49 964.00
8	北京北大青鸟软件系统有限公司	48 036.89
9	江苏南大苏富特科技股份有限公司	43 707.22
10	中山大学达安基因股份有限公司	39 231.16
11	华南理工大学建筑设计研究院	31 743.00
12	沈阳东北大学冶金技术研究所有限公司	26 939.00
13	武汉南华高速船舶工程股份有限公司	26 406.21
14	广东省集美设计工程公司	20 032.95
15	山东山大华天科技股份有限公司	18 880.00
16	北京北大科技园有限公司	18 682.24
17	苏州苏大维格光电科技股份有限公司	18 643.66
18	东北大学设计研究院（有限公司）	17 892.82
19	华南理工大学科技开发公司	17 848.00
20	四川川大华西药业股份有限公司	17 766.00

续表

序号	省、自治区、直辖市高校校办科技企业	收入总额
21	沈阳东洋异型管有限公司	17 437.00
22	上海铁大电信设备有限公司	15 758.22
23	西安理工晶体科技有限公司	15 666.00
24	沈阳东创贵金属材料有限公司	15 597.65
25	重庆重邮信科（集团）股份有限公司	15 420.44
26	山东地纬计算机软件有限公司	15 167.00
27	成都西南交通大学科技园管理有限责任公司	11 924.53
28	北京北大科技园建设开发有限公司	11 462.56
29	合肥工业大学建筑设计研究院	10 943.00
30	北京矿大能源安全科技有限公司	10 273.59
31	北京北航科技园有限公司	9 278.11
32	北洋国家精馏技术工程发展有限公司	9 143.96
33	上海同济建设工程质量检测站	9 107.45
34	上海同济新产业发展公司	9 077.53
35	合肥工大建设监理有限责任公司	8 711.00
36	上海瑞纽机械装备制造有限公司	8 698.99
37	沈阳东大三建工业炉制造有限公司	8 698.00
38	南京鼎牌电器有限公司	8 375.54
39	中国药科大学制药有限公司	8 292.68
40	兰州天际环境保护有限公司	8 206.00
41	山大鲁能信息科技有限公司	7 741.00
42	中工武大设计研究院有限公司	7 500.00
43	北京理工世纪科技集团有限公司	7 442.45
44	广州华工信息软件有限公司	7 097.55
45	重庆大学城市规划与研究院	6 636.00
46	北京化大化新科技股份有限公司	6 183.00
47	甘肃工大舞台技术工程有限公司	6 045.80
48	太原科大重工科技有限责任公司	5 728.47
49	上海上大热欣科技发展有限公司	5 547.01
50	广州华南农业大学科技实业发展有限公司	5 357.60

续表

序号	省、自治区、直辖市高校校办科技企业	收入总额
51	辽宁维森信息技术有限公司	5 220.00
52	广州中大中鸣科技有限公司	5 145.00
53	北京银盘电子技术有限公司	5 104.00
54	无锡江大技术转移工程公司	5 062.97
55	兰州交大工程咨询有限责任公司	5 023.83
56	南京理工科技化工有限责任公司	5 005.90
57	昆明理工大学设计院	4 510.00
58	天津大学水运水利勘察设计研究所	4 503.39
59	上海香料研究所	4 495.66
60	黑龙江哈尔滨医大药业有限公司	4 436.00
61	四川大学工程设计研究院	4 398.97
62	成都艾格机电设备有限责任公司	4 379.60
63	河北医科大学生物医学工程中心	4 268.00
64	南京聚星机械装备股份有限公司	4 258.00
65	南京理工科技园股份有限公司	4 251.95
66	武汉化院科技开发实业总公司	4 224.67
67	上海上大热处理有限公司	4 112.20
68	北京金时石油测试技术有限公司	4 085.00
69	南京理工大学科技贸易公司	4 020.69
70	白求恩医科大学制药厂	3 832.00
71	广西中医学院制药厂	3 664.49
72	沈阳航空工业学院应用技术研究所	3 663.00
73	西安邮电学院邮电技术公司	3 631.25
74	马鞍山市华冶材料压延工程有限责任公司	3 617.00
75	西安中星材料有限责任公司	3 479.79
76	湖大海捷制造技术有限公司	3 456.00
77	太原中北新缘科技中心	3 451.76
78	天津工大纺织助剂有限公司	3 412.00
79	广西大学设计研究院	3 406.00
80	常州翔宇资源再生科技有限公司	3 316.71

续表

序号	省、自治区、直辖市高校校办科技企业	收入总额
81	南京大学城市规划设计研究院	3 306.39
82	山东山大鸥玛软件有限公司	3 278.00
83	南京大学建筑规划设计研究院	3 262.06
84	重庆重大远兴科技发展有限公司	3 190.00
85	秦皇岛科力汽车零部件有限公司	3 188.75
86	河南建达工程建设监理公司	3 180.00
87	武汉工程大学研究设计院	3 120.00
88	合肥安科精细化工有限公司	3 050.00
89	上海师大科技开发总公司	2 935.39
90	河北理工大学智能仪器厂	2 615.00
91	河北医科大学制药厂	2 613.28
92	江苏南大金山环保科技有限公司	2 610.50
93	浙江林学院环境艺术工程公司	2 474.00
94	广州惠华动物保健品有限公司	2 472.83
95	安徽工程大学科技开发部	2 445.63
96	上海大学科技园区	2 277.52
97	上海理工科技园有限公司	2 238.84
98	北京油源恒业科技有限公司	2 238.00
99	广州华孚油泵油嘴服务中心	2 179.32
100	武汉天衣化工有限责任公司	2 179.00

附表 6　全国各省、自治区、直辖市高校校办科技企业利润总额排名前一百名情况一览表（不含资产公司）

2010 年 12 月 31 日　　　　单位：万元

序号	省、自治区、直辖市高校校办科技企业	利润总额
1	北大方正集团有限公司	258 265.83
2	东软集团股份有限公司	56 011.00
3	南京康尼机电股份有限公司	12 241.71
4	同济大学建筑设计研究院（集团）有限公司	11 259.00
5	北京北大未名生物工程集团有限公司	9 532.27
6	北京北大青鸟软件系统有限公司	8 528.41

续表

序号	省、自治区、直辖市高校校办科技企业	利润总额
7	中山大学达安基因股份有限公司	6 794.24
8	江苏南大苏富特科技股份有限公司	6 554.30
9	上海同济城市规划设计研究院	5 776.00
10	中工武大设计研究院有限公司	3 980.00
11	苏州苏大维格光电科技股份有限公司	3 872.65
12	东北大学设计研究院（有限公司）	3 838.43
13	华南理工大学建筑设计研究院	3 636.00
14	广州华南农业大学科技实业发展有限公司	3 407.30
15	四川川大华西药业股份有限公司	3 257.00
16	上海复旦复华科技股份有限公司	3 069.76
17	上海铁大电信设备有限公司	2 791.78
18	北京中农大科技企业孵化器有限公司	2 778.14
19	山东地纬计算机软件有限公司	2 681.00
20	沈阳东北大学冶金技术研究所有限公司	2 633.00
21	上海瑞纽机械装备制造有限公司	2 324.12
22	重庆重大远兴科技发展有限公司	1 914.00
23	西安理工晶体科技有限公司	1 402.00
24	重庆大学城市规划与研究院	1 386.00
25	天津膜天膜工程技术有限公司	1 327.00
26	南京理工科技化工有限责任公司	1 315.80
27	山东山大鸥玛软件有限公司	1 315.00
28	山东山大华天科技股份有限公司	1 246.00
29	山大鲁能信息科技有限公司	1 208.00
30	广东省集美设计工程公司	1 178.95
31	华南理工大学科技开发公司	1 032.00
32	南京大学城市规划设计研究院	1 026.82
33	武汉南华高速船舶工程股份有限公司	1 001.99
34	中国药科大学制药有限公司	884.56
35	青海育才公路勘察设计有限公司	800.78
36	北京市北信计算机系统工程公司	796.00

续表

序号	省、自治区、直辖市高校主办科技企业	利润总额
37	兰州天际环境保护有限公司	757.00
38	北京矿大能源安全科技有限公司	706.38
39	河北理工大学智能仪器厂	704.00
40	北京北航科技园有限公司	696.41
41	新疆大学科技园有限责任公司	691.06
42	南京鼎牌电器有限公司	680.19
43	成都艾格机电设备有限责任公司	663.00
44	合肥工业大学建筑设计研究院	653.00
45	沈阳东大三建工业炉制造有限公司	642.00
46	甘肃工大舞台技术工程有限公司	631.30
47	北京北大英华科技有限公司	603.00
48	辽宁维森信息技术有限公司	603.00
49	上海同济建设工程质量检测站	591.87
50	合肥工大建设监理有限责任公司	589.00
51	广州绿色盈康生物工程有限公司	579.00
52	广州华农正大禽业有限公司	559.00
53	上海上大热欣科技发展有限公司	537.14
54	太原科大重工科技有限责任公司	522.76
55	武汉化院科技开发实业总公司	515.58
56	西安深亚电子有限公司	501.74
57	兰州交大工程咨询有限责任公司	501.19
58	上海理工科技园有限公司	499.09
59	郑州大学城市规划设计研究院	496.00
60	广州华工信息软件有限公司	493.15
61	北京北航精密机电有限公司	472.50
62	沈阳东大科技企业孵化器有限公司	467.80
63	河北医科大学制药厂	406.82
64	北京化大化新科技股份有限公司	402.00
65	沈阳航空工业学院应用技术研究所	401.00
66	太原中北新缘科技中心	391.04

续表

序号	省、自治区、直辖市高校校办科技企业	利润总额
67	合肥安科精细化工有限公司	389.00
68	上海同济新产业发展公司	381.99
69	南京理工科技园股份有限公司	375.41
70	四川大学工程设计研究院	364.81
71	沈阳东洋异型管有限公司	356.00
72	上海上大热处理有限公司	346.26
73	沈阳东创贵金属材料有限公司	333.20
74	南京河海科技有限公司	331.45
75	重庆真测科技股份有限公司	326.72
76	北京石大油软技术有限公司	312.23
77	黑龙江哈尔滨医大药业有限公司	304.00
78	广州中山大学科技园有限公司	272.93
79	广州华新科实业有限公司	255.40
80	上海二医张江生物材料有限公司	245.00
81	广州中大中鸣科技有限公司	241.00
82	上海高创电脑技术工程公司	226.86
83	北洋国家精馏技术工程发展有限公司	226.18
84	秦皇岛科力汽车零部件有限公司	222.39
85	苏州中核华东辐照有限公司	217.78
86	武汉天衣化工有限责任公司	207.05
87	扬州大学工程设计研究院	200.77
88	广州华农大实验兽药有限公司	198.60
89	武汉武大科技园有限公司	187.50
90	南京理工大学科技咨询开发公司	186.39
91	广州华南教育科技发展有限公司	180.79
92	西安西工大科信软件有限责任公司	171.56
93	湖北凌志化工科技实业有限公司	168.00
94	南京东诺工业炸药高科技有限公司	157.52
95	扬州大学实验蜂场	153.50
96	武汉工程大学研究设计院	152.00

续表

序号	省、自治区、直辖市高校校办科技企业	利润总额
97	杭州资信评估公司	151.97
98	上海复旦爆破建设工程有限公司	151.00
99	广西大学设计研究院	151.00
100	武汉双博新技术有限公司	148.26

附表 7　全国各省、自治区、直辖市高校校办科技企业净利润额排名前一百名情况一览表（不含资产公司）

20[illegible] 年 12 月 31 日　　　　单位：万元

序号	省、自治区、直辖市高校校办科技企业	净利润额
1	北大方正集团有限公司	111 521.48
2	东软集团股份有限公司	50 730.00
3	南京康尼机电股份有限公司	10 690.30
4	同济大学建筑设计研究院（集团）有限公司	8 658.00
5	江苏南大苏富特科技股份有限公司	6 168.47
6	中山大学达安基因股份有限公司	5 746.11
7	上海同济城市规划设计研究院	4 294.00
8	哈尔滨博实自动化股份有限公司	3 561.00
9	广州华南农业大学科技实业发展有限公司	3 407.30
10	苏州苏大维格光电科技股份有限公司	3 291.75
11	东北大学设计研究院（有限公司）	3 262.66
12	华南理工大学建筑设计研究院	2 986.00
13	北京中农大科技企业孵化器有限公司	2 778.14
14	四川川大华西药业股份有限公司	2 661.00
15	山东地纬计算机软件有限公司	2 377.00
16	中工武大设计研究院有限公司	2 300.00
17	沈阳东北大学冶金技术研究所有限公司	2 256.00
18	上海铁大电信设备有限公司	2 251.92
19	上海复旦复华科技股份有限公司	2 043.96
20	上海瑞纽机械装备制造有限公司	2 031.67
21	上海同济科技园有限公司	1 774.30
22	北大先锋科技有限公司	1 711.28

续表

序号	省、自治区、直辖市高校校办科技企业	净利润额
23	重庆重大远兴科技发展有限公司	1 678.00
24	北京北大维信生物科技有限公司	1 408.26
25	天津膜天膜工程技术有限公司	1 307.00
26	山大鲁能信息科技有限公司	1 208.00
27	西安理工晶体科技有限公司	1 194.00
28	重庆大学城市规划与研究院	1 188.00
29	山东山大华天科技股份有限公司	1 172.00
30	北京北大未名生物工程集团有限公司	1 162.10
31	江苏南大光电材料股份有限公司	1 122.40
32	成都交大光芒实业有限公司	1 118.30
33	山东山大鸥玛软件有限公司	1 118.00
34	南京理工科技化工有限责任公司	1 029.20
35	中国药科大学制药有限公司	884.56
36	北大国际医院集团有限公司	848.96
37	广东省集美设计工程公司	832.03
38	武汉南华高速船舶工程股份有限公司	820.80
39	华南理工大学科技开发公司	774.00
40	南京大学城市规划设计研究院	770.11
41	湖北武大有机硅新材料股份有限公司	704.50
42	深圳市永达电子股份有限公司	682.00
43	北京市北信计算机系统工程公司	656.00
44	沈阳东洋异型管有限公司	655.00
45	兰州天际环境保护有限公司	644.00
46	河北理工大学智能仪器厂	626.00
47	武汉中地信息工程有限公司	621.92
48	成都艾格机电设备有限责任公司	608.00
49	青海育才公路勘察设计有限公司	600.58
50	北京矿大能源安全科技有限公司	578.53
51	广州华农正大禽业有限公司	559.00
52	合肥工业大学建筑设计研究院	553.00

续表

序号	省、自治区、直辖市高校校办科技企业	净利润额
53	武汉武大巨成加固实业有限公司	542.20
54	甘肃工大舞台技术工程有限公司	535.80
55	辽宁维森信息技术有限公司	534.00
56	广州绿色盈康生物工程有限公司	532.00
57	北京北航科技园有限公司	525.63
58	新疆大学科技园有限责任公司	518.29
59	北京北大英华科技有限公司	513.00
60	南京鼎牌电器有限公司	510.14
61	西安深亚电子有限公司	501.74
62	上海理工科技园有限公司	499.08
63	广州华工信息软件有限公司	491.25
64	沈阳东大三建工业炉制造有限公司	482.00
65	成都运达创新科技有限公司	468.49
66	上海同济工程咨询有限公司	462.16
67	上海同济建设工程质量检测站	461.07
68	郑州大学城市规划设计研究院	457.00
69	沈阳东大科技企业孵化器有限公司	444.85
70	太原科大重工科技有限责任公司	444.34
71	合肥工大建设监理有限责任公司	442.00
72	武汉化院科技开发实业总公司	440.90
73	上海上大热欣科技发展有限公司	440.81
74	河北医科大学制药厂	406.82
75	北京北航精密机电有限公司	401.62
76	上海复旦水务工程技术有限公司	385.02
77	兰州交大工程咨询有限责任公司	379.12
78	南京圣诺热管有限公司	372.59
79	南京理工科技园股份有限公司	345.89
80	四川大学工程设计研究院	345.26
81	太原中北新缘科技中心	332.39
82	南京河海科技有限公司	331.28

续表

序号	省、自治区、直辖市高校校办科技企业	净利润额
83	合肥安科精细化工有限公司	331.00
84	厦门北大泰普科技有限公司	311.36
85	上海同济新产业发展公司	305.51
86	上海上大热处理有限公司	301.82
87	沈阳航空工业学院应用技术研究所	301.00
88	广东华金合金材料实业有限公司	297.68
89	北京石大油软技术有限公司	285.09
90	重庆真测科技股份有限公司	284.69
91	北京化大化新科技股份有限公司	283.00
92	广州中山大学科技园有限公司	272.93
93	广州华新科实业有限公司	255.40
94	上海复旦复华药业有限公司	254.93
95	镇江市金舟软件有限责任公司	254.00
96	黑龙江哈尔滨医大药业有限公司	238.00
97	广州中大中鸣科技有限公司	238.00
98	北洋国家精馏技术工程发展有限公司	212.18
99	秦皇岛科力汽车零部件有限公司	211.60
100	江苏中矿大正表面工程技术有限公司	208.00

附表 8 全国各省、自治区、直辖市高校校办科技企业归属于学校方股东的净利润额排名前一百名情况一览表（不含资产公司）

2010 年 12 月 31 日　　　　单位：万元

序号	省、自治区、直辖市高校校办科技企业	归属于学校方股东的净利润额
1	北大方正集团有限公司	78 065.04
2	东软集团股份有限公司	8 540.00
3	同济大学建筑设计研究院（集团）有限公司	6 060.00
4	哈尔滨博实自动化股份有限公司	3 561.00
5	广州华南农业大学科技实业发展有限公司	3 407.30
6	北京中农大科技企业孵化器有限公司	2 778.14
7	山东地纬计算机软件有限公司	2 377.00
8	南京康尼机电股份有限公司	2 113.89

续表

序号	省、自治区、直辖市高校校办科技企业	归属于学校方股东的净利润额
9	上海瑞纽机械装备制造有限公司	2 031.67
10	上海同济科技园有限公司	1 774.30
11	北大先锋科技有限公司	1 711.28
12	四川川大华西药业股份有限公司	1 483.00
13	北京北大维信生物科技有限公司	1 408.26
14	山大鲁能信息科技有限公司	1 208.00
15	中工武大设计研究院有限公司	1 127.00
16	江苏南大光电材料股份有限公司	1 122.40
17	成都交大光芒实业有限公司	1 118.30
18	中山大学达安基因股份有限公司	1 071.52
19	东北大学设计研究院（有限公司）	1 011.43
20	天津膜天膜工程技术有限公司	878.57
21	北大国际医院集团有限公司	848.96
22	广东省集美设计工程公司	832.03
23	南京理工科技化工有限责任公司	823.40
24	南京大学城市规划设计研究院	770.11
25	江苏南大苏富特科技股份有限公司	714.31
26	湖北武大有机硅新材料股份有限公司	704.50
27	深圳市永达电子股份有限公司	682.00
28	武汉中地信息工程有限公司	621.92
29	青海育才公路勘察设计有限公司	600.58
30	北京矿大能源安全科技有限公司	578.53
31	合肥工业大学建筑设计研究院	553.00
32	武汉武大巨成加固实业有限公司	542.20
33	沈阳东北大学冶金技术研究所有限公司	541.00
34	山东山大鸥玛软件有限公司	527.00
35	广州华工信息软件有限公司	491.25
36	成都运达创新科技有限公司	468.49
37	北京北大未名生物工程集团有限公司	464.84
38	上海同济工程咨询有限公司	462.16

续表

序号	省、自治区、直辖市高校校办科技企业	归属于学校方股东的净利润额
39	郑州大学城市规划设计研究院	457.00
40	上海同济建设工程质量检测站	449.96
41	合肥工大建设监理有限责任公司	442.00
42	河北医科大学制药厂	406.82
43	北京北航精密机电有限公司	401.62
44	上海复旦水务工程技术有限公司	385.02
45	兰州交大工程咨询有限责任公司	379.12
46	南京圣诺热管有限公司	372.59
47	山东山大华天科技股份有限公司	349.00
48	广州绿色盈康生物工程有限公司	335.00
49	兰州天际环境保护有限公司	335.00
50	太原中北新缘科技中心	332.39
51	南京河海科技有限公司	331.28
52	合肥安科精细化工有限公司	331.00
53	厦门北大泰普科技有限公司	311.36
54	广东华金合金材料实业有限公司	297.68
55	北京北大英华科技有限公司	294.98
56	武汉南华高速船舶工程股份有限公司	284.49
57	广州中山大学科技园有限公司	272.93
58	辽宁维森信息技术有限公司	267.00
59	上海上大热欣科技发展有限公司	264.49
60	上海复旦复华药业有限公司	254.93
61	镇江市金舟软件有限责任公司	254.00
62	沈阳东创贵金属材料有限公司	249.90
63	南京鼎牌电器有限公司	235.84
64	沈阳东大三建工业炉制造有限公司	217.00
65	北京化大化新科技股份有限公司	216.00
66	江苏中矿大正表面工程技术有限公司	208.00
67	南京理工科技园股份有限公司	204.89
68	上海高创电脑技术工程公司	204.65

续表

序号	省、自治区、直辖市高校校办科技企业	归属于学校方股东的净利润额
69	黑龙江哈尔滨医大药业有限公司	203.00
70	扬州大学工程设计研究院	200.77
71	江苏久吾高科技股份有限公司	200.00
72	广州华农大实验兽药有限公司	182.98
73	兰州民海生物工程有限公司	173.00
74	上海理工科技园有限公司	166.39
75	上海复旦规划建筑设计研究院有限公司	161.04
76	太原科大重工科技有限责任公司	159.96
77	上海同济新产业发展公司	159.37
78	武汉工程大学研究设计院	152.00
79	扬州大学实验农场	148.89
80	上海同济宝冶建设机器人有限公司	140.00
81	南京理工大学科技咨询开发公司	139.79
82	北京首医临床医学科技中心	139.00
83	广州市华南农大生物药品有限公司	127.61
84	北外在线（北京）教育科技有限公司	117.00
85	杭州资信评估公司	115.98
86	青岛海大建设工程检测鉴定中心	109.87
87	武汉武大弘元股份有限公司	108.00
88	四川西南石大金牛石油科技有限公司	105.90
89	北京石大油软技术有限公司	99.78
90	广西中医学院制药厂	94.95
91	大庆黑大同智科技有限公司	91.00
92	上海东华健利纺织科技有限公司	90.28
93	广州中大中鸣科技有限公司	87.00
94	南京东诺工业炸药高科技有限公司	85.83
95	吉林省吉大机电设备有限公司	85.00
96	江苏现代造船技术有限公司	84.10
97	北京师范大学光电仪器厂	81.69
98	上海复旦光华信息科技有限公司	77.77

续表

序号	省、自治区、直辖市高校校办科技企业	归属于学校方股东的净利润额
99	天津工大纺织助剂有限公司	76.00
100	北大先行科技产业有限公司	75.17

附表 9　全国各省、自治区、直辖市高校校办科技企业实际缴纳税金排名前一百名情况一览表（不含资产公司）

2010 年 12 月 31 日　　单位：万元

序号	省、自治区、直辖市高校校办科技企业	实际缴纳税金
1	北大方正集团有限公司	150 347.37
2	东软集团股份有限公司	32 981.00
3	北京北大未名生物工程集团有限公司	8 046.33
4	南京康尼机电股份有限公司	7 697.18
5	上海复旦复华科技股份有限公司	4 779.95
6	同济大学建筑设计研究院（集团）有限公司	4 627.00
7	上海同济城市规划设计研究院	3 969.00
8	苏州大学科技园有限公司	3 765.00
9	北京北大青鸟软件系统有限公司	3 083.74
10	四川川大华西药业股份有限公司	2 689.00
11	中山大学达安基因股份有限公司	2 297.09
12	华南理工大学建筑设计研究院	2 287.00
13	武汉南华高速船舶工程股份有限公司	2 196.59
14	沈阳东北大学冶金技术研究所有限公司	1 988.00
15	苏州苏大维格光电科技股份有限公司	1 810.11
16	上海瑞纽机械装备制造有限公司	1 542.57
17	上海铁大电信设备有限公司	1 497.39
18	东北大学设计研究院（有限公司）	1 472.46
19	江苏南大苏富特科技股份有限公司	1 417.69
20	西安理工晶体科技有限公司	1 354.00
21	重庆重邮信科（集团）股份有限公司	1 350.15
22	山东地纬计算机软件有限公司	1 179.00
23	广东省集美设计工程公司	1 024.12
24	沈阳东大三建工业炉制造有限公司	957.70
25	中国药科大学制药有限公司	911.96

续表

序号	省、自治区、直辖市高校校办科技企业	实际缴纳税金
26	山东山大华天科技股份有限公司	849.00
27	北京北航科技园有限公司	789.30
28	华南理工大学科技开发公司	747.00
29	沈阳东洋异型管有限公司	725.00
30	南京理工科技化工有限责任公司	716.30
31	上海同济建设工程质量检测站	712.92
32	南京理工大学科技贸易公司	601.94
33	北京北大科技园建设开发有限公司	584.36
34	合肥工业大学建筑设计研究院	580.00
35	重庆大学城市规划与研究院	565.00
36	河北医科大学生物医学工程中心	539.00
37	广西中医学院制药厂	529.39
38	黑龙江哈尔滨医大药业有限公司	515.00
39	兰州天际环境保护有限公司	514.00
40	中工武大设计研究院有限公司	487.80
41	上海同济新产业发展公司	484.77
42	合肥工大建设监理有限责任公司	476.00
43	武汉化院科技开发实业总公司	470.43
44	北京矿大能源安全科技有限公司	431.16
45	山东山大鸥玛软件有限公司	411.00
46	北京银盘电子技术有限公司	410.00
47	白求恩医科大学制药厂	402.00
48	北京化大化新科技股份有限公司	384.00
49	兰州交大工程咨询有限责任公司	381.66
50	成都艾格机电设备有限责任公司	372.88
51	重庆重大远兴科技发展有限公司	362.00
52	天津膜天膜工程技术有限公司	354.00
53	北洋国家精馏技术工程发展有限公司	353.40
54	河北理工大学智能仪器厂	353.00
55	太原科大重工科技有限责任公司	326.82
56	北京北大英华科技有限公司	310.00

续表

序号	省、自治区、直辖市高校校办科技企业	实际缴纳税金
57	上海上大热处理有限公司	300.39
58	河北医科大学制药厂	295.23
59	天津大学水运水利勘察设计研究所	282.16
60	沈阳东创贵金属材料有限公司	279.18
61	南京聚星机械装备股份有限公司	276.96
62	广州华工信息软件有限公司	272.69
63	广州中大中鸣科技有限公司	272.00
64	苏州中核华东辐照有限公司	269.27
65	昆明理工大学设计院	268.00
66	浙江林学院绿色科技发展中心	242.59
67	北京金时石油测试技术有限公司	239.00
68	上海香料研究所	238.78
69	武汉天衣化工有限责任公司	238.41
70	上海上大热欣科技发展有限公司	237.92
71	南京鼎牌电器有限公司	237.74
72	广州绿色盈康生物工程有限公司	233.00
73	广州华农大实验兽药有限公司	227.62
74	太原中北新缘科技中心	227.19
75	北京北航精密机电有限公司	226.23
76	广西大学设计研究院	219.00
77	辽宁维森信息技术有限公司	214.00
78	四川大学工程设计研究院	212.17
79	沈阳航空工业学院应用技术研究所	207.00
80	甘肃工大舞台技术工程有限公司	206.40
81	大连海大船舶导航国家工程研究中心有限责任公司	206.00
82	北外在线（北京）教育科技有限公司	198.00
83	上海大学科技园区	196.55
84	北京石大油软技术有限公司	188.47
85	无锡江大技术转移工程公司	173.48
86	上海二医张江生物材料有限公司	173.00
87	河南建达工程建设监理公司	167.00

续表

序号	省、自治区、直辖市高校校办科技企业	实际缴纳税金
88	天津工大纺织助剂有限公司	164.00
89	武汉双博新技术有限公司	153.15
90	北京油源恒业科技有限公司	150.00
91	江苏南大金山环保科技有限公司	147.20
92	南京南大仪器厂	146.97
93	北京理工世纪科技集团有限公司	145.70
94	北京首医临床医学科技中心	144.00
95	武汉工程大学研究设计院	144.00
96	南京大学建筑规划设计研究院	141.58
97	秦皇岛科力汽车零部件有限公司	135.88
98	浙江林学院环境艺术工程公司	135.00
99	西安中星材料有限责任公司	133.80
100	武汉科技大学科技开发公司	133.30

三、2010 年度全国普通高校资产公司统计分析

1. 全国普通高校资产公司概况

2010 年度参加全国普通高校校办产业统计工作的高校资产公司共计 190 家，占全国高校上报企业总数的 5.33%，建立资产公司的高校占参加统计工作高校总数的 38.46%，如图 3-1 所示。

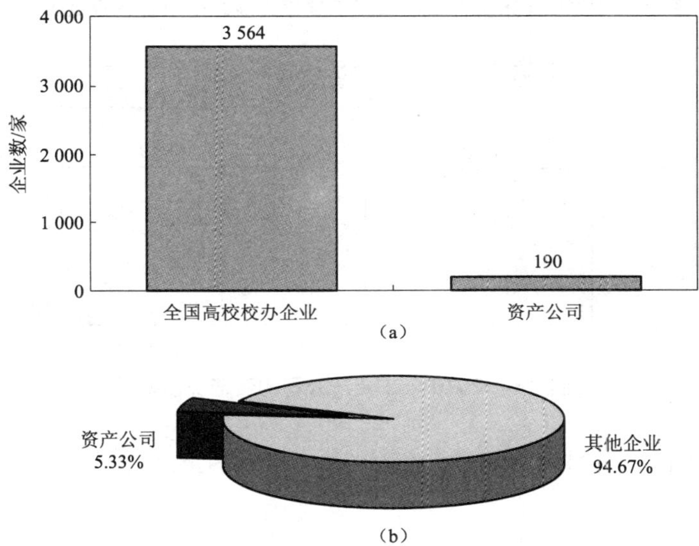

图 3-1　2010 年度参加全国高校校办产业统计工作的资产公司概况

（a）校办企业与资产公司数；（b）资产公司占比

2. 资产状况

① 2010 年末，资产公司的资产总额为 1 864.88 亿元，占全国高校校办产业资产总额（2 292.41 亿元）的 81.35%，如图 3-2 所示。

② 2010 年末，资产公司的负债额为 1 085.25 亿元，占全国高校校办产业负债额（1 314.63 亿元）的 82.55%，如图 3-3 所示。

图 3-2　2010 年末资产公司的资产总额占比

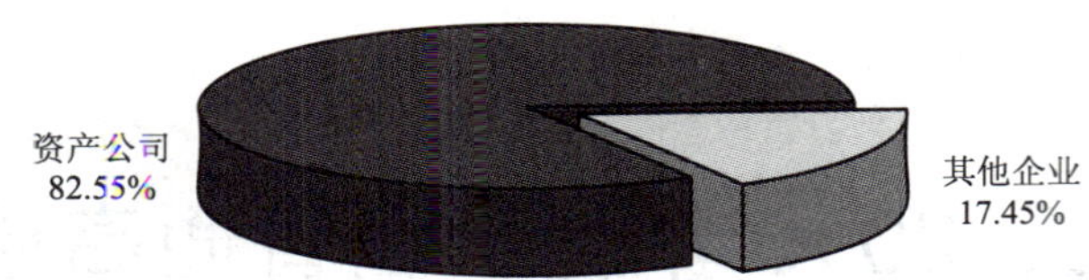

图 3-3　2010 年末资产公司的负债额占比

③ 2010 年末，资产公司归属于学校方股东的所有者权益为 355.58 亿元，占全国高校校办产业归属于学校方股东所有者权益（513.06 亿元）的 69.31%，如图 3-4 所示。

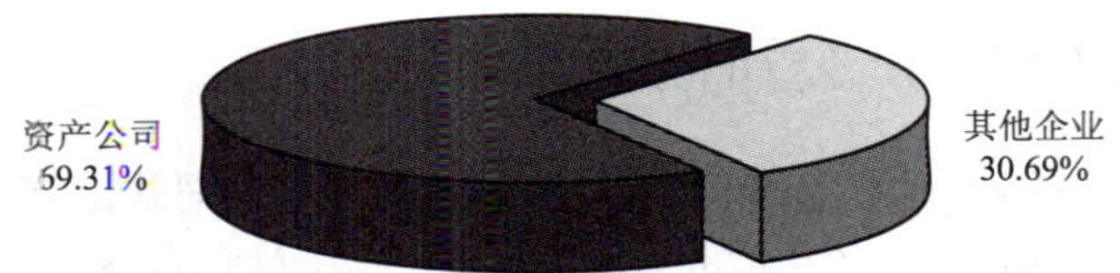

图 3-4　2010 年末资产公司归属于学校方股东的所有者权益占比

④ 2010 年末，资产公司的资产负债率为 58.19%，如图 3-5 所示。

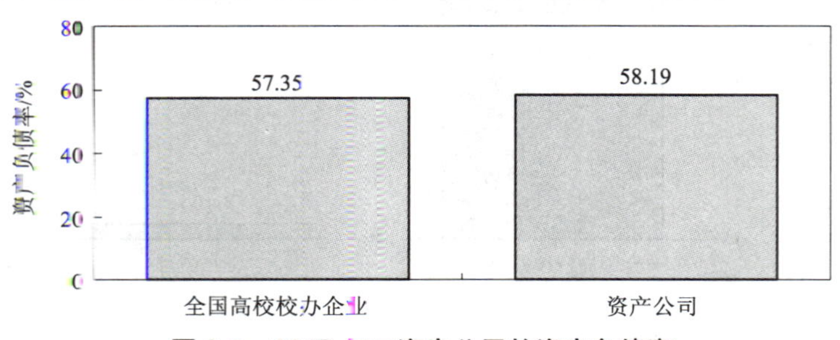

图 3-5　2010 年末资产公司的资产负债率

3. 经营状况

（1）收入总额情况

2010 年度资产公司收入总额为 1 395.09 亿元，占全国高校校办产业收入总额（1 671.83 亿元）的 83.45%，比 2009 年度资产公司收入总额（1 151.31 亿元）增加了 243.78 亿元，增长率为 21.17%，如图 3-6 所示。

（2）利润总额情况

2010 年度资产公司实现利润总额为 81.39 亿元，占全国高校校办产业实现利润总额（100.28 亿元）的 81.16%，比 2009 年度资产公司实现利润总额（67.87 亿元）增加了 13.52 亿元，增长率为 19.92%，如图 3-7 所示。

（3）净利润额情况

2010 年度资产公司实现净利润额为 66.54 亿元，占全国高校校办产业实现净利润额（82.00 亿元）的 81.15%，比 2009 年度资产公司实现净利润额（40.65 亿元）增加了 25.89 亿元，增长率为 63.69%。如图 3-8 所示。

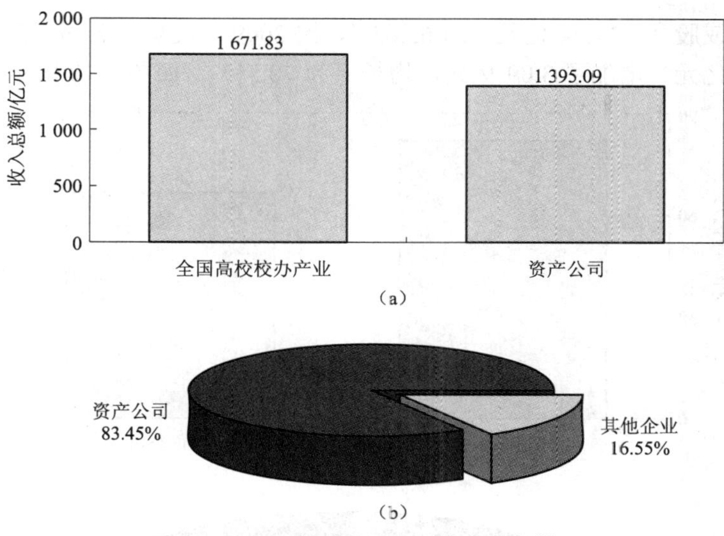

图 3-6　2010 年度资产公司收入总额情况

（a）校办产业与资产公司收入总额；（b）资产公司收入总额占比

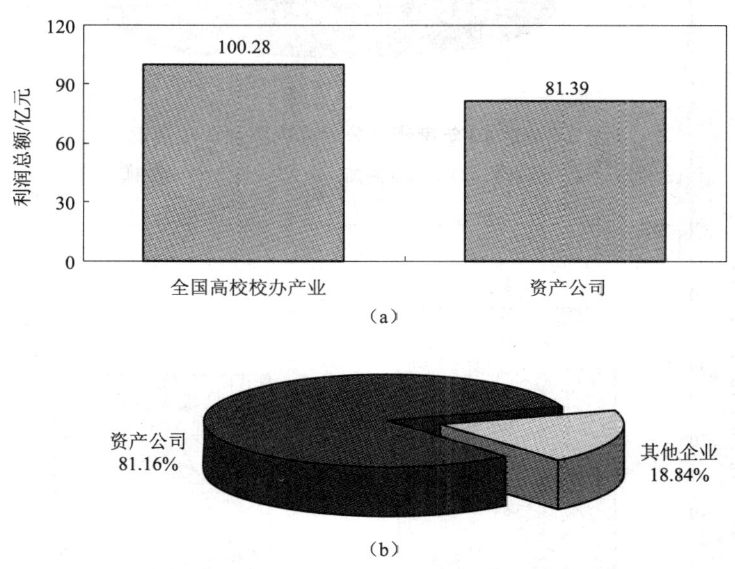

图 3-7　2010 年度资产公司实现利润总额情况

（a）校办产业与资产公司实现利润总额；（b）资产公司实现利润总额占比

（4）归属于学校方股东的净利润额情况

2010 年度资产公司归属于学校方股东的净利润额为 29.00 亿元，占全国高校校办产业归属于学校方股东的净利润额（38.27 亿元）的 75.78%，比 2009 年度资产公司归属于学校方股东的净利润额（26.35 亿元）增加了 2.65 亿元，增长率为 10.06%，如图 3-9 所示。

（5）已支付给学校的利润额或股利情况

2010 年度资产公司已支付给学校的利润额或股利为 7.47 亿元，占全国高校校办产业已支付给学校利润额或股利（11.74 亿元）的 63.63%，比 2009 年度资产公司已支付给学校的利润额或股利（4.38 亿元）增加了 3.09 亿元，增长率为 70.55%，如图 3-10 所示。

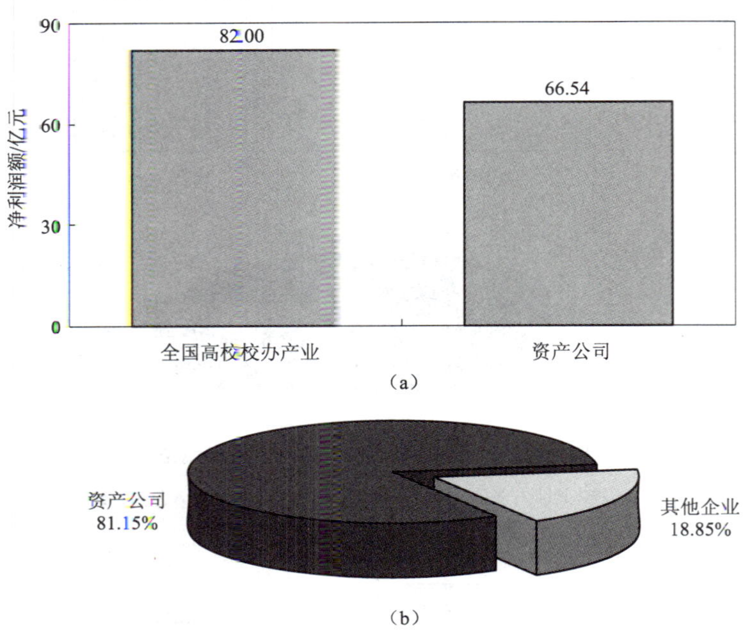

图 3-8　2010 年度资产公司实现净利润额情况

（a）校办产业与资产公司实现净利润额；（b）资产公司实现净利润额占比

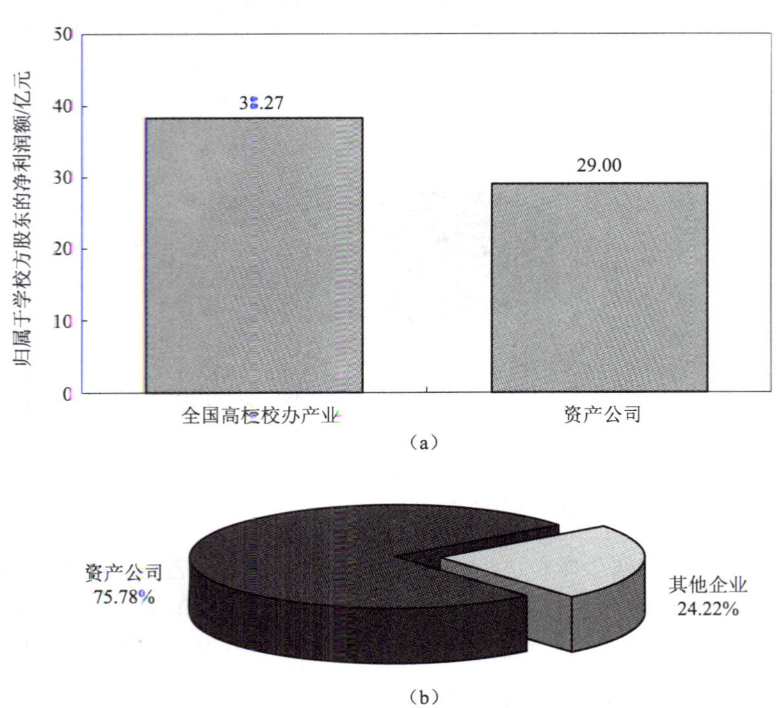

图 3-9　2010 年度资产公司归属于学校方股东的净利润额情况

（a）校办产业与资产公司归属于学校方股东的净利润额；（b）资产公司归属于学校方股东的净利润额占比

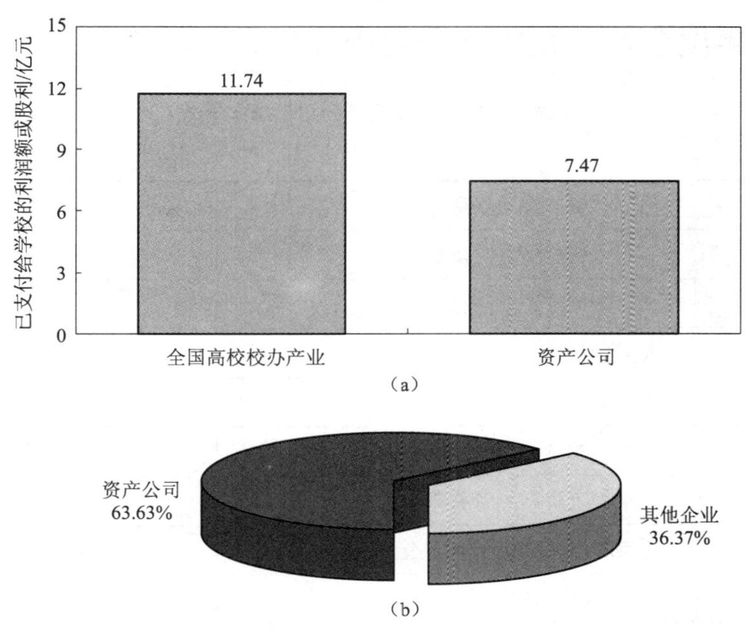

图 3-10　2010 年度资产公司已支付给学校的利润额或股利情况

（a）校办产业与资产公司已支付给学校的利润额或股利；（b）资产公司已支付给学校的利润额或股利占比

（6）上交税金情况

2010 年度资产公司向国家已缴纳税金总额为 59.04 亿元，占全国高校校办产业向国家已缴纳税金总额（139.92 亿元）的 42.20%，比 2009 年度资产公司向国家缴纳税金总额（50.28 亿元）增加了 8.76 亿元，增长率为 17.42%，如图 3-11 所示。

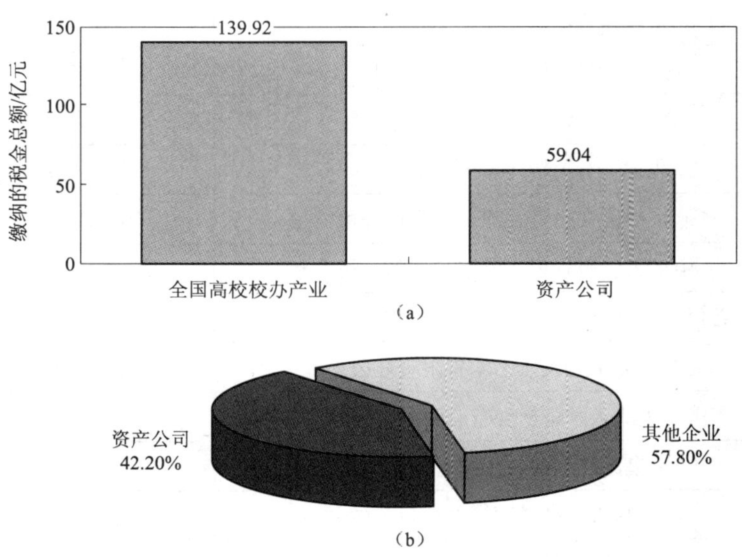

图 3-11　2010 年度资产公司上交税金情况

（a）校办产业与资产公司已缴纳税金总额；（b）资产公司已缴纳税金总额占比

4. 2010年度全国高校资产公司统计综合分析附表

附表1　全国高校资产公司情况一览表

2010年12月31日

序号	资产公司名称	学校名称
1	北大资产经营有限公司	北京大学
2	清华控股有限公司	清华大学
3	人大世纪科技发展有限公司	中国人民大学
4	北京交大资产经营有限公司	北京交通大学
5	北京北航资产经营有限公司	北京航空航天大学
6	北京理工资产经营有限公司	北京理工大学
7	北京科大资产经营有限公司	北京科技大学
8	北京北化大投资有限公司	北京化工大学
9	北京北邮资产经营有限公司	北京邮电大学
10	北京中农大地科技发展有限公司	中国农业大学
11	北京林大资产经营有限公司	北京林业大学
12	北京首医大资产管理有限责任公司	首都医科大学
13	北京北中资产管理有限公司	北京中医药大学
14	北京师大资产经营有限公司	北京师范大学
15	北京首师大烛红资产管理有限公司	首都师范大学
16	北京中传资产管理有限公司	中国传媒大学
17	北京华电天德资产经营有限公司	华北电力大学
18	北京中石大新元投资有限公司	中国石油大学（北京）
19	北京中地大投资管理有限责任公司	中国地质大学（北京）
20	中矿大资产管理（北京）有限公司	中国矿业大学（北京）
21	首经贸大（北京）资产管理有限责任公司	首都经济贸易大学
22	北京乐艺中音文化艺术有限责任公司	中央音乐学院
23	天津大学资产经营有限公司	天津大学
24	秦皇岛燕大产业集团有限公司	燕山大学
25	河北师大资产经营管理有限公司	河北师范大学
26	山西大学资产经营公司	山西大学
27	山西太原理工资产经营管理有限公司	太原理工大学

续表

序号	资产公司名称	学校名称
28	内蒙古大学奥都资产经营有限责任公司	内蒙古大学
29	辽宁工业大学科技园有限公司	辽宁工学院
30	大连理工大学产业投资有限公司	大连理工大学
31	东北大学科技产业集团有限公司	东北大学
32	辽宁科技大学资产经营有限公司	鞍山科技大学
33	大连交通大学资产经营有限公司	大连交通大学
34	大连海事大学投资管理有限责任公司	大连海事大学
35	沈阳工程学院资产经营有限公司	沈阳工程学院
36	沈阳工业大学科技园有限公司	沈阳工业大学
37	吉林吉大控股有限公司	吉林大学
38	延边大学资产经营有限责任公司	延边大学
39	长春理工大学资产经营有限责任公司	长春理工大学
40	长春工程学院资产经营有限责任公司	长春工程学院
41	吉林东北师大资产经营有限公司	东北师范大学
42	长春中医药大学国有资产经营有限责任公司	长春中医药大学
43	黑龙江黑大资产经营有限公司	黑龙江大学
44	哈尔滨工业大学资产投资经营有限责任公司	哈尔滨工业大学
45	哈尔滨工程大学科技园发展有限公司	哈尔滨工程大学
46	东北农业大学资产经营有限公司	东北农业大学
47	哈尔滨东北林业大学资产经营有限公司	东北林业大学
48	上海复旦资产经营有限公司	复旦大学
49	上海同济资产经营有限公司	同济大学
50	上海交大产业投资管理（集团）有限公司	上海交通大学
51	上海华理资产经营有限公司	华东理工大学
52	上海理工资产经营有限公司	上海理工大学
53	上海海大资产经营有限公司	上海海事大学
54	上海东华镜月资产经营有限公司	东华大学
55	上海电院资产经营有限责任公司	上海电力学院
56	上海应翔资产经营有限公司	上海应用技术学院
57	上海水大资产经营有限公司	上海水产大学

续表

序号	资产公司名称	学校名称
58	上海中医大资产经营有限公司	上海中医药大学
59	上海华东师大资产经营有限公司	华东师范大学
60	上海师大资产经营有限责任公司	上海师范大学
61	上海上外资产经营管理有限公司	上海外国语大学
62	上海财大产业投资管理有限公司	上海财经大学
63	上海久利资产经营有限公司	上海对外贸易学院
64	上海上音资产经营有限责任公司	上海音乐学院
65	上海上戏资产经营有限公司	上海戏剧学院
66	上海上大资产经营管理有限公司	上海大学
67	上海金院资产经营管理有限公司	上海金融学院
68	上海二工大资产经营有限公司	上海第二工业大学
69	上海公诚资产经营有限公司	上海工程技术大学
70	上海体院资产经营管理有限公司	上海体育学院
71	南京大学资产经营有限公司	南京大学
72	江苏苏大投资有限公司	苏州大学
73	江苏东南大学资产经营有限公司	东南大学
74	南京航空航天大学资产经营有限公司	南京航空航天大学
75	南京理工大学资产经营有限公司	南京理工大学
76	江苏科大资产经营有限公司	江苏科技大学
77	徐州中国矿业大学资产经营有限公司	中国矿业大学（徐州）
78	南京工业大学资产经营有限公司	南京工业大学
79	常州大学资产经营管理有限公司	江苏工业学院
80	南京邮电大学资产经营有限责任公司	南京邮电大学
81	江苏河海大学资产经营有限公司	河海大学
82	无锡江南大学资产管理经营有限公司	江南大学
83	江苏大学资产经营管理有限公司	江苏大学
84	南京信息工程大学资产经营管理有限责任公司	南京信息工程大学
85	南通大学资产管理经营有限公司	南通大学
86	盐城工学院资产经营有限公司	盐城工学院
87	南京农业大学资产经营有限公司	南京农业大学

续表

序号	资产公司名称	学校名称
88	南京中医药大学资产经营有限公司	南京中医药大学
89	江苏省中国药科大学控股有限责任公司	中国药科大学
90	南京师范大学资产经营有限责任公司	南京师范大学
91	南京交通职业技术学院资产经营有限公司	南京交通职业技术学院
92	南京工业职业技术学院资产经营有限责任公司	南京工业职业技术学院
93	南京化工职业技术学院资产经营有限责任公司	南京化工职业技术学院
94	徐州师范大学资产经营有限公司	徐州师范大学
95	徐州建筑职业技术学院资产经营有限公司	徐州建筑职业技术学院
96	苏州科技学院资产经营有限公司	苏州科技学院
97	扬州大学资产经营有限公司	扬州大学
98	常州纺院资产经营有限公司	常州纺织服装职业技术学院
99	常州机电学院资产经营有限公司	常州机电职业技术学院
100	常州信息学院资产经营有限公司	常州信息职业技术学院
101	常州工学院资产经营有限公司	常州工学院
102	江苏经贸职业技术学院资产管理有限公司	江苏经贸职业技术学院
103	江苏农林职业技术学院资产经营有限公司	江苏农林职业技术学院
104	淮安市淮阴工学院资产经营有限公司	淮阴工学院
105	浙江大学圆正控股集团有限公司	浙江大学
106	浙江工商大学资产经营有限责任公司	浙江工商大学
107	浙江工业大学资产经营有限公司	浙江工业大学
108	浙江师范大学资产经营有限责任公司	浙江师范大学
109	杭州职业技术学院资产经营管理有限公司	杭州职业技术学院
110	宁波大学资产经营有限公司	宁波大学
111	温州医学院资产经营有限公司	温州医学院
112	嘉兴学院资产经营有限责任公司	嘉兴学院
113	安徽大学资产经营有限公司	安徽大学
114	中科大资产经营有限责任公司	中国科学技术大学
115	合肥工业大学资产经营有限公司	合肥工业大学
116	安工大资产经营有限责任公司	安徽工业大学
117	厦门大学资产经营有限公司	厦门大学

续表

序号	资产公司名称	学校名称
118	厦门集美大学资产经营有限公司	集美大学
119	华侨大学（泉州）资产经营有限公司	华侨大学
120	福州大学资产经营有限公司	福州大学
121	福建工程学院资产经营有限公司	福建工程学院
122	福建农林大学资产经营管理有限责任公司	福建农林大学
123	福建医科大学资产经营有限公司	福建医科大学
124	福建中医药大学资产经营有限公司	福建中医学院
125	福建警察学院资产经营有限公司	福建公安高等专科学校
126	福建师范大学资产经营有限公司	福建师范大学
127	山东山大产业集团有限公司	山东大学
128	青岛中国海洋大学控股有限公司	中国海洋大学
129	青岛中石大控股有限公司	中国石油大学（华东）
130	青岛青大海源集团有限公司	青岛大学
131	武汉大学资产经营投资管理有限责任公司	武汉大学
132	武汉华中科技大产业集团有限公司	华中科技大学
133	武汉中地大资产经营有限公司	中国地质大学（武汉）
134	武汉理工大产业集团有限公司	武汉理工大学
135	武汉华中农大资产经营有限公司	华中农业大学
136	武汉华中师大资产经营管理有限公司	华中师范大学
137	湖北湖大资产经营有限公司	湖北大学
138	武汉中南大资产经营有限责任公司	中南财经政法大学
139	武汉科技大学资产经营有限公司	武汉科技大学
140	湖南大学资产经营有限公司	湖南大学
141	中南大学资产经营有限公司	中南大学
142	广州中大控股有限公司	中山大学
143	广州华南理工大学资产经营有限公司	华南理工大学
144	广东华农大资产经营有限公司	华南农业大学
145	广东海洋大学湛江资产经营有限公司	广东海洋大学
146	广东华南师大资产经营管理有限公司	华南师范大学
147	广东南方医大资产经营有限公司	南方医科大学

续表

序号	资产公司名称	学校名称
148	广州中医药大学资产经营有限公司	广州中医药大学
149	广州暨南大学资产经营有限公司	暨南大学
150	广东药学院资产经营有限公司	广东药学院
151	广东工大资产经营有限公司	广东工业大学
152	汕头大学资产经营管理有限公司	汕头大学
153	广西大学资产经营有限公司	广西大学
154	广西中医学院资产经营有限公司	广西中医学院
155	四川川大科技产业集团有限公司	四川大学
156	成都西南交通大学产业（集团）有限公司	西南交通大学
157	西南石油大学资产经营有限责任公司	西南石油大学
158	绵阳西南科技大学资产经营有限公司	西南科技大学
159	四川成信资产经营公司	成都信息工程学院
160	西南大学资产经营有限公司	西南大学
161	四川师范大学投资管理有限公司	四川师范大学
162	四川西南财大资产经营有限公司	西南财经大学
163	四川交院资产经营有限公司	四川交通职业技术学院
164	四川建筑职业技术学院资产经营有限公司	四川建筑职业技术学院
165	成都成电大学科技园有限公司	电子科技大学
166	成都理工大资产经营有限责任公司	成都理工大学
167	重庆大学资产经营有限责任公司	重庆大学
168	云南大学投资管理有限公司	云南大学
169	昆明理工大学科技产业经营管理有限公司	昆明理工大学
170	昆明医学院资产经营有限责任公司	昆明医学院
171	云南师范大学资产经营有限责任公司	云南师范大学
172	西安西大经营资产管理有限公司	西北大学
173	西安交大资产经营有限公司	西安交通大学
174	西安西北工业大学资产经营管理有限公司	西北工业大学
175	西安理工大资产经营管理有限公司	西安理工大学
176	陕西西安电子科大资产经营有限公司	西安电子科技大学
177	西安石大资产经营有限公司	西安石油大学

续表

序号	资产公司名称	学校名称
178	西安西邮资产经营管理有限公司	西安邮电学院
179	杨凌农科大资产经营有限公司	西北农林科技大学
180	陕西师范大学资产经营有限责任公司	陕西师范大学
181	西安音乐学院资产经营有限责任公司	西安音乐学院
182	西安美院资产经营有限责任公司	西安美术学院
183	西安长大资产经营有限公司	长安大学
184	郑州大学资产经营有限责任公司	郑州大学
185	郑州博源资产经营有限公司	郑州铁路职业技术学院
186	兰州交通大学资产经营有限责任公司	兰州交通大学
187	兰州西北民大资产经营有限公司	西北民族大学
188	海南海大资产管理有限公司	海南大学
189	海南医学院资产经营有限公司	海南医学院
190	新疆大学资产经营管理有限公司	新疆大学

附表 2　全国高校资产公司资产总额排名前一百名情况一览表

2010 年 12 月 31 日　　　　单位：万元

序号	资产公司名称	资产总额
1	北大资产经营有限公司	6 752 347.90
2	清华控股有限公司	5 060 424.00
3	东北大学科技产业集团有限公司	1 194 610.31
4	上海同济资产经营有限公司	711 519.86
5	武汉华中科技大产业集团有限公司	614 569.87
6	上海交大产业投资管理（集团）有限公司	471 187.69
7	青岛中石大控股有限公司	398 432.07
8	浙江大学圆正控股集团有限公司	353 298.22
9	成都西南交通大学产业（集团）有限公司	281 052.51
10	山东山大产业集团有限公司	231 751.96
11	广州中大控股有限公司	230 861.69
12	武汉大学资产经营投资管理有限责任公司	184 572.93
13	中南大学资产经营有限公司	145 419.52
14	西安交大资产经营有限公司	116 425.68

续表

序号	资产公司名称	资产总额
15	湖南大学资产经营有限公司	97 651.31
16	广州华南理工大学资产经营有限公司	85 571.92
17	上海复旦资产经营有限公司	73 504.98
18	武汉理工大产业集团有限公司	66 887.18
19	四川师范大学投资管理有限公司	65 974.09
20	四川川大科技产业集团有限公司	63 761.17
21	北京北航资产经营有限公司	60 091.95
22	厦门大学资产经营有限公司	51 739.77
23	大连理工大学产业投资有限公司	48 494.00
24	北京理工资产经营有限公司	44 378.37
25	哈尔滨工业大学资产投资经营有限责任公司	43 213.00
26	重庆大学资产经营有限责任公司	43 152.14
27	南京大学资产经营有限公司	37 901.03
28	秦皇岛燕大产业集团有限公司	37 629.24
29	西安理工大资产经营管理有限公司	37 112.87
30	江苏东南大学资产经营有限公司	36 553.57
31	北京林大资产经营有限公司	36 329.09
32	山西太原理工资产经营管理有限公司	36 314.00
33	中科大资产经营有限责任公司	35 659.52
34	上海理工资产经营有限公司	32 985.00
35	浙江工业大学资产经营有限公司	32 927.20
36	北京科大资产经营有限公司	30 447.31
37	江苏科大资产经营有限公司	30 252.16
38	上海上大资产经营管理有限公司	25 309.49
39	吉林吉大控股有限公司	24 885.53
40	云南大学投资管理有限公司	24 508.28
41	昆明理工大学科技产业经营管理有限公司	24 112.83
42	北京中农大地科技发展有限公司	24 066.55
43	哈尔滨工程大学科技园发展有限公司	23 283.94
44	陕西师范大学资产经营有限责任公司	23 202.72

续表

序号	资产公司名称	资产总额
45	西南石油大学资产经营有限责任公司	21 362.87
46	上海华理资产经营有限公司	20 771.60
47	北京北化大投资有限公司	18 742.00
48	江苏农林职业技术学院资产经营有限公司	18 383.00
49	北京北邮资产经营有限公司	17 264.28
50	西安长大资产经营有限公司	16 128.66
51	杨凌农科大资产经营有限公司	15 706.63
52	西南大学资产经营有限公司	15 575.56
53	厦门集美大学资产经营有限公司	15 270.03
54	吉林东北师大资产经营有限公司	14 645.10
55	上海海大资产经营有限公司	13 455.00
56	上海师大资产经营有限责任公司	13 448.95
57	兰州交通大学资产经营有限责任公司	13 272.00
58	北京华电天德资产经营有限公司	11 411.26
59	广东华农大资产经营有限公司	11 365.73
60	成都成电大学科技园有限公司	11 363.00
61	武汉华中师大资产经营管理有限公司	10 948.19
62	江苏河海大学资产经营有限公司	10 757.35
63	合肥工业大学资产经营有限公司	10 603.41
64	徐州中国矿业大学资产经营有限公司	10 041.79
65	南京工业大学资产经营有限公司	9 847.06
66	人大世纪科技发展有限公司	9 702.64
67	无锡江南大学资产管理经营有限公司	9 505.07
68	海南海大资产管理有限公司	9 471.00
69	上海华东师大资产经营有限公司	9 360.11
70	广西大学资产经营有限公司	9 321.70
71	西安西北工业大学资产经营管理有限公司	9 214.54
72	四川西南财大资产经营有限公司	9 026.10
73	浙江师范大学资产经营有限责任公司	8 987.44
74	青岛青大海源集团有限公司	8 903.00

续表

序号	资产公司名称	资产总额
75	青岛中国海洋大学控股有限公司	8 863.75
76	上海财大产业投资管理有限公司	7 970.00
77	南京师范大学资产经营有限责任公司	7 797.17
78	南京农业大学资产经营有限公司	7 317.49
79	安工大资产经营有限责任公司	6 725.82
80	广东南方医大资产经营有限公司	6 192.61
81	北京中地大投资管理有限责任公司	6 044.97
82	绵阳西南科技大学资产经营有限公司	6 032.03
83	北京师大资产经营有限公司	5 758.08
84	南京信息工程大学资产经营管理有限责任公司	5 380.27
85	广州暨南大学资产经营有限公司	5 366.35
86	江苏大学资产经营管理有限公司	5 085.87
87	南京航空航天大学资产经营有限公司	5 071.78
88	上海中医大资产经营有限公司	5 055.00
89	东北农业大学资产经营有限公司	5 025.00
90	福州大学资产经营有限公司	4 859.00
91	江苏苏大投资有限公司	4 807.80
92	武汉中地大资产经营有限公司	4 476.88
93	黑龙江黑大资产经营有限公司	3 985.37
94	南京邮电大学资产经营有限责任公司	3 907.90
95	南京中医药大学资产经营有限公司	3 849.00
96	上海东华镜月资产经营有限公司	3 773.30
97	沈阳工业大学科技园有限公司	3 676.00
98	福建医科大学资产经营有限公司	3 670.24
99	扬州大学资产经营有限公司	3 572.47
100	北京交大资产经营有限公司	3 454.15

附表 3　全国高校资产公司负债总额排名前一百名情况一览表

2010 年 12 月 31 日　　单位：万元

序号	资产公司名称	负债总额
1	北大资产经营有限公司	4 285 704.56
2	清华控股有限公司	3 010 783.00

续表

序号	资产公司名称	负债总额
3	上海同济资产经营有限公司	474 227.71
4	上海交大产业投资管理（集团）有限公司	351 745.69
5	武汉华中科技大产业集团有限公司	313 507.63
6	东北大学科技产业集团有限公司	304 631.95
7	青岛中石大控股有限公司	294 315.86
8	浙江大学圆正控股集团有限公司	263 994.87
9	成都西南交通大学产业（集团）有限公司	219 731.12
10	广州中大控股有限公司	140 496.04
11	山东山大产业集团有限公司	95 445.26
12	湖南大学资产经营有限公司	91 547.99
13	西安交大资产经营有限公司	71 982.83
14	武汉大学资产经营投资管理有限责任公司	63 785.63
15	中南大学资产经营有限公司	48 294.17
16	广州华南理工大学资产经营有限公司	46 350.38
17	武汉理工大产业集团有限公司	36 850.04
18	北京北航资产经营有限公司	36 102.44
19	四川师范大学投资管理有限公司	34 202.58
20	厦门大学资产经营有限公司	32 240.49
21	哈尔滨工程大学科技园发展有限公司	23 214.16
22	山西太原理工资产经营管理有限公司	22 270.00
23	上海复旦资产经营有限公司	21 762.22
24	重庆大学资产经营有限责任公司	21 610.35
25	秦皇岛燕大产业集团有限公司	21 535.63
26	北京理工资产经营有限公司	20 968.14
27	南京大学资产经营有限公司	20 680.35
28	四川川大科技产业集团有限公司	20 521.33
29	大连理工大学产业投资有限公司	20 042.00
30	北京林大资产经营有限公司	20 040.25
31	西安理工大资产经营管理有限公司	19 907.56
32	江苏科大资产经营有限公司	18 598.99

续表

序号	资产公司名称	负债总额
33	北京科大资产经营有限公司	14 832.48
34	昆明理工大学科技产业经营管理有限公司	14 504.65
35	吉林吉大控股有限公司	13 157.73
36	中科大资产经营有限责任公司	13 023.58
37	云南大学投资管理有限公司	12 346.43
38	浙江工业大学资产经营有限公司	11 785.57
39	北京中农大地科技发展有限公司	11 083.03
40	上海上大资产经营管理有限公司	10 274.30
41	厦门集美大学资产经营有限公司	10 206.22
42	杨凌农科大资产经营有限公司	9 935.13
43	上海理工资产经营有限公司	9 057.42
44	上海海大资产经营有限公司	8 780.00
45	海南海大资产管理有限公司	8 735.00
46	江苏东南大学资产经营有限公司	8 624.74
47	兰州交通大学资产经营有限责任公司	8 591.00
48	哈尔滨工业大学资产投资经营有限责任公司	8 460.00
49	浙江师范大学资产经营有限责任公司	7 993.09
50	陕西师范大学资产经营有限责任公司	7 622.31
51	江苏农林职业技术学院资产经营有限公司	7 622.00
52	江苏河海大学资产经营有限公司	7 550.46
53	西南石油大学资产经营有限责任公司	7 499.35
54	北京北化大投资有限公司	7 277.00
55	西安长大资产经营有限公司	6 925.16
56	上海师大资产经营有限责任公司	6 366.62
57	西安西北工业大学资产经营管理有限公司	6 053.48
58	武汉华中师大资产经营管理有限公司	5 850.78
59	上海华理资产经营有限公司	5 535.22
60	南京信息工程大学资产经营管理有限责任公司	5 386.65
61	南京航空航天大学资产经营有限公司	5 297.81
62	安工大资产经营有限责任公司	5 231.05

续表

序号	资产公司名称	负债总额
63	北京华电天德资产经营有限公司	5 052.45
64	吉林东北师大资产经营有限公司	5 032.60
65	无锡江南大学资产管理经营有限公司	4 750.48
66	成都成电大学科技园有限公司	4 736.00
67	青岛中国海洋大学控股有限公司	4 418.97
68	广东南方医大资产经营有限公司	4 372.43
69	南京师范大学资产经营有限责任公司	4 121.07
70	北京北邮资产经营有限公司	3 773.98
71	黑龙江黑大资产经营有限公司	3 718.93
72	上海华东师大资产经营有限公司	3 614.89
73	北京中地大投资管理有限责任公司	3 439.66
74	西南大学资产经营有限公司	3 327.84
75	四川西南财大资产经营有限公司	3 290.64
76	合肥工业大学资产经营有限公司	3 121.08
77	人大世纪科技发展有限公司	3 049.23
78	青岛青大海源集团有限公司	2 938.00
79	徐州中国矿业大学资产经营有限公司	2 883.32
80	沈阳工业大学科技园有限公司	2 715.00
81	上海中医大资产经营有限公司	2 496.00
82	内蒙古大学奥都资产经营有限责任公司	2 484.00
83	武汉中地大资产经营有限公司	2 319.23
84	南京理工大学资产经营有限公司	2 286.00
85	大连交通大学资产经营有限公司	1 941.00
86	扬州大学资产经营有限公司	1 812.12
87	广州暨南大学资产经营有限公司	1 803.83
88	南京邮电大学资产经营有限责任公司	1 591.98
89	江苏大学资产经营管理有限公司	1 518.70
90	北京师大资产经营有限公司	1 516.27
91	苏州科技学院资产经营有限公司	1 481.85
92	福建医科大学资产经营有限公司	1 342.38

续表

序号	资产公司名称	负债总额
93	徐州师范大学资产经营有限公司	1 303.27
94	北京中石大新元投资有限公司	1 292.87
95	北京首医大资产管理有限责任公司	1 280.00
96	南京工业大学资产经营有限公司	1 262.57
97	陕西西安电子科大资产经营有限公司	1 236.60
98	上海久利资产经营有限公司	1 229.78
99	上海东华镜月资产经营有限公司	1 145.00
100	福建工程学院资产经营有限公司	1 090.99

附表 4　全国高校资产公司归属于学校方股东的所有者权益排名前一百名情况一览表

2010 年 12 月 31 日　　单位：万元

序号	资产公司名称	归属于学校方股东的所有者权益
1	北大资产经营有限公司	846 198.64
2	清华控股有限公司	727 602.00
3	东北大学科技产业集团有限公司	375 730.97
4	武汉华中科技大产业集团有限公司	135 580.41
5	武汉大学资产经营投资管理有限责任公司	120 787.30
6	上海同济资产经营有限公司	117 215.12
7	浙江大学圆正控股集团有限公司	70 597.33
8	上海交大产业投资管理（集团）有限公司	63 358.93
9	青岛中石大控股有限公司	60 948.65
10	山东山大产业集团有限公司	54 132.13
11	上海复旦资产经营有限公司	48 125.15
12	广州华南理工大学资产经营有限公司	37 478.95
13	中南大学资产经营有限公司	35 937.61
14	四川川大科技产业集团有限公司	35 247.61
15	广州中大控股有限公司	34 809.70
16	哈尔滨工业大学资产投资经营有限责任公司	33 962.00
17	西安交大资产经营有限公司	31 094.24
18	江苏东南大学资产经营有限公司	27 505.09
19	大连理工大学产业投资有限公司	25 877.00

续表

序号	资产公司名称	归属于学校方股东的所有者权益
20	中科大资产经营有限责任公司	22 039.74
21	北京北航资产经营有限公司	22 005.44
22	浙江工业大学资产经营有限公司	21 141.63
23	重庆大学资产经营有限责任公司	20 192.70
24	成都西南交通大学产业（集团）有限公司	19 806.21
25	厦门大学资产经营有限公司	19 404.45
26	武汉理工大产业集团有限公司	18 284.48
27	西安理工大资产经营管理有限公司	17 205.31
28	南京大学资产经营有限公司	16 678.27
29	陕西师范大学资产经营有限责任公司	15 580.41
30	上海华理资产经营有限公司	15 016.27
31	北京科大资产经营有限公司	14 365.15
32	山西太原理工资产经营管理有限公司	14 044.00
33	西南石油大学资产经营有限责任公司	13 863.52
34	北京北邮资产经营有限公司	13 490.30
35	西南大学资产经营有限公司	12 247.72
36	云南大学投资管理有限公司	12 161.85
37	上海上大资产经营管理有限公司	12 081.86
38	秦皇岛燕大产业集团有限公司	12 010.20
39	北京林大资产经营有限公司	11 791.80
40	吉林吉大控股有限公司	11 727.80
41	江苏科大资产经营有限公司	11 653.17
42	广东华农大资产经营有限公司	11 363.99
43	上海理工资产经营有限公司	11 097.00
44	北京北化大投资有限公司	9 937.00
45	北京中农大地科技发展有限公司	9 796.15
46	昆明理工大学科技产业经营管理有限公司	9 608.18
47	吉林东北师大资产经营有限公司	9 594.20
48	广西大学资产经营有限公司	9 248.00
49	西安长大资产经营有限公司	9 203.50

续表

序号	资产公司名称	归属于学校方股东的所有者权益
50	南京工业大学资产经营有限公司	8 584.49
51	北京理工资产经营有限公司	8 348.51
52	上海财大产业投资管理有限公司	7 747.00
53	合肥工业大学资产经营有限公司	7 458.80
54	徐州中国矿业大学资产经营有限公司	6 968.13
55	人大世纪科技发展有限公司	6 653.41
56	北京华电天德资产经营有限公司	6 358.81
57	南京农业大学资产经营有限公司	6 030.49
58	青岛青大海源集团有限公司	5 827.08
59	四川西南财大资产经营有限公司	5 735.46
60	江苏农林职业技术学院资产经营有限公司	5 727.00
61	上海华东师大资产经营有限公司	5 660.65
62	成都成电大学科技园有限公司	5 355.00
63	上海师大资产经营有限责任公司	5 215.64
64	湖南大学资产经营有限公司	5 174.60
65	武汉华中师大资产经营管理有限公司	5 097.41
66	厦门集美大学资产经营有限公司	5 063.81
67	绵阳西南科技大学资产经营有限公司	4 903.84
68	上海海大资产经营有限公司	4 586.00
69	福州大学资产经营有限公司	4 582.00
70	无锡江南大学资产管理经营有限公司	4 513.50
71	东北农业大学资产经营有限公司	4 373.00
72	青岛中国海洋大学控股有限公司	4 329.43
73	北京师大资产经营有限公司	4 264.26
74	杨凌农科大资产经营有限公司	4 255.33
75	江苏苏大投资有限公司	3 819.00
76	南京师范大学资产经营有限责任公司	3 676.10
77	四川师范大学投资管理有限公司	3 633.16
78	江苏大学资产经营管理有限公司	3 567.17
79	广州暨南大学资产经营有限公司	3 562.52

续表

序号	资产公司名称	归属于学校方股东的所有者权益
80	南京中医药大学资产经营有限公司	3 457.00
81	兰州交通大学资产经营有限责任公司	3 440.00
82	北京交大资产经营有限公司	3 363.88
83	西安西北工业大学资产经营管理有限公司	3 161.06
84	北京北中资产管理有限公司	2 941.07
85	上海东华镜月资产经营有限公司	2 628.30
86	北京中地大投资管理有限责任公司	2 605.31
87	福建医科大学资产经营有限公司	2 327.86
88	南京邮电大学资产经营有限责任公司	2 315.92
89	上海中医大资产经营有限公司	2 280.00
90	武汉中地大资产经营有限公司	2 157.65
91	辽宁科技大学资产经营有限公司	1 994.00
92	北京中传资产管理有限公司	1 976.96
93	武汉中南大资产经营有限责任公司	1 961.06
94	上海公诚资产经营有限公司	1 933.00
95	上海电院资产经营有限责任公司	1 891.00
96	扬州大学资产经营有限公司	1 760.35
97	华侨大学（泉州）资产经营有限公司	1 689.00
98	上海上音资产经营有限责任公司	1 674.90
99	福建工程学院资产经营有限公司	1 654.95
100	广东南方医大资产经营有限公司	1 523.96

附表5　全国高校资产公司收入总额排名前一百名情况一览表

2010年12月31日　　单位：万元

序号	资产公司名称	收入总额
1	北大资产经营有限公司	6 236 676.67
2	清华控股有限公司	3 450 836.00
3	青岛中石大控股有限公司	876 109.00
4	东北大学科技产业集团有限公司	649 446.76
5	上海同济资产经营有限公司	423 642.69
6	武汉华中科技大产业集团有限公司	386 705.05

续表

序号	资产公司名称	收入总额
7	广州中大控股有限公司	251 429.86
8	武汉大学资产经营投资管理有限责任公司	184 535.60
9	山东山大产业集团有限公司	129 293.43
10	浙江大学圆正控股集团有限公司	109 545.56
11	上海交大产业投资管理（集团）有限公司	107 486.36
12	广州华南理工大学资产经营有限公司	81 134.64
13	成都西南交通大学产业（集团）有限公司	69 654.73
14	西安交大资产经营有限公司	62 731.30
15	秦皇岛燕大产业集团有限公司	59 630.61
16	中南大学资产经营有限公司	55 003.50
17	北京林大资产经营有限公司	50 222.50
18	武汉理工大产业集团有限公司	34 077.90
19	江苏科大资产经营有限公司	33 425.24
20	大连理工大学产业投资有限公司	30 760.00
21	厦门大学资产经营有限公司	27 975.39
22	浙江工业大学资产经营有限公司	27 292.71
23	西安长大资产经营有限公司	26 695.30
24	北京北航资产经营有限公司	25 710.59
25	四川川大科技产业集团有限公司	24 597.51
26	北京科大资产经营有限公司	24 566.53
27	江苏东南大学资产经营有限公司	24 497.03
28	重庆大学资产经营有限责任公司	23 787.40
29	哈尔滨工业大学资产投资经营有限责任公司	23 295.00
30	湖南大学资产经营有限公司	20 867.36
31	北京北化大投资有限公司	18 586.00
32	北京中农大地科技发展有限公司	17 457.07
33	南京大学资产经营有限公司	17 201.69
34	上海上大资产经营管理有限公司	17 140.92
35	兰州交通大学资产经营有限责任公司	16 939.00
36	四川师范大学投资管理有限公司	16 501.33

续表

序号	资产公司名称	收入总额
37	江苏农林职业技术学院资产经营有限公司	16 116.00
38	西安理工大资产经营管理有限公司	15 666.79
39	上海复旦资产经营有限公司	14 688.77
40	西南石油大学资产经营有限责任公司	13 427.91
41	中科大资产经营有限责任公司	13 211.85
42	上海理工资产经营有限公司	12 091.18
43	无锡江南大学资产管理经营有限公司	10 065.55
44	上海师大资产经营有限责任公司	9 830.45
45	北京理工资产经营有限公司	9 673.99
46	上海海大资产经营有限公司	9 163.00
47	南京师范大学资产经营有限责任公司	9 150.67
48	北京师大资产经营有限公司	9 026.22
49	吉林东北师大资产经营有限公司	8 853.80
50	徐州中国矿业大学资产经营有限公司	8 649.52
51	云南大学投资管理有限公司	8 193.67
52	陕西师范大学资产经营有限责任公司	7 931.74
53	吉林吉大控股有限公司	6 909.00
54	昆明理工大学科技产业经营管理有限公司	6 863.28
55	苏州科技学院资产经营有限公司	6 152.97
56	人大世纪科技发展有限公司	5 982.95
57	青岛青大海源集团有限公司	5 600.00
58	北京华电天德资产经营有限公司	5 233.53
59	合肥工业大学资产经营有限公司	4 964.12
60	上海华理资产经营有限公司	4 876.29
61	厦门集美大学资产经营有限公司	4 820.51
62	江苏大学资产经营管理有限公司	4 480.59
63	辽宁科技大学资产经营有限公司	4 409.00
64	杨凌农科大资产经营有限公司	4 386.49
65	扬州大学资产经营有限公司	4 345.18
66	福建工程学院资产经营有限公司	4 335.08

续表

序号	资产公司名称	收入总额
67	青岛中国海洋大学控股有限公司	3 986.10
68	江苏河海大学资产经营有限公司	3 957.07
69	安工大资产经营有限责任公司	3 897.73
70	上海上音资产经营有限责任公司	3 739.14
71	西安西北工业大学资产经营管理有限公司	3 371.51
72	南京航空航天大学资产经营有限公司	2 854.73
73	成都成电大学科技园有限公司	2 750.10
74	四川西南财大资产经营有限公司	2 705.44
75	上海华东师大资产经营有限公司	2 645.87
76	上海东华镜月资产经营有限公司	2 611.32
77	北京首医大资产管理有限责任公司	2 411.00
78	北京北邮资产经营有限公司	2 320.10
79	南京农业大学资产经营有限公司	2 256.30
80	上海中医大资产经营有限公司	1 898.00
81	武汉华中师大资产经营管理有限公司	1 749.55
82	广东南方医大资产经营有限公司	1 423.29
83	北京首师大烛红资产管理有限公司	1 346.22
84	南京工业大学资产经营有限公司	1 282.93
85	上海应翔资产经营有限公司	1 190.08
86	徐州师范大学资产经营有限公司	1 173.36
87	上海公诚资产经营有限公司	1 168.00
88	上海久利资产经营有限公司	1 136.28
89	武汉中地大资产经营有限公司	1 128.77
90	绵阳西南科技大学资产经营有限公司	1 092.04
91	上海上戏资产经营有限公司	759.50
92	北京交大资产经营有限公司	744.25
93	福建医科大学资产经营有限公司	691.65
94	首经贸大（北京）资产管理有限责任公司	649.00
95	南京中医药大学资产经营有限公司	596.00
96	上海财大产业投资管理有限公司	536.00

续表

序号	资产公司名称	收入总额
97	南京化工职业技术学院资产经营有限责任公司	534.01
98	陕西西安电子科大资产经营有限公司	521.76
99	内蒙古大学奥都资产经营有限责任公司	480.00
100	北京中传资产管理有限公司	463.17

附表 6　全国高校资产公司利润总额排名前五十名情况一览表

2010 年 12 月 31 日　　单位：万元

序号	资产公司名称	利润总额
1	北大资产经营有限公司	294 365.34
2	清华控股有限公司	111 468.00
3	东北大学科技产业集团有限公司	69 056.07
4	武汉华中科技大产业集团有限公司	51 818.83
5	青岛中石大控股有限公司	51 308.60
6	上海同济资产经营有限公司	44 634.28
7	山东山大产业集团有限公司	24 266.97
8	浙江大学圆正控股集团有限公司	14 349.20
9	武汉大学资产经营投资管理有限责任公司	14 196.84
10	广州中大控股有限公司	11 539.59
11	哈尔滨工业大学资产投资经营有限责任公司	9 386.00
12	上海交大产业投资管理（集团）有限公司	9 186.27
13	广州华南理工大学资产经营有限公司	8 331.63
14	南京大学资产经营有限公司	7 966.31
15	中南大学资产经营有限公司	7 759.80
16	成都西南交通大学产业（集团）有限公司	7 297.01
17	北京林大资产经营有限公司	4 897.22
18	西安交大资产经营有限公司	4 659.27
19	中科大资产经营有限责任公司	4 611.41
20	大连理工大学产业投资有限公司	4 303.00
21	云南大学投资管理有限公司	4 099.70
22	江苏科大资产经营有限公司	3 971.86
23	四川川大科技产业集团有限公司	3 604.54
24	浙江工业大学资产经营有限公司	3 104.74

续表

序号	资产公司名称	利润总额
25	重庆大学资产经营有限责任公司	2 908.77
26	上海理工资产经营有限公司	2 875.21
27	江苏东南大学资产经营有限公司	2 622.95
28	西安长大资产经营有限公司	2 498.93
29	陕西师范大学资产经营有限责任公司	2 244.64
30	北京科大资产经营有限公司	2 000.02
31	武汉理工大产业集团有限公司	1 998.39
32	上海华理资产经营有限公司	1 996.46
33	徐州中国矿业大学资产经营有限公司	1 986.17
34	上海复旦资产经营有限公司	1 546.23
35	秦皇岛燕大产业集团有限公司	1 483.97
36	西安理工大资产经营管理有限公司	1 378.18
37	兰州交通大学资产经营有限责任公司	1 319.00
38	合肥工业大学资产经营有限公司	1 309.15
39	北京华电天德资产经营有限公司	1 230.26
40	上海上大资产经营管理有限公司	1 221.77
41	成都成电大学科技园有限公司	1 023.00
42	北京北化大投资有限公司	956.00
43	北京北航资产经营有限公司	782.80
44	北京北邮资产经营有限公司	690.19
45	四川师范大学投资管理有限公司	664.98
46	北京交大资产经营有限公司	650.88
47	扬州大学资产经营有限公司	639.81
48	厦门集美大学资产经营有限公司	612.65
49	南京师范大学资产经营有限责任公司	563.30
50	江苏河海大学资产经营有限公司	561.43

附表 7　全国高校资产公司净利润额排名前五十名情况一览表

2010 年 12 月 31 日　　单位：万元

序号	资产公司名称	净利润额
1	北大资产经营有限公司	232 546.37
2	清华控股有限公司	97 064.00

续表

序号	资产公司名称	净利润额
3	东北大学科技产业集团有限公司	61 824.44
4	武汉华中科技大产业集团有限公司	43 450.39
5	青岛中石大控股有限公司	40 647.10
6	上海同济资产经营有限公司	35 395.15
7	山东山大产业集团有限公司	20 607.08
8	浙江大学圆正控股集团有限公司	11 549.23
9	广州中大控股有限公司	9 533.76
10	武汉大学资产经营投资管理有限责任公司	9 227.94
11	哈尔滨工业大学资产投资经营有限责任公司	8 030.00
12	上海交大产业投资管理（集团）有限公司	7 763.46
13	广州华南理工大学资产经营有限公司	6 916.46
14	中南大学资产经营有限公司	6 522.42
15	南京大学资产经营有限公司	6 066.69
16	成都西南交通大学产业（集团）有限公司	5 730.12
17	中科大资产经营有限责任公司	4 153.83
18	北京林大资产经营有限公司	4 054.36
19	大连理工大学产业投资有限公司	3 879.00
20	西安交大资产经营有限公司	3 453.91
21	江苏科大资产经营有限公司	3 371.64
22	重庆大学资产经营有限责任公司	2 824.80
23	上海理工资产经营有限公司	2 582.76
24	浙江工业大学资产经营有限公司	2 455.20
25	江苏东南大学资产经营有限公司	2 356.70
26	陕西师范大学资产经营有限责任公司	2 244.33
27	西安长大资产经营有限公司	2 130.35
28	云南大学投资管理有限公司	2 000.33
29	上海华理资产经营有限公司	1 957.98
30	北京科大资产经营有限公司	1 804.50
31	武汉理工大产业集团有限公司	1 731.14
32	徐州中国矿业大学资产经营有限公司	1 541.51

续表

序号	资产公司名称	净利润额
33	四川川大科技产业集团有限公司	1 472.14
34	上海复旦资产经营有限公司	1 456.08
35	合肥工业大学资产经营有限公司	1 292.44
36	西安理工大资产经营管理有限公司	1 163.30
37	秦皇岛燕大产业集团有限公司	1 107.38
38	北京华电天德资产经营有限公司	1 080.33
39	兰州交通大学资产经营有限责任公司	1 075.00
40	上海上大资产经营管理有限公司	944.94
41	成都成电大学科技园有限公司	812.30
42	北京北化大投资有限公司	794.00
43	南京工业大学资产经营有限公司	691.35
44	北京北邮资产经营有限公司	690.19
45	四川师范大学投资管理有限公司	664.98
46	北京交大资产经营有限公司	650.88
47	江苏河海大学资产经营有限公司	530.72
48	扬州大学资产经营有限公司	516.95
49	南京中医药大学资产经营有限公司	509.00
50	厦门集美大学资产经营有限公司	495.74

附表 8　全国高校资产公司归属于学校方股东的净利润额排名前五十名情况一览表

2010 年 12 月 31 日　　单位：万元

序号	资产公司名称	归属于学校方股东的净利润额
1	北大资产经营有限公司	75 734.45
2	青岛中石大控股有限公司	33 827.00
3	清华控股有限公司	30 871.00
4	上海同济资产经营有限公司	22 199.73
5	武汉华中科技大产业集团有限公司	16 755.28
6	东北大学科技产业集团有限公司	13 886.73
7	哈尔滨工业大学资产投资经营有限责任公司	7 811.00
8	浙江大学圆正控股集团有限公司	7 793.29
9	上海交大产业投资管理（集团）有限公司	7 763.46

续表

序号	资产公司名称	归属于学校方股东的净利润额
10	广州华南理工大学资产经营有限公司	6 832.36
11	山东山大产业集团有限公司	6 180.22
12	南京大学资产经营有限公司	6 066.69
13	中科大资产经营有限责任公司	4 142.94
14	广州中大控股有限公司	3 749.41
15	大连理工大学产业投资有限公司	3 349.00
16	武汉大学资产经营投资管理有限责任公司	3 006.30
17	中南大学资产经营有限公司	2 900.94
18	重庆大学资产经营有限责任公司	2 811.54
19	上海理工资产经营有限公司	2 582.76
20	北京林大资产经营有限公司	2 499.94
21	浙江工业大学资产经营有限公司	2 434.39
22	西安交大资产经营有限公司	2 392.26
23	江苏东南大学资产经营有限公司	2 282.48
24	上海华理资产经营有限公司	1 957.07
25	云南大学投资管理有限公司	1 876.87
26	北京科大资产经营有限公司	1 703.23
27	江苏科大资产经营有限公司	1 598.26
28	徐州中国矿业大学资产经营有限公司	1 533.22
29	四川川大科技产业集团有限公司	1 472.14
30	上海复旦资产经营有限公司	1 380.12
31	合肥工业大学资产经营有限公司	1 290.97
32	武汉理工大产业集团有限公司	1 241.66
33	秦皇岛燕大产业集团有限公司	864.65
34	成都成电大学科技园有限公司	812.30
35	北京北化大投资有限公司	722.00
36	南京工业大学资产经营有限公司	691.35
37	北京北邮资产经营有限公司	690.19
38	上海上大资产经营管理有限公司	646.91
39	西安理工大资产经营管理有限公司	567.42

续表

序号	资产公司名称	归属于学校方股东的净利润额
40	兰州交通大学资产经营有限责任公司	535.00
41	扬州大学资产经营有限公司	516.95
42	南京中医药大学资产经营有限公司	509.00
43	上海公诚资产经营有限公司	453.00
44	上海海大资产经营有限公司	404.00
45	南京农业大学资产经营有限公司	353.81
46	人大世纪科技发展有限公司	332.03
47	北京华电天德资产经营有限公司	327.75
48	北京中农大地科技发展有限公司	323.97
49	江苏河海大学资产经营有限公司	310.09
50	上海电院资产经营有限责任公司	308.00

附表 9　全国高校资产公司实际缴纳税金排名前五十名情况一览表

2010 年 12 月 31 日　　单位：万元

序号	资产公司名称	实际缴纳税金
1	北大资产经营有限公司	171 110.92
2	清华控股有限公司	108 250.62
3	青岛中石大控股有限公司	95 781.90
4	东北大学科技产业集团有限公司	40 671.62
5	上海同济资产经营有限公司	30 224.01
6	武汉华中科技大产业集团有限公司	24 452.00
7	山东山大产业集团有限公司	17 651.78
8	上海交大产业投资管理（集团）有限公司	10 474.77
9	武汉大学资产经营投资管理有限责任公司	8 518.10
10	广州中大控股有限公司	7 357.64
11	浙江大学圆正控股集团有限公司	5 611.66
12	广州华南理工大学资产经营有限公司	4 985.12
13	西安交大资产经营有限公司	4 085.81
14	上海复旦资产经营有限公司	3 604.17
15	武汉理工大产业集团有限公司	3 566.50
16	四川川大科技产业集团有限公司	3 269.62

续表

序号	资产公司名称	实际缴纳税金
17	哈尔滨工业大学资产投资经营有限责任公司	2 871.00
18	秦皇岛燕大产业集团有限公司	2 853.30
19	江苏东南大学资产经营有限公司	2 351.58
20	北京林大资产经营有限公司	2 320.89
21	北京北航资产经营有限公司	2 297.71
22	成都西南交通大学产业（集团）有限公司	2 244.14
23	西安长大资产经营有限公司	1 973.93
24	大连理工大学产业投资有限公司	1 879.54
25	浙江工业大学资产经营有限公司	1 830.53
26	江苏科大资产经营有限公司	1 700.01
27	中科大资产经营有限责任公司	1 664.38
28	上海理工资产经营有限公司	1 618.00
29	厦门大学资产经营有限公司	1 527.49
30	西安理工大资产经营管理有限公司	1 397.79
31	湖南大学资产经营有限公司	1 208.49
32	上海上大资产经营管理有限公司	1 194.63
33	北京北化大投资有限公司	1 077.00
34	兰州交通大学资产经营有限责任公司	1 076.00
35	北京中农大地科技发展有限公司	995.57
36	西南石油大学资产经营有限责任公司	965.22
37	北京科大资产经营有限公司	944.60
38	南京大学资产经营有限公司	799.95
39	北京华电天德资产经营有限公司	750.92
40	上海海大资产经营有限公司	728.00
41	成都成电大学科技园有限公司	715.50
42	吉林东北师大资产经营有限公司	557.33
43	上海师大资产经营有限责任公司	551.96
44	南京师范大学资产经营有限责任公司	486.89
45	陕西师范大学资产经营有限责任公司	482.41
46	无锡江南大学资产管理经营有限公司	432.86

续表

序号	资产公司名称	实际缴纳税金
47	云南大学投资管理有限公司	430.34
48	北京师大资产经营有限公司	422.39
49	合肥工业大学资产经营有限公司	417.58
50	苏州科技学院资产经营有限公司	411.60

四、2010 年度教育部直属高校校办产业统计分析

1. 教育部直属高校校办产业概况

2010 年度教育部 73 所直属高校（中央财经大学、中央美术学院未上报数据）的 1 448 个企业参加了全国高校校办产业统计工作 其中，一级企业 513 个，占 35.43%；二级企业 935 个，占 64.57%，如图 4-1 所示。

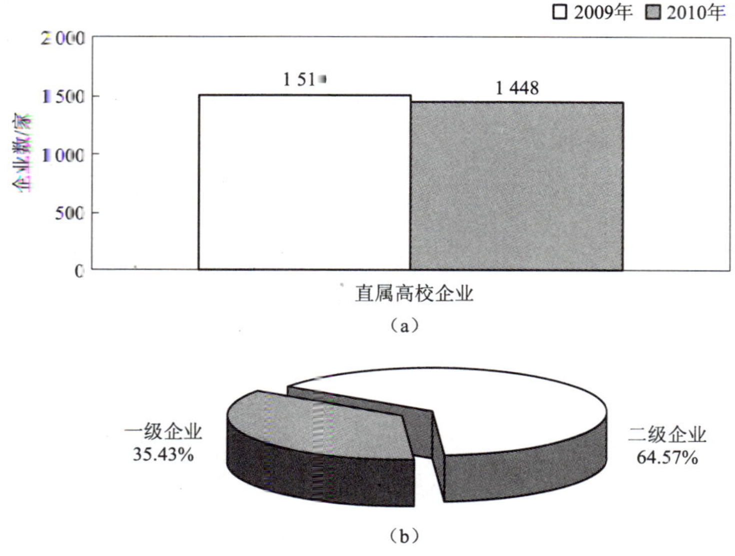

图 4-1　2010 年度参加全国高校校办产业统计工作的教育部直属高校校办产业概况

（a）教育部直属高校校办企业数（与 2009 年度对比）；（b）教育部直属高校一级企业和二级企业占比

（1）资产公司

2010 年度参加教育部直属高校校办产业统计工作的资产公司 66 个，占教育部直属高校上报企业总数的 4.56%，如图 4-2 所示。

图 4-2　资产公司占教育部直属高校上报企业总数的比例

（2）科技企业

2010 年度参加教育部直属高校校办产业统计工作的科技企业共计 599 个，占教育部直属高校上报企业总数的 41.37%。其中，一级企业 164 个；二级企业 435 个，如图 4-3 所示。

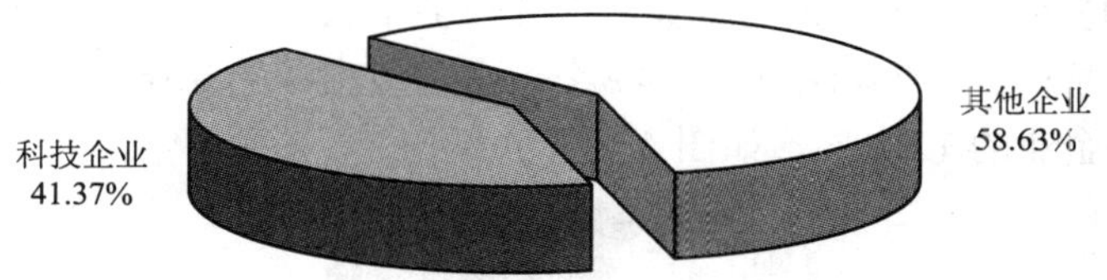

图 4-3　科技企业占教育部直属高校上报企业总数的比例

（3）按企业类型分类

按企业类型统计，参加 2010 年度教育部直属高校校办产业统计工作的 1 448 个企业的具体情况如下：

① 一级企业 513 个。其中，上市公司 4 个，占一级企业的 0.78%；国有企业（全民所有制）230 个，占一级企业的 44.83%；公司制企业（内资有限责任公司）253 个，占一级企业的 49.32%；外商投资企业（包括港、澳、台出资人）3 个，占一级企业的 0.58%；其他类型企业 23 个，占一级企业的 4.49%，如图 4-4 所示。

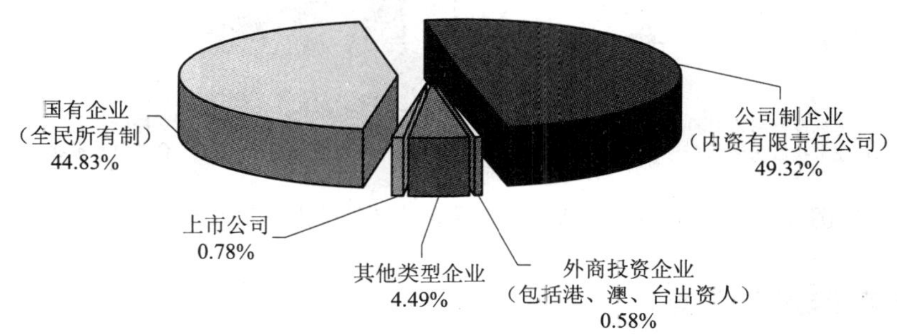

图 4-4　教育部直属高校校办一级企业按企业类型分类的比例

② 二级企业 935 个。其中，上市公司 16 个，占二级企业的 1.71%；国有企业（全民所有制）160 个，占二级企业的 17.11%；公司制企业（内资有限责任公司）719 个，占二级企业的 76.90%；外商投资企业（包括港、澳、台出资人）24 个，占二级企业的 2.57%；其他类型企业 16 个，占二级企业的 1.71%，如图 4-5 所示。

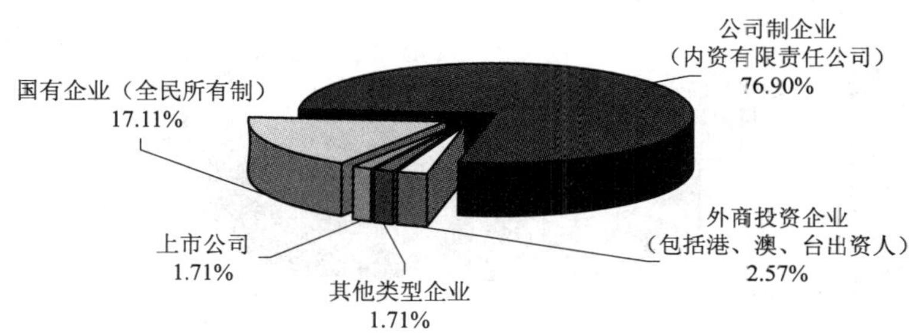

图 4-5　教育部直属高校校办二级企业按企业类型分类的比例

（4）按学校方控制力分类

按学校方控制力统计，参加 2010 年度教育部直属高校校办产业统计工作的 1 448 个企业的具体情况如下：

① 一级企业 513 个。其中，控股企业（合并财务报表）402 个，占一级企业的 78.36%；对其有重要影响力的企业（权益法核算）47 个，占一级企业的 9.16%；参股企业（成本法核算）64 个，占一级企业的 12.48%，如图 4-5 所示。

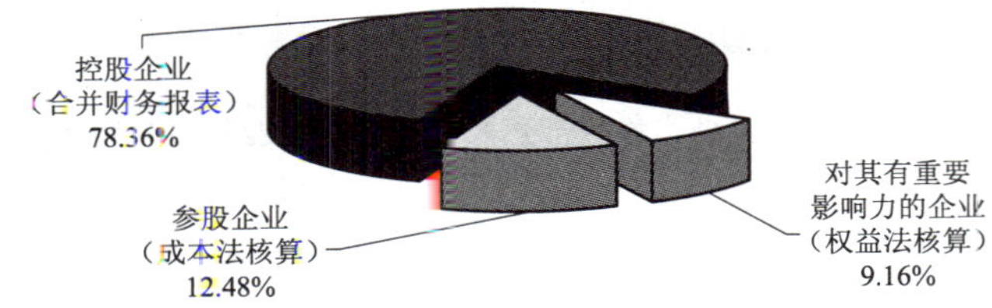

图 4-6　教育部直属高校校办一级企业按学校方控制力分类的比例

② 二级企业 935 个。其中，控股企业（合并财务报表）544 个，占二级企业的 58.18 %；对其有重要影响力的企业（权益法核算）177 个，占二级企业的 18.93%；参股企业（成本法核算）214 个，占二级企业的 22.89%，如图 4-7 所示。

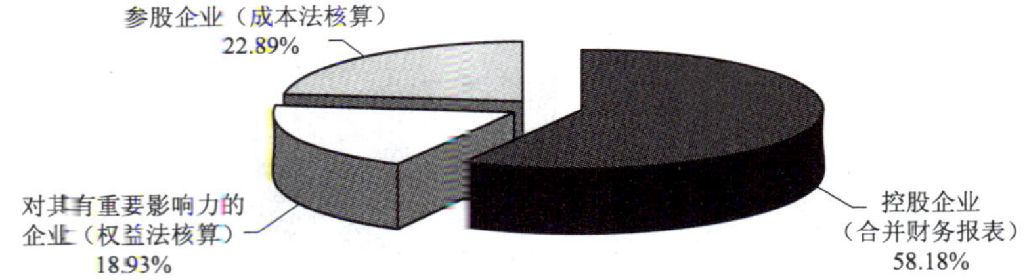

图 4-7　教育部直属高校校办二级企业按学校方控制力分类的比例

（5）按经营活动类型分类

按经营活动类型统计，参加 2010 年度教育部直属高校校办产业统计工作的 1 448 个企业的具体情况如下：

① 一级企业 513 个。其中，科技开发企业 151 个，占一级企业的 29.43%；文化智力企业 70 个，占一级企业的 13.65%；校办工厂（农场）企业 24 个，占一级企业的 4.68%；投资管理企业 64 个，占一级企业的 12.48%；后勤服务企业 55 个，占一级企业的 10.72%；其他类型企业 149 个，占一级企业的 29.04%，如图 4-8 所示。

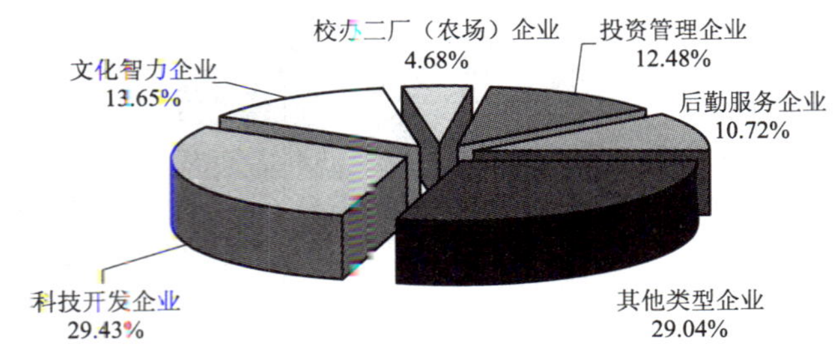

图 4-8　教育部直属高校校办一级企业按经营活动类型分类的比例

② 二级企业 935 个。其中，科技开发企业 418 个，占二级企业的 44.71%；文化智力企业 90 个，占二级企业的 9.63%；校办工厂（农场）企业 22 个，占二级企业的 2.35%；投资管理企业 35 个，占二级企业的 3.74%；后勤服务企业 37 个，占二级企业的 3.96%；其他类型企业 333 个，占二级企业的 35.61%，如图 4-9 所示。

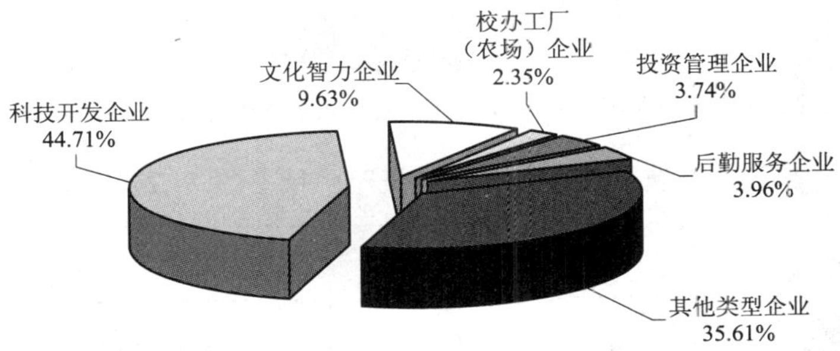

图 4-9　教育部直属高校校办二级企业按经营活动类型分类的比例

2. 资产状况

① 2010 年末，教育部直属高校校办产业的资产总额为 1 977.48 亿元，占全国高校校办产业资产总额（2 292.41 亿元）的 86.26%，如图 4-10 所示。

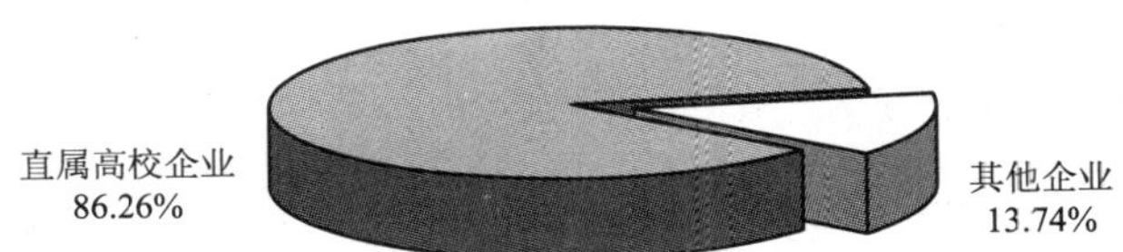

图 4-10　2010 年末教育部直属高校校办产业资产情况

② 2010 年末，教育部直属高校校办产业的负债额为 1 132.55 亿元，占全国高校校办产业负债额（1 314.63 亿元）的 86.15%，如图 4-11 所示。

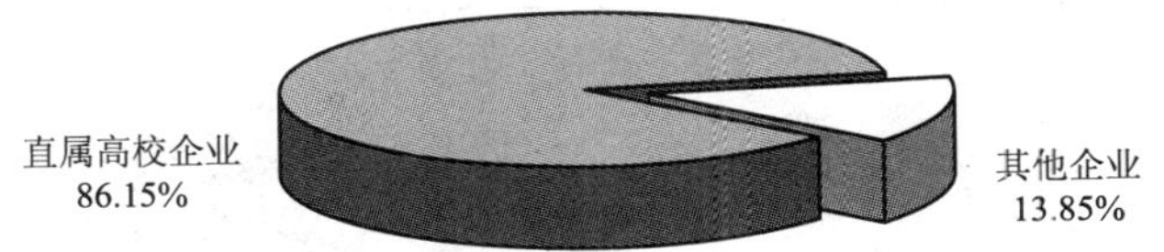

图 4-11　2010 年末教育部直属高校校办产业负债额情况

③ 2010 年末，教育部直属高校校办产业的所有者权益为 844.93 亿元，占全国高校校办产业所有者权益（977.78 亿元）的 86.41%，如图 4-12 所示。

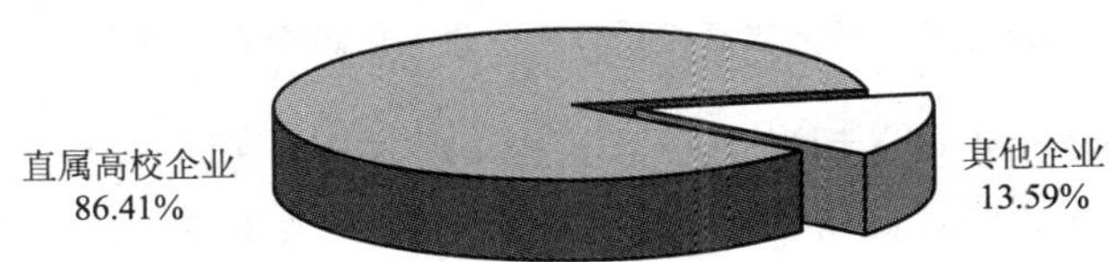

图 4-12　2010 年末教育部直属高校校办产业所有者权益情况

④ 2010 年末，教育部直属高校校办产业归属于学校方股东的所有者权益为 404.40 亿元，

占全国高校校办产业归属于学校方股东所有者权益（513.06 亿元）的 78.82%，如图 4-13 所示。

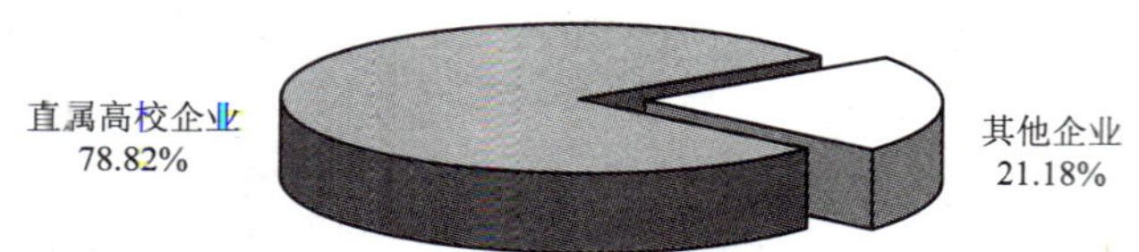

图 4-13　2010 年末教育部直属高校校办产业归属于学校方股东的所有者权益情况

⑤ 2010 年末，教育部直属高校校办产业的资产负债率为 57.27%，如图 4-14 所示。

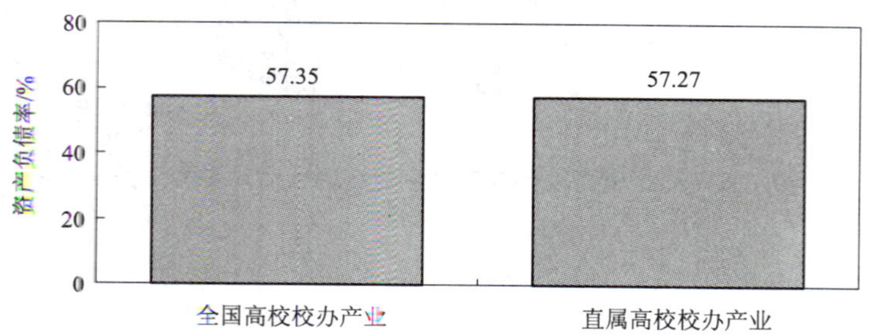

图 4-14　2010 年末教育部直属高校校办产业的资产负债率

3. 经营状况

（1）收入总额情况

① 2010 年度教育部直属高校校办产业收入总额为 1 468.84 亿元，占全国高校校办产业收入总额（1 671.83 亿元）的 87.86%，比 2009 年度教育部直属高校校办产业收入总额（1 242.45 亿元）增加了 226.39 亿元，增长率为 18.22%，如图 4-15 所示。

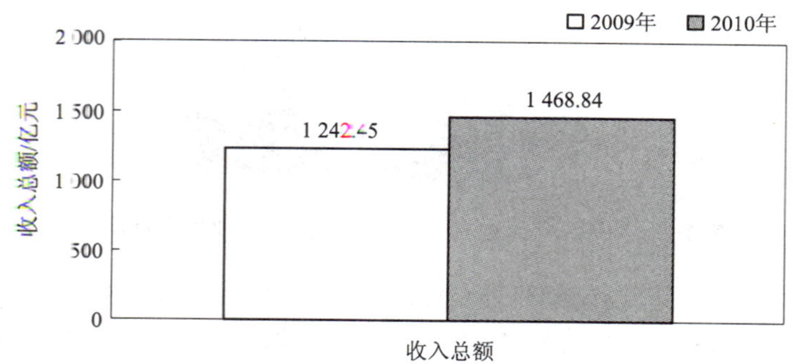

图 4-15　2010 年度教育部直属高校校办产业收入总额情况（与 2009 年度对比）

② 教育部直属高校产业收入超过 10 亿元的 14 所学校分别是北京大学、清华大学、中国石油大学（华东）、东北大学、同济大学、华中科技大学、中山大学、武汉大学、上海交通大学、浙江大学、山东大学、北京外国语大学、中南大学和北京师范大学，各校收入总额如表 4-1 所示。以上高校所属产业收入总额共计 1 338.95 亿元，占直属高校校办产业收入总额的 91.16%，占全国高校校办产业收入总额的 80.09%，如图 4-16 所示。

表 4-1　2010 年度校办产业收入超过 10 亿元的 14 所教育部直属高校

单位：亿元

序号	学 校 名 称	收入总额
1	北京大学	626.95
2	清华大学	350.33
3	中国石油大学（华东）	87.61
4	东北大学	65.19
5	同济大学	42.36
6	华中科技大学	38.67
7	中山大学	25.93
8	武汉大学	20.09
9	上海交通大学	17.58
10	浙江大学	14.84
11	山东大学	13.62
12	北京外国语大学	12.93
13	中南大学	12.05
14	北京师范大学	10.80
合　　计		1 338.95

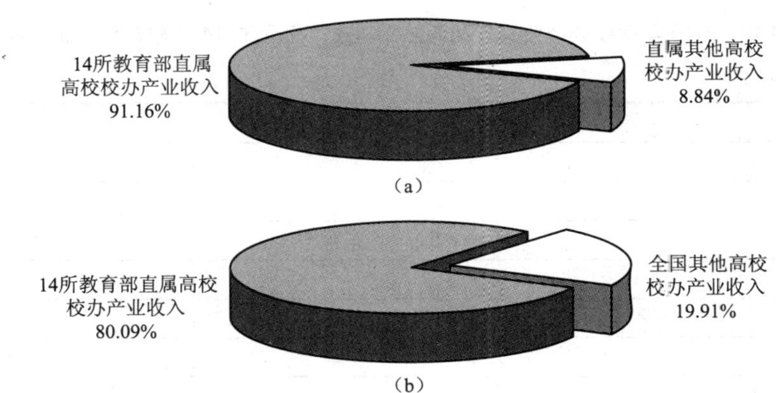

图 4-16　2010 年度教育部直属高校产业收入超过 10 亿元的 14 所学校收入总额情况

（a）14 所教育部直属高校与直属其他高校校办产业收入总额占比；

（b）14 所教育部直属高校与全国其他高校校办产业收入总额占比

（2）利润总额情况

①2010 年度教育部直属高校校办产业实现利润总额为 87.76 亿元，占 2010 年度全国高校校办产业实现利润总额（100.28 亿元）的 87.51%，比 2009 年度教育部直属高校校办产业利润总额（77.81 亿元）增加了 9.95 亿元，增长率为 12.79%，如图 4-17 所示。

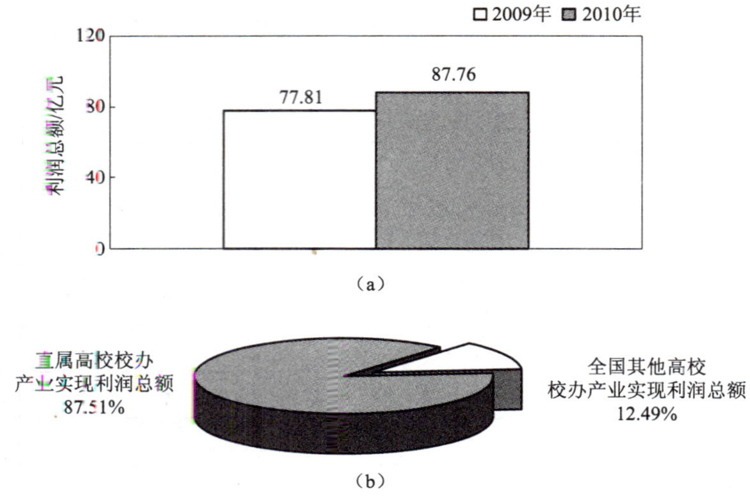

图 4-17　2010 年度教育部直属高校校办产业实现利润总额情况

（a）2010 年度教育部直属高校校办产业实现利润总额（与 2009 年度对比）；

（b）教育部直属高校校办产业实现的利润总额占比

②教育部直属高校校办产业利润总额超过 1 亿元的学校有 14 所，它们分别是：北京大学、清华大学、东北大学、华中科技大学、中国石油大学（华东）、同济大学、山东大学、武汉大学、浙江大学、上海交通大学、南京大学、中南大学、中山大学和北京师范大学，各校利润总额见表 4-2。以上高校所属企业利润总额共计 75.90 亿元，占教育部直属高校企业利润总额的 86.49%，占全国高校产业利润总额的 75.69%，如图 4-18 所示。

表 4-2　2010 年度校办产业实现利润总额超过 1 亿元的 14 所教育部直属高校

单位：亿元

序号	学　校　名　称	利润总额
1	北京大学	30.12
2	清华大学	11.41
3	东北大学	6.91
4	华中科技大学	5.18
5	中国石油大学（华东）	5.13
6	同济大学	4.46
7	山东大学	2.40
8	武汉大学	1.89
9	浙江大学	1.82
10	上海交通大学	1.46
11	南京大学	1.45
12	中南大学	1.43
13	中山大学	1.15
14	北京师范大学	1.09
合　计		75.90

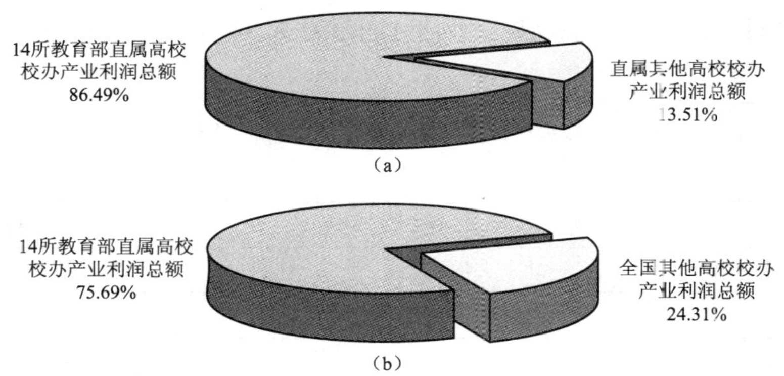

图 4-18　2010 年度教育部直属高校校办产业利润总额超过 1 亿元的 14 所学校实现利润总额情况

（a）14 所教育部直属高校与直属其他高校校办产业实现利润总额占比；

（b）14 所教育部直属高校与全国其他高校校办产业实现利润总额占比

（3）净利润额情况

① 2010 年度教育部直属高校校办产业共实现净利润额 72.01 亿元，占 2010 年度全国高校校办产业实现净利润额（82.00 亿元）的 87.82%，比 2009 年度教育部直属高校校办产业实现净利润额（48.58 亿元）增长了 23.43 亿元，增长率为 48.23%，如图 4-19 所示。

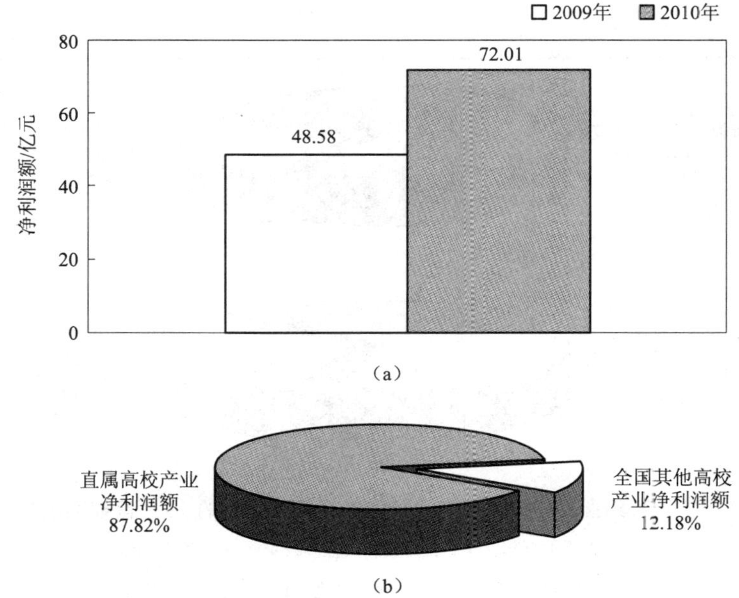

图 4-19　2010 年度教育部直属高校校办产业实现净利润额情况

（a）2010 年度教育部直属高校校办产业实现净利润额（与 2009 年度对比）；

（b）教育部直属高校校办产业实现净利润额占比

② 教育部直属高校校办产业净利润额超过 1 亿元的学校有 11 所，它们分别是：北京大学、清华大学、东北大学、华中科技大学、中国石油大学（华东）、同济大学、山东大学、浙江大学、武汉大学、南京大学和上海交通大学（其净利润额见表 4-3）。以上高校所属企业净

利润额共计 59.11 亿元，占直属高校企业净利润额的 82.09%，占全国高校产业净利润额的 72.09%，如图 4-20 所示。

表 4-3　2010 年度校办产业净利润额超过 1 亿元的 11 所教育部直属高校

单位：亿元

序号	学　校　名　称	净利润额
1	北京大学	23.95
2	清华大学	9.92
3	东北大学	6.18
4	华中科技大学	4.35
5	中国石油大学（华东）	4.06
6	同济大学	3.54
7	山东大学	2.02
8	浙江大学	1.49
9	武汉大学	1.37
10	南京大学	1.21
11	上海交通大学	1.02
合　　计		59.11

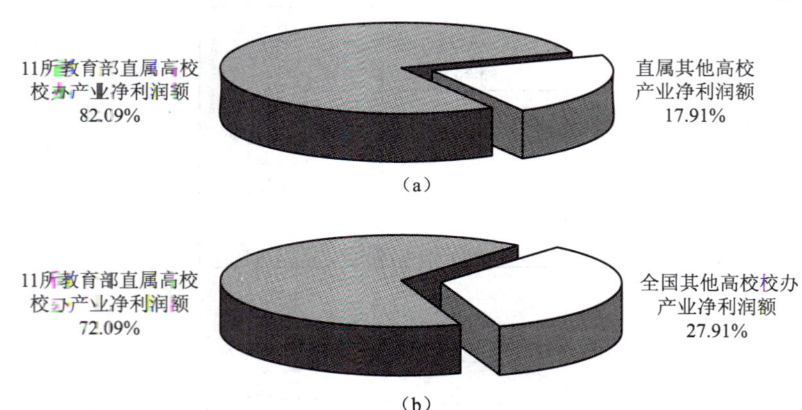

图 4-20　2010 年度教育部直属高校校办产业净利润超过 1 亿元的 11 所高校实现的净利润额情况

（a）11 所教育部直属高校与直属其他高校企业净利润额占比；

（b）11 所教育部直属高校与全国其他高校校办产业净利润额占比

（4）归属于学校方股东的净利润额情况

① 2010 年度教育部直属高校校办产业归属于学校方股东的净利润额为 31.63 亿元，占全国高校校办产业归属于学校方股东净利润额（38.27 亿元）的 82.65%，比 2009 年度教育部直属高校校办产业归属于学校方股东的净利润额（32.46 亿元）减少了 0.83 亿元，降低了 2.56%，如图 4-21 所示。

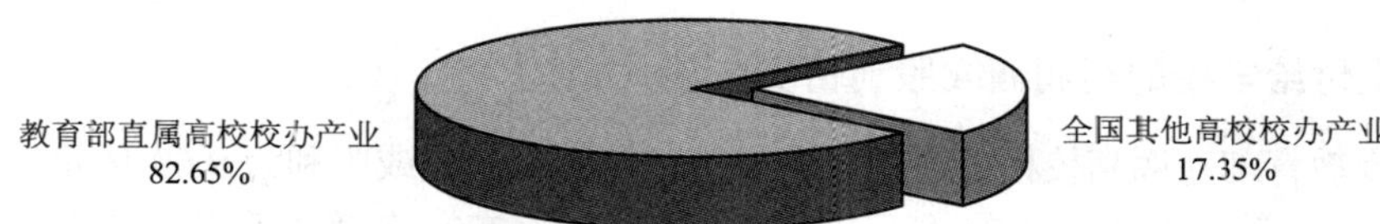

图 4-21　2010 年度教育部直属高校校办产业归属于学校方股东的净利润额情况

② 教育部直属高校校办产业归属于学校方股东的净利润额超过 1 亿元的学校有 8 所，它们分别是：北京大学、中国石油大学（华东）、清华大学、同济大学、华中科技大学、东北大学、浙江大学、上海交通大学，其归属于学校方股东的净利润额见表 4-4。以上高校所属企业净利润额共计 22.35 亿元，占直属高校企业归属于学校方股东净利润额的 70.66%，占全国高校产业归属于学校方股东净利润额的 58.40%，如图 4-22 所示。

表 4-4　2010 年度校办产业归属于学校方股东的净利润额超过 1 亿元的 8 所教育部直属高校

单位：亿元

序号	学　校　名　称	归属于学校方股东的净利润额
1	北京大学	8.27
2	中国石油大学（华东）	3.38
3	清华大学	3.29
4	同济大学	2.22
5	华中科技大学	1.68
6	东北大学	1.39
7	浙江大学	1.10
8	上海交通大学	1.02
合　计		22.35

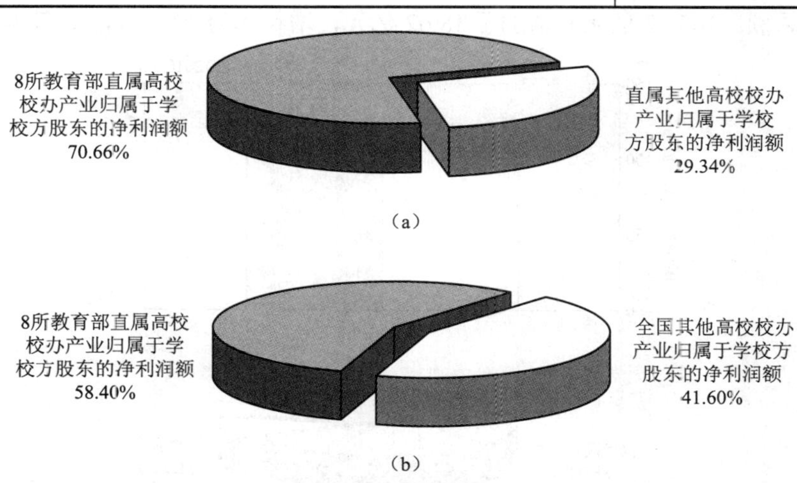

图 4-22　2010 年度教育部直属高校校办产业归属于学校方股东的净利润超过 1 亿元的 8 所学校归属于学校方股东的净利润额情况

（a）8 所教育部直属高校与直属其他高校校办产业归属于学校方股东的净利润额占比；

（b）8 所教育部直属高校与全国其他高校校办产业归属于学校方股东的净利润额占比

（5）已支付给学校的利润额或股利情况

2010 年度教育部直属高校校办产业已支付给学校的利润额或股利为 9.69 亿元，占全国高校校办产业应分配给学校股利（11.74 亿元）的 82.54%，比 2009 年度教育部直属高校校办产业已支付给学校的利润额或股利（7.13 亿元）增加了 2.56 亿元，增长率为 35.90%，如图 4-23 所示。

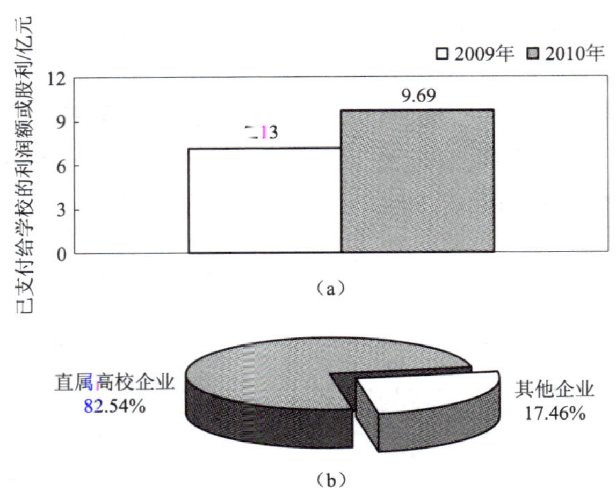

图 4-23　2010 年度教育部直属高校校办产业已支付给学校的利润额或股利情况

（a）2010 年度教育部直属高校校办产业已支付给学校的利润额或股利（与 2009 年度对比）；

（b）教育部直属高校产业已支付给学校的利润额或股利占比

（6）上交税金情况

2010 年度教育部直属高校校办产业向国家缴纳税金总额为 123.24 亿元，占全国高校校办产业向国家缴纳税金总额（139.92 亿元）的 88.08%，比 2009 年度教育部直属高校校办产业向国家缴纳税金总额（105.22 亿元）增加了 18.02 亿元，增长率为 17.13%，如图 4-24 所示。

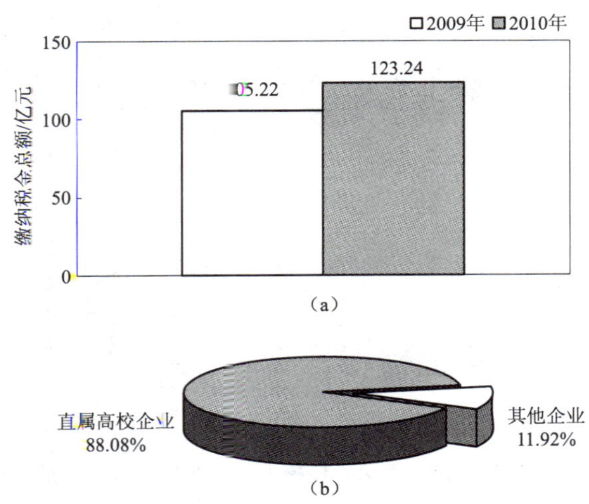

图 4-24　2010 年度教育部直属高校校办产业上交税金情况

（a）2010 年度教育部直属高校校办产业向国家缴纳税金总额（与 2009 年度对比）；

（b）教育部直属高校产业向国家缴纳税金占比

4. 人员状况

2010 年末，教育部直属高校校办产业职工总人数共计 30.82 万人（学校事业编制人数 13 380 人），其中接受高等教育的人员 16.82 万人，占校企人员总数的 54.57%；研究开发人员 6.76 万人，占校企人员总数的 21.93%；专职管理人员 2.80 万人，占校企人员总数的 9.09%。教育部直属高校校办企业接纳学生实习人数达 30.86 万人次，累计工时 1 069.60 万小时。此外，教育部直属高校校办企业还参与了硕士生、博士生的培养工作，2010 年度参与培养博士生 1 399 名、硕士生 4 694 名，如图 4-25 所示。

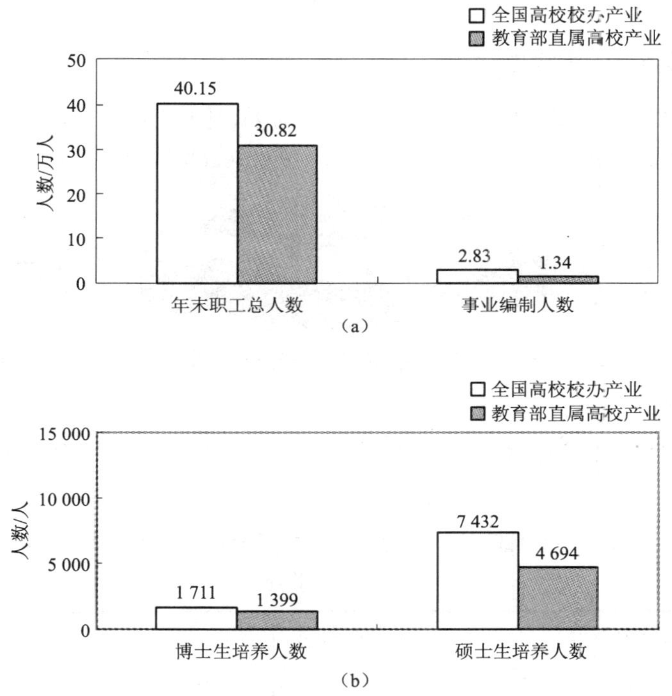

图 4-25　2010 年末教育部直属高校校办产业人员情况及参与培养博士生、硕士生情况

（a）直属高校校办产业职工情况；（b）直属高校校办企业参与培养研究生情况

5. 科技创新指标

（1）获授权的专利

2010 年末，教育部直属高校校办产业获授权的专利共 1 263 项，占全国高校校办产业获授权专利项（1 599 项）的 78.99%，如图 4-26 所示。

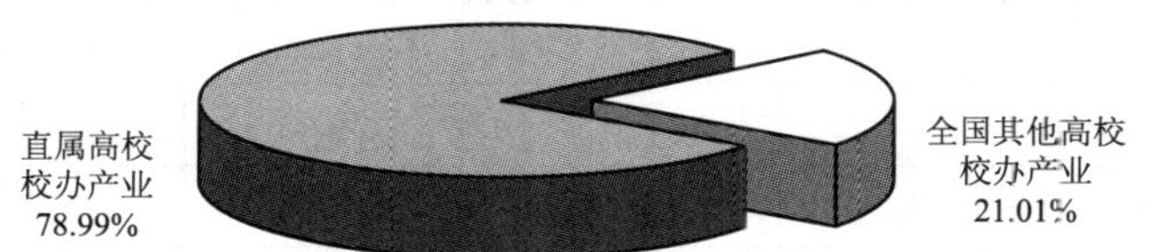

图 4-26　2010 年末教育部直属高校校办产业获授权的专利占比

（2）登记的计算机软件及集成电路版权

2010 年末，教育部直属高校校办产业登记的计算机软件及集成电路版权共 763 项，占全国高校校办产业登记的计算机软件及集成电路版权项（803 项）的 95.02%，如图 4-27 所示。

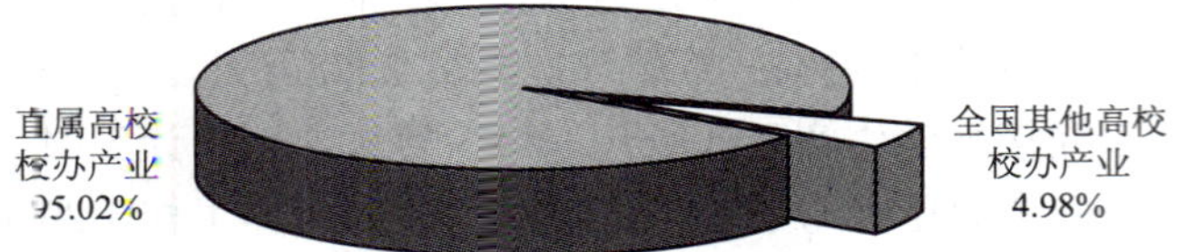

图 4-27　2010 年末教育部直属高校校办产业登记的计算机软件及集成电路版权占比

（3）获省市部委、国家级的奖项

2010 年末，教育部直属高校校办产业获省市部委、国家级的奖项 1 061 项，占全国高校校办产业获省市部委、国家级奖项数（1 230 项）的 86.26%，如图 4-28 所示。

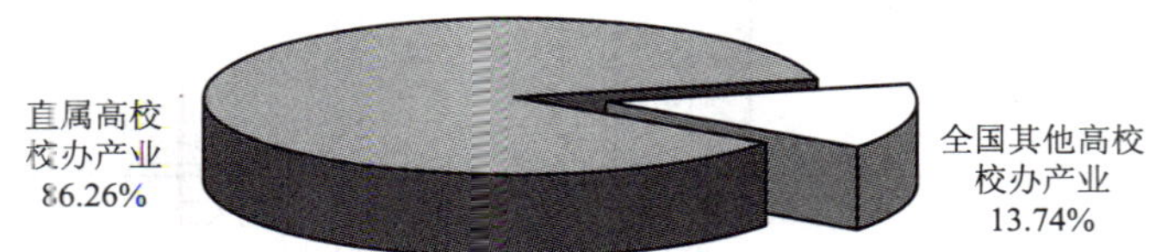

图 4-28　2010 年末教育部直属高校校办产业获省市部委、国家级奖项占比

6. 2010 年度教育部直属高校校办产业统计综合分析附表

附表 1　教育部直属高校校办企业按工商登记注册类型分类表

2010 年 12 月 31 日

按工商登记注册类型分类	一级企业数/家	所占比例/%	二级企业数/家	所占比例/%
上市公司	4	0.78	16	1.71
国有企业（全民所有制）	230	44.83	160	17.11
公司制企业（内资有限责任公司）	253	49.32	719	76.90
外商投资企业（包括港、澳、台出资人）	3	0.58	24	2.57
其他类型企业	23	4.49	16	1.71
合　　计	513	100.00	935	100.00

附表 2　教育部直属高校校办企业按企业经营活动类型分类表

2010 年 12 月 31 日

按企业经营活动类型分类	一级企业数/家	所占比例/%	二级企业数/家	所占比例/%
科技开发	151	29.43	418	44.71
文化智力	70	13.65	90	9.63
校办工厂（农场）	24	4.68	22	2.35

续表

按企业经营活动类型分类	一级企业数/家	所占比例/%	二级企业数/家	所占比例/%
投资管理	64	12.48	35	3.74
后勤服务	55	10.72	37	3.96
其他类型	149	29.04	333	35.61
合　　计	513	100.00	935	100.00

附表 3　教育部直属高校校办企业按学校方控制力类型分类表

2010 年 12 月 31 日

按学校方控制力类型分类	一级企业数/家	所占比例/%	二级企业数/家	所占比例/%
控股企业（合并财务报表）	402	78.36	544	58.18
对其有重要影响力的企业（权益法核算）	47	9.16	177	18.93
参股企业（成本法核算）	64	12.48	214	22.89
合　　计	513	100.00	935	100.00

附表 4　教育部直属高校校办产业资产总额排名情况一览表

2010 年 12 月 31 日　　单位：万元

序号	学　校　名　称	资产总额
1	北京大学	6 853 353.85
2	清华大学	5 107 201.13
3	东北大学	1 196 306.01
4	同济大学	711 519.86
5	华中科技大学	614 569.87
6	上海交通大学	565 340.04
7	中国石油大学（华东）	398 432.07
8	浙江大学	394 972.15
9	中南大学	341 194.28
10	西南交通大学	294 044.28
11	北京外国语大学	259 296.13
12	山东大学	239 836.96
13	中山大学	238 142.99
14	武汉大学	234 700.64
15	复旦大学	221 445.73
16	重庆大学	159 200.76
17	南京大学	145 239.25

续表

序号	学 校 名 称	资产总额
18	北京师范大学	133 622.29
19	西安交通大学	128 872.94
20	天津大学	105 939.57
21	湖南大学	97 779.26
22	华南理工大学	89 680.16
23	上海外国语大学	87 963.73
24	中国人民大学	83 282.68
25	四川大学	76 611.36
26	武汉理工大学	71 219.40
27	中国农业大学	66 026.82
28	厦门大学	57 977.22
29	华东师范大学	54 536.22
30	大连理工大学	48 494.00
31	西南大学	48 035.49
32	东南大学	47 014.27
33	北京林业大学	36 602.47
34	河海大学	32 352.94
35	北京科技大学	31 341.78
36	合肥工业大学	29 492.41
37	陕西师范大学	28 735.32
38	吉林大学	26 775.00
39	华东理工大学	25 697.03
40	华中师范大学	24 848.70
41	北京交通大学	24 842.69
42	西北农林科技大学	22 969.01
43	中国药科大学	22 519.26
44	中国石油大学（北京）	22 053.36
45	中国矿业大学（徐州）	20 940.99
46	北京邮电大学	19 866.16
47	北京化工大学	18 813.00
48	上海财经大学	17 308.00
49	长安大学	16 241.66

续表

序号	学 校 名 称	资产总额
50	东北师范大学	14 645.10
51	北京语言大学	13 024.35
52	华北电力大学	12 902.53
53	中国地质大学（北京）	11 894.79
54	电子科技大学	11 671.62
55	中国海洋大学	10 899.01
56	兰州大学	10 112.37
57	江南大学	10 005.07
58	中国政法大学	9 591.72
59	南开大学	9 563.82
60	西南财经大学	9 026.10
61	东北林业大学	8 700.15
62	西安电子科技大学	8 425.12
63	南京农业大学	7 770.11
64	中国矿业大学（北京）	7 266.32
65	东华大学	5 166.54
66	中国地质大学（武汉）	4 476.88
67	中南财经政法大学	4 397.21
68	北京中医药大学	3 485.95
69	华中农业大学	2 981.79
70	中国传媒大学	2 914.12
71	对外经济贸易大学	1 636.00
72	中央音乐学院	981.27
73	中央戏剧学院	32.42
合 计		19 774 821.55

附表 5 教育部直属高校校办产业负债总额排名情况一览表

2010 年 12 月 31 日　　单位：万元

序号	学 校 名 称	负债总额
1	北京大学	4 293 512.16
2	清华大学	3 043 538.49
3	同济大学	474 227.71

续表

序号	学 校 名 称	负债总额
4	上海交通大学	384 705.83
5	华中科技大学	313 507.63
6	东北大学	305 730.46
7	中国石油大学（华东）	294 315.86
8	浙江大学	280 751.83
9	西南交通大学	229 309.63
10	中山大学	142 458.85
11	中南大学	137 889.58
12	重庆大学	121 721.62
13	复旦大学	103 766.25
14	北京外国语大学	101 755.08
15	山东大学	101 199.06
16	西安交通大学	96 343.66
17	湖南大学	91 547.99
18	武汉大学	83 489.29
19	南京大学	76 167.06
20	天津大学	61 934.32
21	华南理工大学	47 516.33
22	中国农业大学	41 069.79
23	武汉理工大学	39 780.24
24	厦门大学	36 723.04
25	北京师范大学	33 618.35
26	四川大学	27 350.59
27	北京林业大学	20 195.60
28	大连理工大学	20 042.00
29	西南大学	17 881.77
30	上海外国语大学	17 857.44
31	河海大学	17 544.17
32	华东师范大学	16 557.66
33	合肥工业大学	16 417.08
34	吉林大学	15 234.78

续表

序号	学 校 名 称	负债总额
35	北京科技大学	15 102.78
36	中国人民大学	14 533.70
37	中国药科大学	13 045.05
38	中国石油大学（北京）	12 840.83
39	华中师范大学	12 568.44
40	西北农林科技大学	11 378.22
41	东南大学	11 366.57
42	陕西师范大学	9 910.91
43	北京交通大学	8 182.73
44	北京化工大学	7 289.00
45	长安大学	7 224.16
46	中国矿业大学（徐州）	7 089.80
47	华东理工大学	6 888.02
48	中国地质大学（北京）	6 609.73
49	中国海洋大学	6 558.96
50	中国矿业大学（北京）	5 665.77
51	华北电力大学	5 618.46
52	东北林业大学	5 579.48
53	兰州大学	5 344.34
54	东北师范大学	5 032.60
55	北京邮电大学	4 842.62
56	南开大学	4 777.66
57	江南大学	4 750.48
58	电子科技大学	4 736.00
59	上海财经大学	4 277.00
60	西安电子科技大学	3 379.88
61	西南财经大学	3 290.64
62	中国地质大学（武汉）	2 319.23
63	中南财经政法大学	2 062.20
64	东华大学	1 438.27
65	中国政法大学	1 335.31

续表

序号	学　校　名　称	负债总额
66	南京农业大学	1 115.62
67	北京语言大学	956.04
68	中国传媒大学	937.16
69	中央音乐学院	701.58
70	华中农业大学	635.97
71	北京中医药大学	401.82
72	中央戏剧学院	2.21
73	对外经济贸易大学	2.00
合　　计		11 325 452.44

附表6　教育部直属高校校办产业按所有者权益排名情况一览表

201[illegible]年12月31日　　　　单位：万元

序号	学　校　名　称	所有者权益
1	北京大学	2 559 841.69
2	清华大学	2 063 662.64
3	东北大学	890 575.55
4	华中科技大学	301 062.24
5	同济大学	237 292.15
6	中南大学	203 304.70
7	上海交通大学	180 634.21
8	北京外国语大学	157 541.05
9	武汉大学	151 211.35
10	山东大学	138 637.90
11	复旦大学	117 679.48
12	浙江大学	114 220.32
13	中国石油大学（华东）	104 116.21
14	北京师范大学	100 003.94
15	中山大学	95 684.14
16	上海外国语大学	70 106.29
17	南京大学	69 072.19
18	中国人民大学	68 748.98
19	西南交通大学	64 734.65

续表

序号	学 校 名 称	所有者权益
20	四川大学	49 260.77
21	天津大学	44 005.25
22	华南理工大学	42 163.83
23	华东师范大学	37 978.56
24	重庆大学	37 479.14
25	东南大学	35 647.70
26	西安交通大学	32 529.28
27	武汉理工大学	31 439.16
28	西南大学	30 153.72
29	大连理工大学	28 452.00
30	中国农业大学	24 957.03
31	厦门大学	21 254.18
32	陕西师范大学	18 824.41
33	华东理工大学	18 809.01
34	北京交通大学	16 659.96
35	北京林业大学	16 406.87
36	北京科技大学	16 239.00
37	北京邮电大学	15 023.54
38	河海大学	14 808.77
39	中国矿业大学（徐州）	13 851.19
40	合肥工业大学	13 075.33
41	上海财经大学	13 031.00
42	华中师范大学	12 280.26
43	北京语言大学	12 068.31
44	西北农林科技大学	11 590.79
45	吉林大学	11 540.22
46	北京化工大学	11 524.00
47	东北师范大学	9 612.50
48	中国药科大学	9 474.21
49	中国石油大学（北京）	9 212.53
50	长安大学	9 017.50

续表

序号	学 校 名 称	所有者权益
51	中国政法大学	8 256.41
52	华北电力大学	7 284.07
53	电子科技大学	6 935.62
54	南京农业大学	6 654.49
55	湖南大学	6 231.27
56	西南财经大学	5 735.46
57	中国地质大学（北京）	5 285.06
58	江南大学	5 254.59
59	西安电子科技大学	5 045.24
60	南开大学	4 786.16
61	兰州大学	4 768.03
62	中国海洋大学	4 340.05
63	东华大学	3 728.27
64	东北林业大学	3 120.67
65	北京中医药大学	3 084.13
66	华中农业大学	2 345.82
67	中南财经政法大学	2 335.01
68	中国地质大学（武汉）	2 157.65
69	中国传媒大学	1 976.96
70	对外经济贸易大学	1 634.00
71	中国矿业大学（北京）	1 600.55
72	中央音乐学院	279.69
73	中央戏剧学院	30.21
合 计		8 449 369.11

附表 7 教育部直属高校校办产业按归属于学校方股东的所有者权益排名情况一览表

2010 年 12 月 31 日　　单位：万元

序号	学 校 名 称	归属于学校方股东的所有者权益
1	北京大学	939 396.99
2	清华大学	740 819.33
3	东北大学	376 289.98
4	北京外国语大学	156 721.65

续表

序号	学　校　名　称	归属于学校方股东的所有者权益
5	武汉大学	145 680.76
6	华中科技大学	135 580.41
7	同济大学	117 215.12
8	上海交通大学	97 269.00
9	北京师范大学	96 448.54
10	浙江大学	95 514.30
11	上海外国语大学	69 387.69
12	中国人民大学	68 776.98
13	复旦大学	63 383.98
14	中国石油大学（华东）	60 948.65
15	山东大学	56 463.33
16	天津大学	44 005.25
17	中南大学	42 121.30
18	华南理工大学	40 367.39
19	中山大学	40 128.19
20	四川大学	37 731.88
21	华东师范大学	36 718.73
22	南京大学	35 842.66
23	东南大学	35 223.96
24	重庆大学	33 976.40
25	大连理工大学	25 877.00
26	西南大学	25 719.82
27	西南交通大学	23 185.68
28	中国农业大学	21 769.66
29	厦门大学	21 159.35
30	武汉理工大学	19 592.47
31	西安交通大学	19 153.37
32	陕西师范大学	18 824.41
33	华东理工大学	18 422.48
34	北京交通大学	16 295.30
35	北京邮电大学	15 023.54

续表

序号	学 校 名 称	归属于学校方股东的所有者权益
36	北京科技大学	14 875.49
37	中国矿业大学（徐州）	13 660.85
38	合肥工业大学	13 051.80
39	上海财经大学	13 031.00
40	华中师范大学	12 280.26
41	北京语言大学	12 068.31
42	北京林业大学	11 909.83
43	吉林大学	11 540.22
44	河海大学	10 458.57
45	西北农林科技大学	10 074.62
46	北京化工大学	9 996.00
47	东北师范大学	9 594.20
48	中国药科大学	9 474.21
49	长安大学	9 017.50
50	中国政法大学	8 256.41
51	华北电力大学	7 142.82
52	南京农业大学	6 148.71
53	西南财经大学	5 735.46
54	电子科技大学	5 663.62
55	中国石油大学（北京）	5 527.64
56	湖南大学	5 302.55
57	中国地质大学（北京）	5 285.06
58	江南大学	5 013.50
59	西安电子科技大学	4 986.70
60	南开大学	4 877.93
61	兰州大学	4 229.69
62	中国海洋大学	4 224.70
63	东北林业大学	3 064.85
64	北京中医药大学	3 052.02
65	华中农业大学	2 335.65
66	中南财经政法大学	2 335.01

续表

序号	学 校 名 称	归属于学校方股东的所有者权益
67	中国地质大学（武汉）	2 157.65
68	中国传媒大学	1 976.96
69	对外经济贸易大学	1 634.00
70	中国矿业大学（北京）	1 575.01
71	东华大学	1 099.97
72	中央音乐学院	279.69
合 计		4 043 974.01

附表 8 教育部直属高校校办产业收入总额排名情况一览表

2010 年 12 月 31 日 单位：万元

序号	学 校 名 称	收入总额
1	北京大学	6 269 457.68
2	清华大学	3 503 298.73
3	中国石油大学（华东）	876 109.00
4	东北大学	651 930.56
5	同济大学	423 642.69
6	华中科技大学	386 705.05
7	中山大学	259 301.49
8	武汉大学	200 949.84
9	上海交通大学	175 819.70
10	浙江大学	148 411.53
11	山东大学	136 185.63
12	北京外国语大学	129 274.13
13	中南大学	120 539.08
14	北京师范大学	108 035.75
15	西南交通大学	87 806.95
16	华南理工大学	82 016.10
17	南京大学	79 160.47
18	复旦大学	77 316.46
19	西安交通大学	71 615.84
20	天津大学	69 816.70
21	上海外国语大学	51 199.90

续表

序号	学 校 名 称	收入总额
22	北京林业大学	50 632.20
23	中国人民大学	47 388.29
24	重庆大学	43 030.93
25	武汉理工大学	38 142.70
26	厦门大学	35 356.25
27	华东师范大学	34 914.93
28	东南大学	34 910.18
29	四川大学	33 096.46
30	西南大学	31 125.13
31	大连理工大学	30 760.00
32	长安大学	26 753.63
33	合肥工业大学	26 635.12
34	北京交通大学	26 046.72
35	中国石油大学（北京）	25 465.83
36	北京科技大学	24 706.28
37	中国农业大学	21 396.95
38	湖南大学	20 867.36
39	北京化工大学	18 637.00
40	河海大学	17 703.32
41	中国矿业大学（徐州）	17 340.87
42	中国药科大学	15 172.98
43	中国地质大学（北京）	12 894.28
44	中国矿业大学（北京）	10 668.59
45	兰州大学	10 114.89
46	江南大学	10 065.55
47	东北林业大学	9 784.09
48	东北师范大学	8 853.80
49	华东理工大学	8 283.33
50	陕西师范大学	8 276.24
51	吉林大学	8 252.05
52	华中师范大学	8 129.13

续表

序号	学 校 名 称	收入总额
53	北京语言大学	7 969.83
54	中国海洋大学	6 523.98
55	华北电力大学	5 839.81
56	西北农林科技大学	5 801.33
57	北京邮电大学	5 608.64
58	上海财经大学	4 605.00
59	东华大学	4 528.43
60	南开大学	4 198.92
61	中国政法大学	3 642.51
62	西安电子科技大学	3 067.79
63	电子科技大学	2 750.10
64	西南财经大学	2 705.44
65	南京农业大学	2 366.68
66	中南财经政法大学	1 442.75
67	中国地质大学（武汉）	1 128.77
68	华中农业大学	711.14
69	北京中医药大学	534.87
70	中国传媒大学	463.17
71	中央音乐学院	385.19
72	对外经济贸易大学	146.00
73	中央戏剧学院	5.12
合 计		14 688 423.83

附表 9 教育部直属高校校办产业利润总额排名情况一览表

2010 年 12 月 31 日　　单位：万元

序号	学 校 名 称	利润总额
1	北京大学	301 212.82
2	清华大学	114 102.16
3	东北大学	69 082.28
4	华中科技大学	51 818.83
5	中国石油大学（华东）	51 308.60
6	同济大学	44 634.28

续表

序号	学 校 名 称	利润总额
7	山东大学	23 992.97
8	武汉大学	18 932.98
9	浙江大学	18 201.02
10	上海交通大学	14 645.27
11	南京大学	14 459.52
12	中南大学	14 290.54
13	中山大学	11 482.53
14	北京师范大学	10 935.92
15	上海外国语大学	8 918.42
16	华南理工大学	8 314.69
17	中国人民大学	7 709.81
18	西南交通大学	7 630.03
19	重庆大学	7 101.01
20	北京外国语大学	5 559.15
21	西安交通大学	5 509.74
22	西南大学	5 291.30
23	天津大学	5 206.30
24	北京林业大学	4 903.24
25	复旦大学	4 425.42
26	大连理工大学	4 303.00
27	华东师范大学	4 191.34
28	四川大学	4 046.39
29	中国农业大学	3 738.14
30	中国矿业大学（徐州）	3 513.42
31	合肥工业大学	2 682.15
32	华东理工大学	2 655.49
33	北京语言大学	2 586.60
34	长安大学	2 494.60
35	陕西师范大学	2 214.14
36	武汉理工大学	2 042.42
37	北京科技大学	1 999.49

续表

序号	学　校　名　称	利润总额
38	东南大学	1 544.21
39	河海大学	1 419.57
40	北京交通大学	1 236.33
41	华北电力大学	1 176.29
42	电子科技大学	1 023.00
43	北京化工大学	958.00
44	上海财经大学	917.00
45	中国药科大学	884.85
46	中国矿业大学（北京）	750.19
47	兰州大学	623.49
48	吉林大学	461.54
49	北京邮电大学	460.97
50	东华大学	455.37
51	厦门大学	453.45
52	中国石油大学（北京）	387.97
53	南京农业大学	364.93
54	西北农林科技大学	320.86
55	东北师范大学	128.50
56	西南财经大学	128.38
57	中国政法大学	106.56
58	对外经济贸易大学	104.00
59	华中农业大学	72.76
60	中国地质大学（北京）	70.25
61	江南大学	63.20
62	西安电子科技大学	49.87
63	东北林业大学	37.95
64	中央音乐学院	4.75
65	中南财经政法大学	1.08
66	中央戏剧学院	0.21
67	中国地质大学（武汉）	0.04
68	华中师范大学	−32.64

续表

序号	学 校 名 称	利润总额
69	北京中医药大学	−33.19
70	中国传媒大学	−34.04
71	南开大学	−119.42
72	中国海洋大学	−166.02
73	湖南大学	−2 372.01
合 计		877 584.26

附表 10 教育部直属高校校办产业净利润额排名情况一览表

2010 年 12 月 31 日 单位：万元

序号	学 校 名 称	净利润额
1	北京大学	239 487.14
2	清华大学	99 172.45
3	东北大学	61 845.47
4	华中科技大学	43 450.39
5	中国石油大学（华东）	40 647.10
6	同济大学	35 395.15
7	山东大学	20 191.88
8	浙江大学	14 912.97
9	武汉大学	13 685.24
10	南京大学	12 144.83
11	上海交通大学	10 204.98
12	北京师范大学	9 487.18
13	中山大学	9 390.80
14	中南大学	9 025.91
15	上海外国语大学	8 735.07
16	华南理工大学	6 895.93
17	重庆大学	6 373.18
18	中国人民大学	6 188.33
19	西南交通大学	5 992.97
20	北京外国语大学	5 767.46
21	西南大学	4 516.44
22	天津大学	4 386.85

续表

序号	学 校 名 称	净利润额
23	西安交通大学	4 293.99
24	华东师范大学	4 100.65
25	北京林业大学	4 061.11
26	大连理工大学	3 879.00
27	复旦大学	3 499.08
28	中国农业大学	3 481.35
29	中国矿业大学（徐州）	2 842.95
30	华东理工大学	2 605.51
31	合肥工业大学	2 408.44
32	陕西师范大学	2 213.83
33	长安大学	2 126.02
34	四川大学	1 983.08
35	北京语言大学	1 947.32
36	北京交通大学	1 813.70
37	北京科技大学	1 803.96
38	武汉理工大学	1 763.15
39	河海大学	1 274.89
40	华北电力大学	1 035.67
41	东南大学	996.48
42	中国药科大学	879.28
43	上海财经大学	879.00
44	电子科技大学	812.30
45	北京化工大学	795.00
46	中国矿业大学（北京）	613.42
47	兰州大学	560.74
48	吉林大学	437.52
49	南京农业大学	427.01
50	北京邮电大学	416.81
51	东华大学	405.47
52	中国石油大学（北京）	239.44
53	对外经济贸易大学	104.00

续表

序号	学　校　名　称	净利润额
54	西南财经大学	87.33
55	厦门大学	86.60
56	华中师范大学	86.16
57	华中农业大学	72.76
58	中国政法大学	68.24
59	东北师范大学	60.50
60	中国地质大学（北京）	41.91
61	西北农林科技大学	40.62
62	西安电子科技大学	30.60
63	东北林业大学	18.85
64	中央音乐学院	1.06
65	中央戏剧学院	0.16
66	中国地质大学（武汉）	0.04
67	中南财经政法大学	−0.57
68	江南大学	−8.36
69	中国传媒大学	−34.04
70	北京中医药大学	−36.01
71	南开大学	−121.77
72	中国海洋大学	−181.90
73	湖南大学	−2 664.11
合　计		720 145.96

附表 11　教育部直属高校校办产业归属于学校方股东的净利润额排名情况一览表

2010 年 12 月 31 日　　单位：万元

序号	学　校　名　称	归属于学校方股东的净利润额
1	北京大学	82 675.22
2	中国石油大学（华东）	33 827.00
3	清华大学	32 912.22
4	同济大学	22 199.73
5	华中科技大学	16 755.28
6	东北大学	13 903.96
7	浙江大学	11 024.03

续表

序号	学 校 名 称	归属于学校方股东的净利润额
8	上海交通大学	10 216.94
9	上海外国语大学	8 722.81
10	北京外国语大学	8 663.39
11	南京大学	7 637.34
12	华南理工大学	6 806.19
13	中国人民大学	6 188.33
14	山东大学	5 765.02
15	华东师范大学	4 116.32
16	中南大学	4 056.42
17	重庆大学	4 014.86
18	中山大学	3 606.45
19	大连理工大学	3 349.00
20	西安交通大学	3 227.01
21	中国农业大学	3 102.11
22	武汉大学	3 006.30
23	中国矿业大学（徐州）	2 834.58
24	北京林业大学	2 506.69
25	合肥工业大学	2 284.97
26	华东理工大学	1 982.60
27	北京语言大学	1 890.57
28	北京科技大学	1 703.23
29	四川大学	1 472.14
30	复旦大学	1 382.76
31	武汉理工大学	1 269.49
32	东南大学	922.26
33	河海大学	889.94
34	电子科技大学	812.30
35	北京师范大学	769.35
36	北京化工大学	723.00
37	北京交通大学	627.17
38	中国矿业大学（北京）	578.53

续表

序号	学 校 名 称	归属于学校方股东的净利润额
39	兰州大学	463.14
40	南京农业大学	427.01
41	北京邮电大学	416.81
42	华北电力大学	280.80
43	上海财经大学	266.00
44	西北农林科技大学	127.90
45	对外经济贸易大学	104.00
46	东华大学	90.90
47	东北林业大学	82.00
48	西南大学	77.87
49	华中农业大学	72.76
50	东北师范大学	59.50
51	中国地质大学（北京）	47.04
52	中南财经政法大学	9.71
53	中国政法大学	2.61
54	中央戏剧学院	0.16
55	中国地质大学（武汉）	0.04
56	中国传媒大学	0.00
57	西南财经大学	0.00
58	中国药科大学	–0.05
59	北京中医药大学	–0.18
60	江南大学	–8.36
61	长安大学	–11.49
62	南开大学	–11.92
63	华中师范大学	–17.99
64	陕西师范大学	–30.50
65	西安电子科技大学	–34.17
66	吉林大学	–34.82
67	中国石油大学（北京）	–71.07
68	厦门大学	–154.40
69	中国海洋大学	–181.01
70	西南交通大学	–1 414.20
71	湖南大学	–2 664.11
合 计		316 319.49

附表 12　教育部直属高校校办产业收入总额过亿元一级企业排名情况一览表（不含资产公司）

2010 年 12 月 31 日　　单位：万元

序号	企　业　名　称	收入总额
1	外语教学与研究出版社有限责任公司	98 477.89
2	北京师范大学出版社	81 868.33
3	上海交大企业管理中心	63 631.65
4	上海复旦复华科技股份有限公司	61 620.07
5	上海外语教育出版社有限公司	41 784.43
6	浙江大学建筑设计研究院	36 352.91
7	北京清华城市规划设计研究院	34 379.49
8	中国人民大学出版社有限公司	33 930.00
9	北京大学出版社	30 881.00
10	华东师范大学出版社有限公司	28 763.89
11	天津市天大北洋化工设备有限公司	21 679.72
12	北京外语音像出版社有限公司	16 949.00
13	天津大学建筑设计研究院	15 638.70
14	北京石大中油油品销售公司	15 168.00
15	成都西南交通大学科技园管理有限责任公司	11 924.53
16	南京大学出版社有限公司	11 340.36
17	东南大学建筑设计研究院	11 234.00
18	合肥工业大学建筑设计研究院	10 943.00
19	北京矿大能源安全科技有限公司	10 273.59

附表 13　教育部直属高校校办产业利润总额过千万元一级企业排名情况一览表（不含资产公司）

2010 年 12 月 31 日　　单位：万元

序号	企　业　名　称	利润总额
1	外语教学与研究出版社有限责任公司	12 170.08
2	北京师范大学出版社	9 911.43
3	上海外语教育出版社有限公司	8 460.27
4	北京大学出版社	7 088.00
5	中国人民大学出版社有限公司	6 261.00
6	上海交大企业管理中心	5 101.50
7	天津市天大北洋化工设备有限公司	4 648.05
8	华东师范大学出版社有限公司	4 157.78

续表

序号	企 业 名 称	利润总额
9	中工武大设计研究院有限公司	3 980.00
10	浙江大学建筑设计研究院	3 674.14
11	上海复旦复华科技股份有限公司	3 069.76
12	北京中农大科技企业孵化器有限公司	2 778.14
13	北京语言大学出版社有限公司	2 520.76
14	重庆重大远兴科技发展有限公司	1 914.00
15	重庆大学建筑设计研究院	1 396.00
16	重庆大学城市规划与研究院	1 386.00
17	北京清华城市规划设计研究院	1 163.68
18	中国人民大学书报资料中心	1 076.14

附表 14 教育部直属高校校办产业净利润额过千万元一级企业排名情况一览表（不含资产公司）

2010 年 12 月 31 日　　　　单位：万元

序号	企 业 名 称	净利润额
1	外语教学与研究出版社有限责任公司	12 148.52
2	北京师范大学出版社	8 845.85
3	上海外语教育出版社有限公司	8 423.31
4	北京大学出版社	6 339.00
5	中国人民大学出版社有限公司	5 037.00
6	华东师范大学出版社有限公司	4 102.54
7	天津市天大北洋化工设备有限公司	3 950.84
8	浙江大学建筑设计研究院	3 200.58
9	北京中农大科技企业孵化器有限公司	2 778.14
10	上海交大企业管理中心	2 491.90
11	中工武大设计研究院有限公司	2 300.00
12	上海复旦复华科技股份有限公司	2 043.96
13	北京语言大学出版社有限公司	1 890.57
14	重庆重大远兴科技发展有限公司	1 678.00
15	重庆大学建筑设计研究院	1 200.00
16	重庆大学城市规划与研究院	1 188.00

五、2010 年度教育部直属高校校办科技企业统计分析

1. 教育部直属高校校办科技企业概况

2010 年度参加教育部直属高校校办产业统计工作的科技企业共计 599 个。其中，一级企业 164 个，占 27.38%；二级企业 435 个，占 72.62%，如图 5-1 所示。

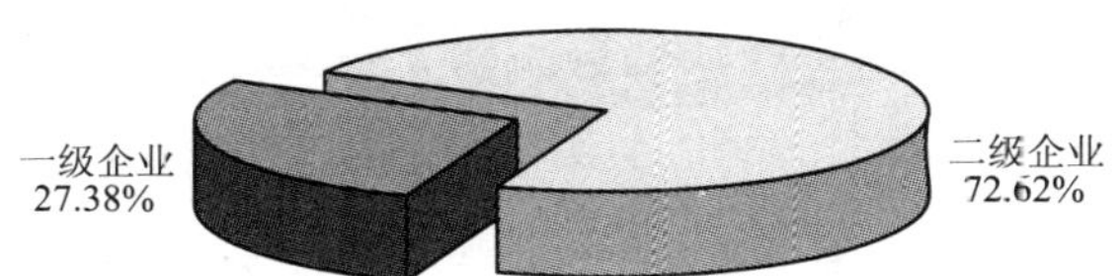

图 5-1　2010 年度参加教育部直属高校校办产业统计工作的科技企业一、二级企业占比

2. 资产状况

① 2010 年末，教育部直属高校校办科技企业资产总额为 1 395.85 亿元，占教育部直属高校校办产业资产总额（1 977.48 亿元）的 70.59%，占全国高校校办科技企业资产总额（1 492.44 亿元）的 93.53%，如图 5-2 所示。

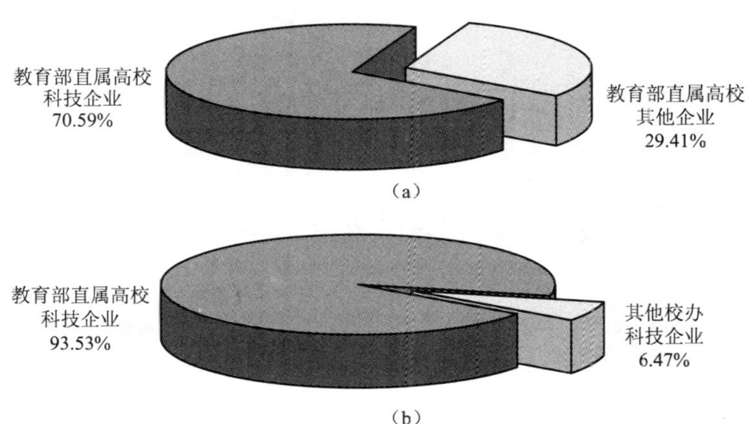

图 5-2　2010 年末参加教育部直属高校校办产业统计工作的科技企业资产总额情况

（a）占教育部直属高校校办产业资产份额；（b）占全国高校校办科技企业资产份额

②2010 年末，教育部直属高校校办科技企业负债额为 826.89 亿元，占教育部直属高校校办产业负债额（1 132.55 亿元）的 73.01%，占全国高校校办科技企业负债额（879.23 亿元）的 94.05%，如图 5-3 所示。

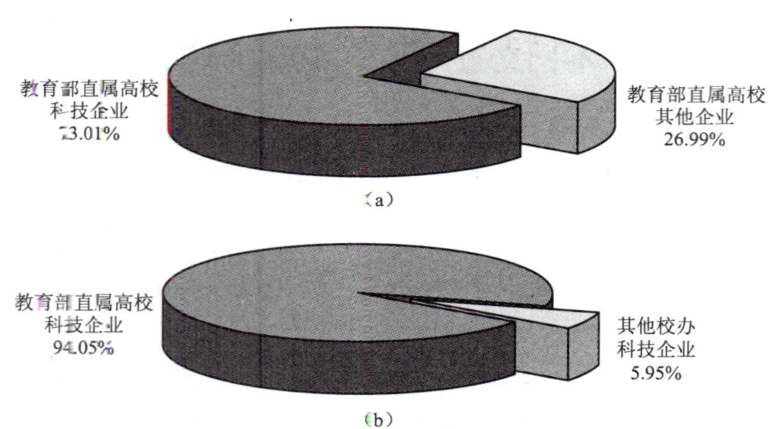

图 5-3　2010 年末教育部直属高校校办科技企业负债情况

（a）占教育部直属高校校办产业负债份额；（b）占全国高校校办科技企业负债份额

③2010 年末，教育部直属高校校办科技企业所有者权益为 568.96 亿元，占教育部直属高校校办产业所有者权益（844.93 亿元）的 67.34%，占全国高校校办科技企业所有者权益（613.21 亿元）的 92.78%，如图 5-4 所示。

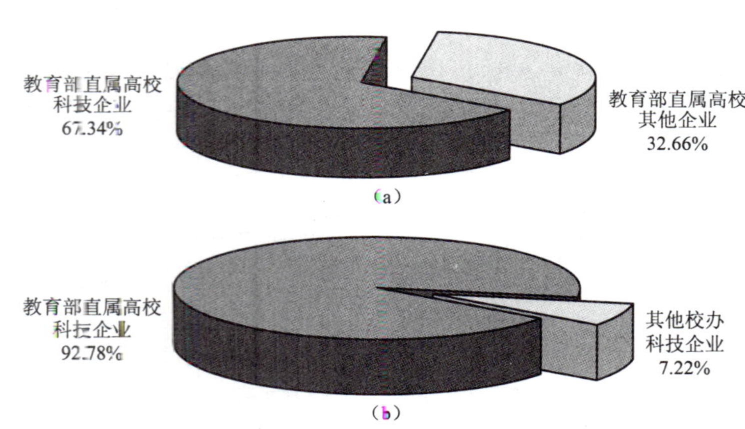

图 5-4　2010 年末教育部直属高校校办科技企业所有者权益情况

（a）占教育部直属高校校办产业所有者权益的份额；（b）占全国高校校办科技企业所有者权益的份额

④2010 年末，教育部直属高校校办科技企业归属于学校方股东的所有者权益为 205.53 亿元，占教育部直属高校校办产业归属于学校方股东的所有者权益（404.40 亿元）的 50.82%，占全国高校校办科技企业归属于学校方股东的所有者权益（247.88 亿元）的 82.92%，如图 5-5 所示。

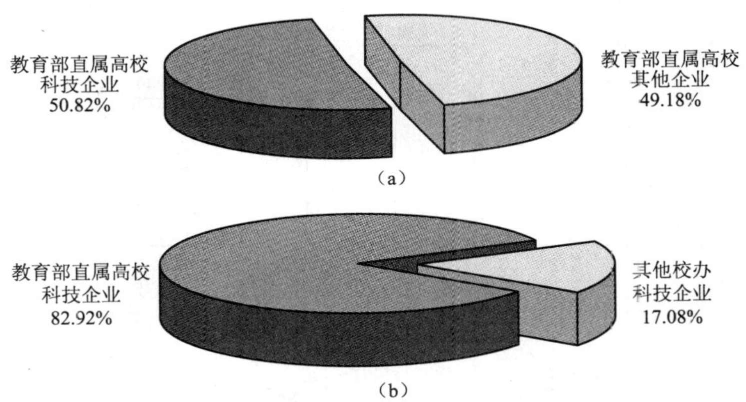

图 5-5　2010 年末教育部直属高校校办科技企业归属于学校方股东的所有者权益情况

（a）占教育部直属高校校办产业归属于学校方股东的所有者权益的份额；

（b）占全国高校校办科技企业归属于学校方股东的所有者权益的份额

⑤ 2010 年末，教育部直属高校校办科技企业的资产负债率为 59.24%，如图 5-6 所示。

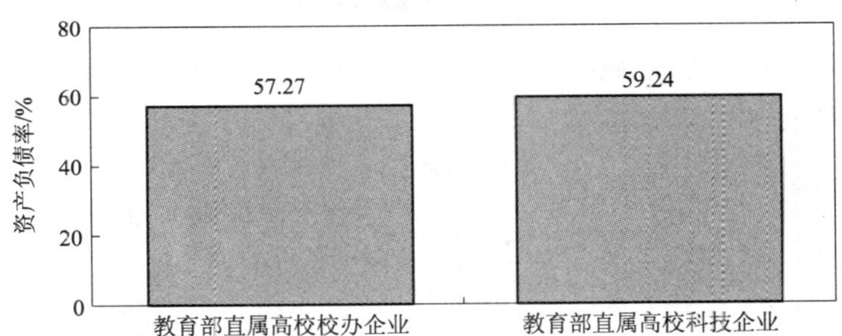

图 5-6　2010 年末教育部直属高校校办企业与科技企业资产负债率

3. 经营状况

（1）收入总额情况

2010 年度教育部直属高校校办科技企业收入总额为 1 084.49 亿元，占教育部直属高校校办产业收入总额（1 468.84 亿元）的 73.83%，占全国高校科技企业收入总额（1 135.49 亿元）的 95.51%，比 2009 年度教育部直属高校科技企业收入总额（946.62 亿元）增加了 137.87 亿元，增长率为 14.56%，如图 5-7 所示。

（2）利润总额情况

2010 年度教育部直属高校校办科技企业实现利润总额为 57.34 亿元，占教育部直属高校校办产业实现利润总额（87.76 亿元）的 65.34%，占全国高校科技企业实现利润总额（62.28 亿元）的 92.07%，比 2009 年度教育部直属高校科技企业实现利润总额（46.84 亿元）增加了 10.50 亿元，增长率为 22.42%，如图 5-8 所示。

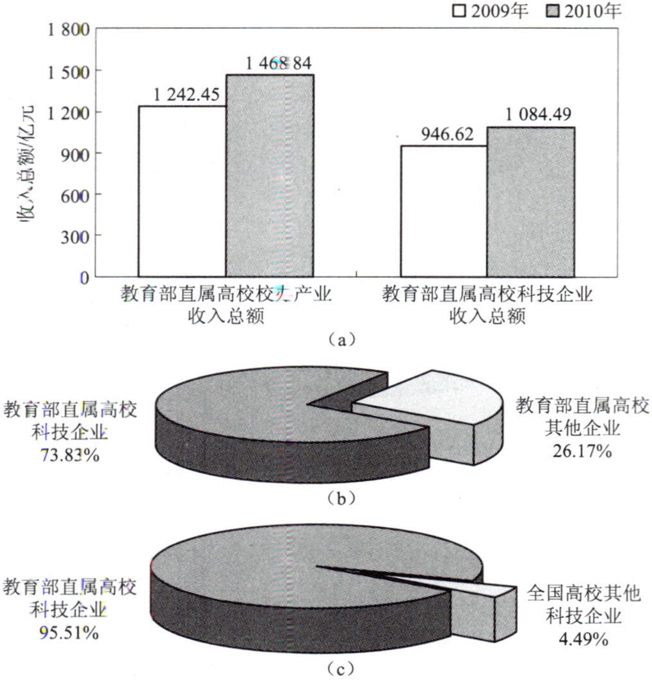

图 5-7　2010 年度教育部直属高校校办科技企业收入总额情况

（a）校办产业和科技企业收入总额（与 2009 年度对比）；（b）占校办产业收入总额的份额；

（c）占校办科技企业收入总额的份额

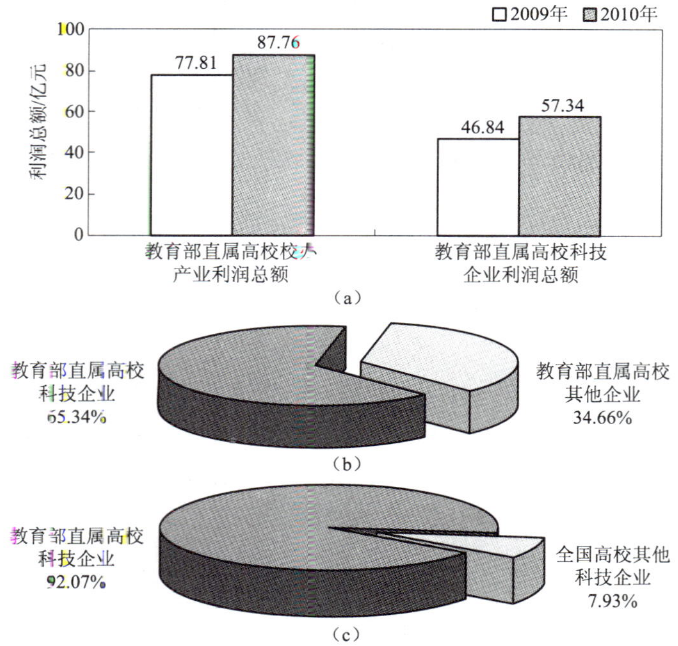

图 5-8　2010 年度教育部直属高校校办科技企业实现利润总额情况

（a）校办产业和科技企业利润总额（与 2009 年度对比）；（b）占校办产业利润总额的份额；

（c）占校办科技企业利润总额的份额

（3）净利润额情况

2010 年度教育部直属高校校办科技企业净利润额为 37.31 亿元，占教育部直属高校校办产业净利润额（72.01 亿元）的 51.81%，占全国高校科技企业净利润额（44.69 亿元）的 83.49%，比 2009 年度教育部直属高校科技企业净利润额（29.11 亿元）增加了 8.20 亿元，增长率为 28.17%，如图 5-9 所示。

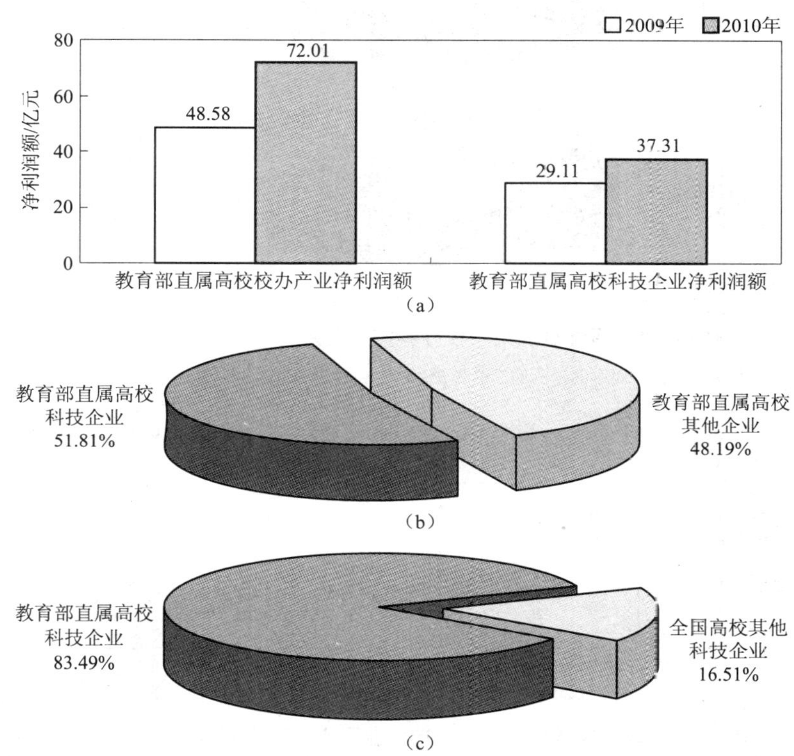

图 5-9　2010 年度教育部直属高校校办科技企业净利润额情况

（a）校办产业和科技企业净利润额（与 2009 年度对比）；（b）占校办产业净利润额的份额；

（c）占校办科技企业净利润额的份额

（4）归属于学校方股东的净利润额情况

2010 年度教育部直属高校校办科技企业归属于学校方股东的净利润额为 16.90 亿元，占教育部直属高校校办产业归属于学校方股东的净利润额（31.63 亿元）的 53.43%，占全国高校科技企业归属于学校方股东的净利润额（21.06 亿元）的 80.25%，比 2009 年度教育部直属高校校办科技企业归属于学校方股东的净利润额（19.35 亿元）减少了 2.45 亿元，降低了 12.66%，如图 5-10 所示。

（5）已支付给学校方股东的利润额或股利情况

2010 年度教育部直属高校校办科技企业已支付给学校方股东的利润额或股利为 2.77 亿元，占教育部直属高校校办产业已支付给学校的利润额或股利（9.69 亿元）的 28.59%，占全国高校科技企业已支付给学校方股东的利润额或股利（3.32 亿元）的 83.43%，比 2009 年度教育部直属高校科技企业已支付给学校方股东的利润额或股利（2.15 亿元）增加了 0.62 亿元，增长率为 28.84%，如图 5-11 所示。

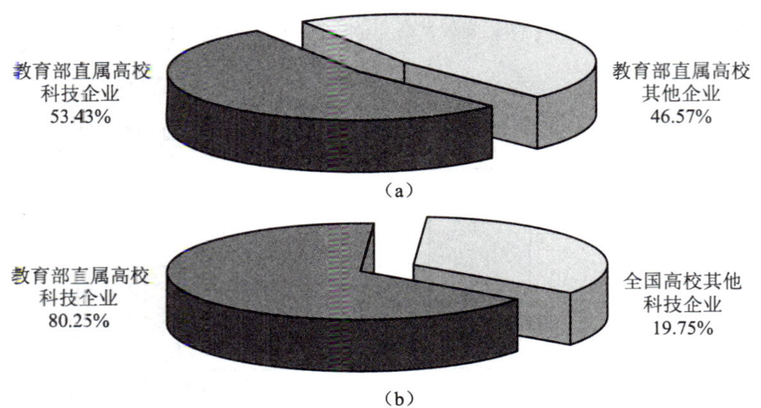

图 5-10　2010 年度教育部直属高校校办科技企业归属于学校方股东的净利润额情况

（a）占校办产业归属于学校方股东的净利润额的份额；（b）占校办科技企业归属于学校方股东的净利润额的份额

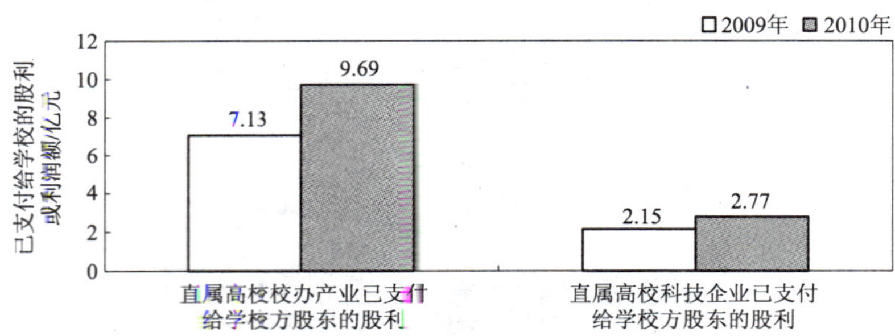

图 5-11　2010 年度教育部直属高校校办科技企业已支付给学校方股东的利润额或股利情况

（6）上交税金情况

2010 年度教育部直属高校校办科技企业已缴纳税金总额为 42.40 亿元，占教育部直属高校校办产业已缴纳税金总额（123.24 亿元）的 34.40%，占全国高校科技企业已缴纳税金总额（46.54 亿元）的 91.10%，比 2009 年度教育部直属高校科技企业已缴纳税金总额（40.18 亿元）增加了 2.22 亿元，增长率为 5.53%，如图 5-12 所示。

4. 人员状况

2010 年末，教育部直属高校校办科技企业职工总人数共计 9.22 万人。其中，接受高等教育的人员 4.92 万人，占校企人员总数的 53.36%；研究开发人员 1.69 万人，占校企人员总数的 18.33%；专职管理人员 0.87 万人，占校企人员总数的 9.44%。校办科技企业接纳学生实习人数达 1.64 万人次，累计工时 253.95 万小时。此外，高校校办科技企业还参与了硕士生、博士生的培养工作，2010 年度参与培养博士生 489 名、硕士生 1 856 名，如图 5-13 所示。

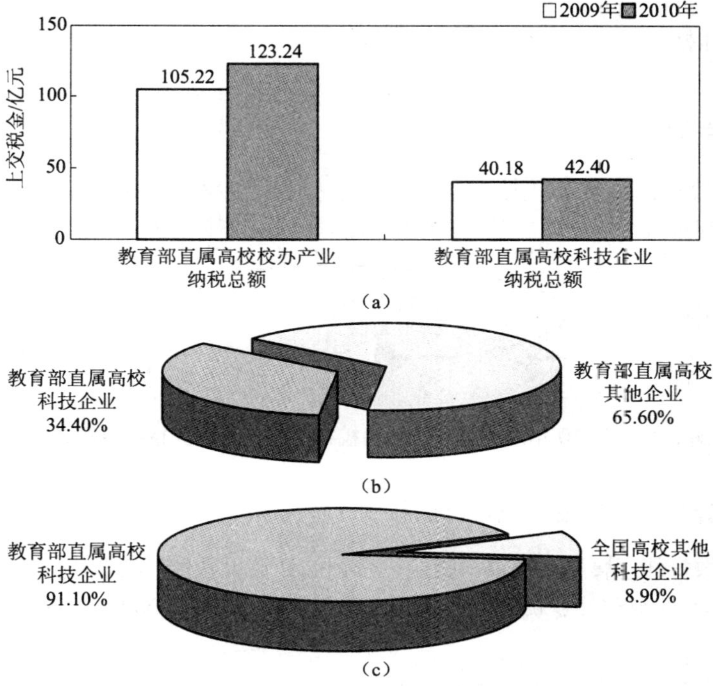

图 5-12　2010 年度教育部直属高校校办科技企业上交税金情况

（a）校办产业和科技企业已缴纳税金总额；（b）占校办产业已缴纳税金总额的份额；

（c）占科技企业已缴纳税金总额的份额

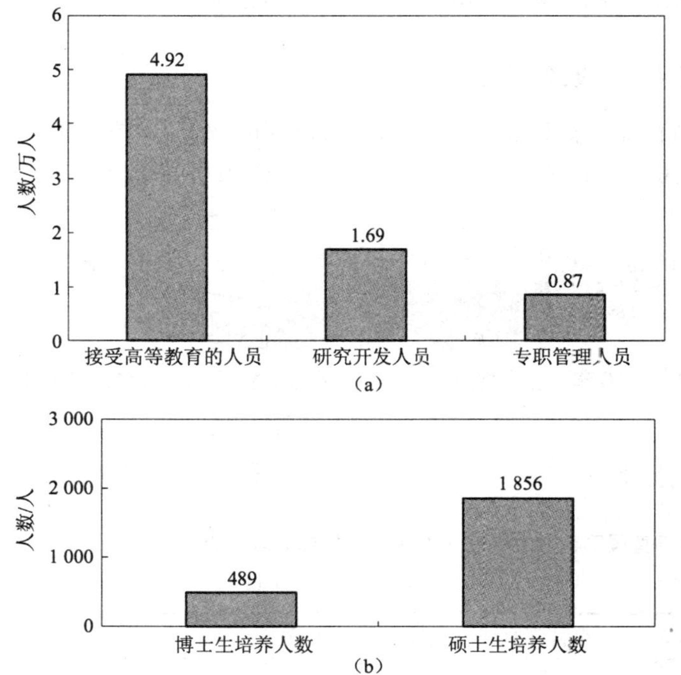

图 5-13　2010 年末教育部直属高校校办科技企业人员状况

（a）职工中三类人员状况；（b）参与培养博士生、硕士生人数

5. 科技创新指标

（1）获授权的专利

2010年末，教育部直属高校校办科技企业获授权的专利共559项，占教育部直属高校校办产业获授权专利项（1 263项）的44.26%，如图5-14所示。

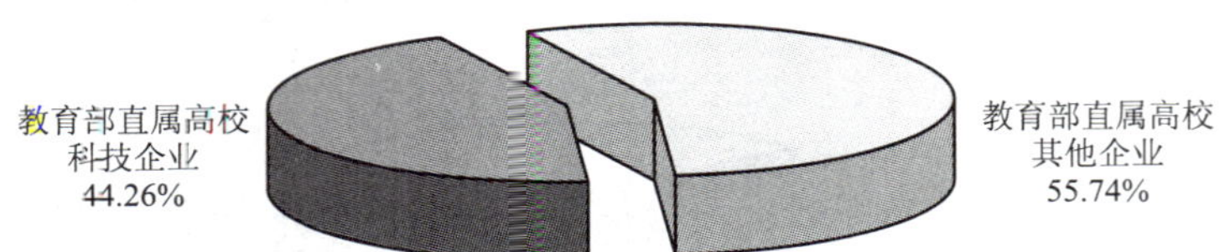

图5-14　2010年末教育部直属高校校办科技企业获授权专利的情况

（2）登记的计算机软件及集成电路版权

2010年末，教育部直属高校校办科技企业登记的计算机软件及集成电路版权共289项，占教育部直属高校校办产业登记计算机软件及集成电路版权项（763项）的37.88%，如图5-15所示。

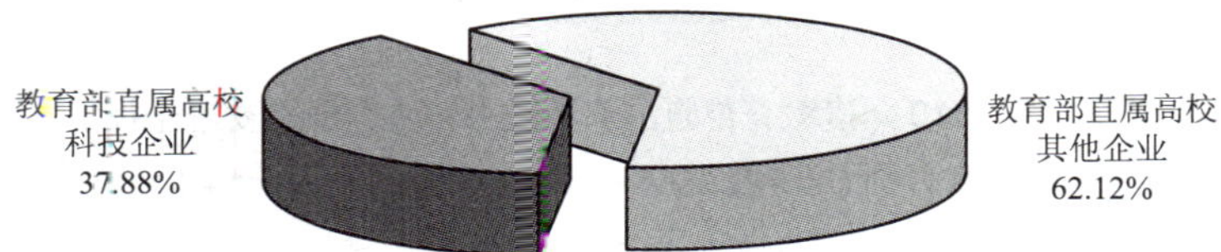

图5-15　2010年末教育部直属高校校办科技企业登记的计算机软件及集成电路版权情况

（3）获省市部委、国家级的奖项

2010年末，教育部直属高校校办科技企业获省市部委、国家级的奖项282项，占教育部直属高校校办产业获省市部委、国家级奖项数（1 061项）的26.58%，如图5-16所示。

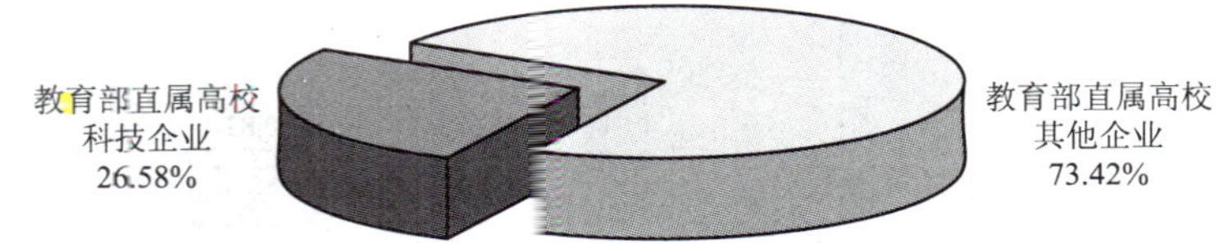

图5-16　2010年末教育部直属高校校办科技企业获省市部委、国家级奖项情况

6. 2010年度教育部直属高校校办科技企业统计综合分析附表

附表1　教育部直属高校校办科技企业资产总额排名前一百名情况一览表（不含资产公司）

2010年12月31日　　单位：万元

序号	教育部直属高校校办科技企业	资产总额
1	北大方正集团有限公司	5 022 302.24
2	东软集团股份有限公司	685 888.00

续表

序号	教育部直属高校校办科技企业	资产总额
3	北京北大青鸟软件系统有限公司	508 239.64
4	北京北大未名生物工程集团有限公司	260 147.31
5	北京北大科技园建设开发有限公司	201 083.55
6	同济大学建筑设计研究院（集团）有限公司	174 356.00
7	上海复旦复华科技股份有限公司	143 355.66
8	北京北大科技园有限公司	99 112.09
9	中山大学达安基因股份有限公司	67 106.87
10	江苏南大苏富特科技股份有限公司	57 455.43
11	上海同济城市规划设计研究院	42 875.00
12	武汉南华高速船舶工程股份有限公司	39 730.46
13	北大国际医院集团有限公司	38 788.85
14	北京中农大科技企业孵化器有限公司	36 529.00
15	天大科技园有限公司	33 569.37
16	东北大学冶金技术研究所有限公司	30 896.00
17	四川川大华西药业股份有限公司	26 325.00
18	东北大学设计研究院（有限公司）	25 220.82
19	华南理工大学建筑设计研究院	25 139.00
20	山大鲁能信息科技有限公司	23 740.00
21	山东山大华天科技股份有限公司	23 664.00
22	上海纳米技术及应用国家工程研究中心有限公司	21 118.74
23	北洋国家精馏技术工程发展有限公司	18 267.37
24	山东地纬计算机软件有限公司	17 284.00
25	上海铁大电信设备有限公司	17 161.45
26	华南理工大学科技开发公司	15 280.00
27	武汉武大科技园有限公司	13 737.25
28	湖南大学科技园有限公司	13 440.00
29	中工武大设计研究院有限公司	12 685.05
30	中国药科大学制药有限公司	11 274.10
31	上海同济建设工程质量检测站	11 175.92
32	大连理工大学技术转移中心	11 027.50
33	合肥工业大学建筑设计研究院	10 835.00

续表

序号	教育部直属高校校办科技企业	资产总额
34	白求恩医科大学制药厂	10 387.00
35	南京河海科技有限公司	9 800.89
36	南京南大药业有限责任公司	9 620.81
37	湖大海捷制造技术有限公司	8 922.00
38	沈阳东大三建工业炉制造有限公司	8 319.00
39	沈阳东洋异型管有限公司	8 154.00
40	上海同济新产业发展公司	7 871.18
41	成都西南交通大学科技园管理有限责任公司	7 336.17
42	北京化大化新科技股份有限公司	7 238.00
43	广州华工信息软件有限公司	7 155.31
44	北京金时石油测试技术有限公司	7 081.00
45	山东山大鸥玛软件有限公司	6 708.00
46	北京矿大能源安全科技有限公司	6 573.62
47	北京银盘电子技术有限公司	6 444.00
48	湖北武大有机硅新材料股份有限公司	6 201.80
49	沈阳北方交通工程公司	6 054.78
50	浙江大学农业科技园有限公司	6 001.20
51	合肥工大建设监理有限责任公司	5 833.00
52	北京北大宇环微电子系统有限公司	5 800.17
53	江苏南大金山环保科技有限公司	5 773.31
54	北京北大维信生物科技有限公司	5 689.15
55	上海同济科技园有限公司	5 536.59
56	北大先锋科技有限公司	5 523.09
57	辽宁东大冷弯型钢有限公司	5 460.51
58	武汉理工新能源有限公司	5 250.47
59	华中师范大学科技开发总公司	5 204.14
60	杨凌农林科大校办产业发展有限公司	5 138.31
61	广州华新科实业有限公司	4 989.85
62	北京北大英华科技有限公司	4 670.00
63	重庆重大远兴科技发展有限公司	4 608.00
64	北大软件教育发展有限公司	4 500.00

续表

序号	教育部直属高校校办科技企业	资产总额
65	北京北大教育投资有限公司	4 500.00
66	沈阳东创贵金属材料有限公司	4 361.72
67	上海城市污染控制工程研究中心有限公司	4 237.00
68	重庆真测科技股份有限公司	4 198.26
69	广州绿色盈康生物工程有限公司	4 148.00
70	杨凌西北农林科大新天地设施农业开发公司	3 949.12
71	广东华南理工大学造纸与污染控制国家工程研究中心	3 842.24
72	重庆大学城市规划与研究院	3 798.00
73	湖大海捷（湖南）工程技术研究有限公司	3 762.00
74	东方兴业网络教育服务有限公司	3 575.50
75	广州中大中鸣科技有限公司	3 518.00
76	成都艾格机电设备有限责任公司	3 455.87
77	北京石大油软技术有限公司	3 442.97
78	四川川大智胜软件股份有限公司	3 428.66
79	武汉凯迪电力股份有限公司	3 396.54
80	四川大学工程设计研究院	3 303.57
81	北外在线（北京）教育科技有限公司	3 264.00
82	四川川大科技园发展有限公司	3 064.65
83	成都运达创新科技有限公司	2 904.87
84	江苏省无锡江大大学科技园有限公司	2 748.45
85	沈阳东大科技企业孵化器有限公司	3 745.37
86	沈阳东大材料先进制备技术工程研究中心	2 521.03
87	沈阳东创机械装备有限公司	2 416.00
88	深圳市永达电子股份有限公司	2 387.00
89	沈阳东创自动化仪器仪表有限公司	2 361.68
90	北京油源恒业科技有限公司	2 244.00
91	北京北大创业园有限公司	2 207.37
92	东北大学自动化工程技术开发公司	2 124.48
93	上海复旦水务工程技术有限公司	2 198.98
94	浙江大学三伊电气电子工程公司	2 110.00
95	成都交大光芒实业有限公司	1 999.60

续表

序号	教育部直属高校校办科技企业	资产总额
96	江苏南大光电材料股份有限公司	1 996.43
97	无锡江大技术转移工程公司	1 985.74
98	广州中大医疗器械有限公司	1 847.00
99	上海同济工程咨询有限公司	1 772.00
100	兰州兰大小精灵新技术有限责任公司	1 771.34

附表 2　教育部直属高校校办科技企业负债总额排名前一百名情况一览表（不含资产公司）

2010 年 12 月 31 日　　　　单位：万元

序号	教育部直属高校校办科技企业	负债总额
1	北大方正集团有限公司	3 054 628.55
2	北京北大青鸟软件系统有限公司	450 854.49
3	东软集团股份有限公司	227 368.00
4	北京北大未名生物工程集团有限公司	177 742.86
5	北京北大科技园建设开发有限公司	171 476.57
6	同济大学建筑设计研究院（集团）有限公司	154 835.00
7	北京北大科技园有限公司	88 606.63
8	上海复旦复华科技股份有限公司	81 111.70
9	天大科技园有限公司	31 193.65
10	江苏南大苏富特科技股份有限公司	30 136.36
11	武汉南华高速船舶工程股份有限公司	29 889.16
12	北京中农大科技企业孵化器有限公司	27 158.68
13	上海同济城市规划设计研究院	26 561.00
14	沈阳东北大学冶金技术研究所有限公司	19 446.00
15	中山大学达安基因股份有限公司	19 014.85
16	华南理工大学建筑设计研究院	14 028.00
17	北洋国家精馏技术工程发展有限公司	13 748.82
18	华南理工大学科技开发公司	13 689.00
19	山东山大华天科技股份有限公司	13 343.00
20	大连理工大学技术转移中心	10 185.12
21	武汉武大科技园有限公司	10 061.84
22	四川川大华西药业股份有限公司	9 644.00
23	白求恩医科大学制药厂	9 024.00

续表

序号	教育部直属高校校办科技企业	负债总额
24	上海铁大电信设备有限公司	8 895.20
25	南京南大药业有限责任公司	8 587.99
26	上海同济建设工程质量检测站	8 529.11
27	北京银盘电子技术有限公司	8 174.00
28	合肥工业大学建筑设计研究院	8 168.00
29	湖南大学科技园有限公司	7 678.00
30	成都西南交通大学科技园管理有限责任公司	6 660.29
31	东北大学设计研究院（有限公司）	6 654.52
32	湖大海捷制造技术有限公司	6 135.00
33	北京金时石油测试技术有限公司	5 833.00
34	南京河海科技有限公司	5 748.56
35	沈阳北方交通工程公司	5 599.07
36	中工武大设计研究院有限公司	5 498.15
37	北京矿大能源安全科技有限公司	5 497.05
38	北京北大宇环微电子系统有限公司	5 077.59
39	山东地纬计算机软件有限公司	4 931.00
40	上海同济新产业发展公司	4 617.68
41	沈阳东大三建工业炉制造有限公司	4 455.00
42	合肥工大建设监理有限责任公司	4 448.00
43	沈阳东洋异型管有限公司	4 417.00
44	华中师范大学科技开发总公司	4 336.23
45	山东山大鸥玛软件有限公司	3 897.00
46	上海纳米技术及应用国家工程研究中心有限公司	3 686.19
47	中国药科大学制药有限公司	3 248.01
48	广州华工信息软件有限公司	3 048.36
49	江苏南大金山环保科技有限公司	2 492.93
50	沈阳东创贵金属材料有限公司	2 427.29
51	广州绿色盈康生物工程有限公司	2 389.00
52	成都艾格机电设备有限责任公司	2 376.00
53	四川大学工程设计研究院	2 255.80
54	广州中大中鸣科技有限公司	2 126.00

续表

序号	教育部直属高校校办科技企业	负债总额
55	沈阳东创自动化仪器仪表有限公司	2 023.62
56	上海城市污染控制工程研究中心有限公司	1 884.00
57	东北大学工程化自动技术开发公司	1 866.48
58	浙江大学三伊电气电子工程公司	1 857.00
59	无锡江大技术转移二程公司	1 774.00
60	北京石大油软技术有限公司	1 725.60
61	北京北大英华科技有限公司	1 541.00
62	广州华新科实业有限公司	1 409.91
63	成都科技大学环保科技研究所	1 393.67
64	北京油源恒业科技有限公司	1 356.00
65	广州华南教育科技发展有限公司	1 351.93
66	广州中大医疗器械有限公司	1 285.00
67	北京化大化新科技股份有限公司	1 279.00
68	西南交通大学扬华技术开发公司	1 273.69
69	广东华南理工大学造纸与污染控制国家工程研究中心	1 116.42
70	天津大学水运水利勘察设计研究所	1 014.08
71	华西医科大学卫生部口腔种植科技中心	988.10
72	重庆大学城市规划与研究院	916.00
73	沈阳东大科技企业孵化器有限公司	847.66
74	四川川大科技园发展有限公司	843.86
75	山大鲁能信息科技有限公司	817.00
76	杨凌西北农林科大新天地设施农业开发公司	809.70
77	武汉交科工程咨询有限公司	790.89
78	吉林大学辊锻件厂	684.54
79	南京南大仪器厂	638.30
80	绵阳川大科技园有限公司	628.78
81	成都西南交大通联科技产业有限	571.26
82	兰州兰大小精灵新技术有限责任公司	569.80
83	北京化大群星科技公司	568.00
84	江苏省江大绿康生物工程技术研究有限公司	564.78
85	武汉理工新能源有限公司	527.82

续表

序号	教育部直属高校校办科技企业	负债总额
86	北京师大师慧信息科技有限公司	504.51
87	南京大学建筑规划设计研究院	497.48
88	上海东华健利纺织科技有限公司	497.41
89	青岛海大科技咨询开发公司	490.31
90	西安交大思源精密工程有限责任公司	486.24
91	青岛海大新星计算机工程中心	484.91
92	重庆大学高新技术研究所	480.25
93	重庆重大远兴科技发展有限公司	458.00
94	重庆真测科技股份有限公司	426.26
95	吉林大学科教仪器厂	423.00
96	杨凌农林科大校办产业发展有限公司	421.47
97	北京北石新材料技术开发公司	407.97
98	北京华电之星科学技术发展有限公司	395.07
99	上海中医大源创科技有限公司	362.44
100	山东地纬数码科技有限公司	354.32

附表 3　教育部直属高校校办科技企业所有者权益排名前一百名情况一览表（不含资产公司）

2010 年 12 月 31 日　　单位：万元

序号	教育部直属高校校办科技企业	所有者权益
1	北大方正集团有限公司	1 967 673.69
2	东软集团股份有限公司	458 520.00
3	北京北大未名生物工程集团有限公司	82 404.45
4	上海复旦复华科技股份有限公司	62 243.96
5	北京北大青鸟软件系统有限公司	57 385.15
6	中山大学达安基因股份有限公司	48 092.02
7	北大国际医院集团有限公司	38 788.85
8	北京北大科技园建设开发有限公司	29 606.98
9	江苏南大苏富特科技股份有限公司	27 319.07
10	山大鲁能信息科技有限公司	22 923.00
11	同济大学建筑设计研究院（集团）有限公司	19 521.00
12	东北大学设计研究院（有限公司）	18 566.30
13	上海纳米技术及应用国家工程研究中心有限公司	17 432.55

续表

序号	教育部直属高校校办科技企业	所有者权益
14	四川川大华西药业股份有限公司	16 681.00
15	上海同济城市规划设计研究院	16 314.00
16	山东地纬计算机软件有限公司	12 353.00
17	沈阳东北大学冶金技术研究所有限公司	11 450.00
18	华南理工大学建筑设计研究院	11 111.00
19	北京北大科技园有限公司	10 505.46
20	山东山大华天科技股份有限公司	10 321.00
21	武汉南华高速船舶工程股份有限公司	9 841.30
22	北京中农大科技企业孵化器有限公司	9 370.32
23	上海铁大电信设备有限公司	8 266.25
24	中国药科大学制药有限公司	8 026.09
25	中工武大设计研究院有限公司	7 186.90
26	湖北武大有机硅新材料股份有限公司	6 201.80
27	北京化大化新科技股份有限公司	5 959.00
28	浙江大学农业科技园有限公司	5 858.19
29	湖南大学科技园有限公司	5 762.00
30	北京北大维信生物科技有限公司	5 689.15
31	上海同济科技园有限公司	5 536.59
32	北大先锋科技有限公司	5 523.09
33	辽宁东大冷弯型钢有限公司	5 419.17
34	武汉理工新能源有限公司	4 722.65
35	杨凌农林科大校办产业发展有限公司	4 716.84
36	北洋国家精馏技术工程发展有限公司	4 518.55
37	北大软件教育发展有限公司	4 500.00
38	北京北大教育投资有限公司	4 500.00
39	重庆重大远兴科技发展有限公司	4 150.00
40	广州华工信息软件有限公司	4 106.95
41	南京河海科技有限公司	4 052.33
42	沈阳东大三建工业炉制造有限公司	3 864.00
43	重庆真测科技股份有限公司	3 772.00
44	沈阳东洋异型管有限公司	3 737.00

续表

序号	教育部直属高校校办科技企业	所有者权益
45	武汉武大科技园有限公司	3 675.41
46	广州华新科实业有限公司	3 579.94
47	东方兴业网络教育服务有限公司	3 575.50
48	湖大海捷（湖南）工程技术研究有限公司	3 435.00
49	四川川大智胜软件股份有限公司	3 428.66
50	武汉凯迪电力股份有限公司	3 396.54
51	江苏南大金山环保科技有限公司	3 280.38
52	上海同济新产业发展公司	3 253.50
53	北外在线（北京）教育科技有限公司	3 181.00
54	杨凌西北农林科大新天地设施农业开发公司	3 139.42
55	北京北大英华科技有限公司	3 129.00
56	成都运达创新科技有限公司	2 904.87
57	重庆大学城市规划与研究院	2 882.00
58	山东山大鸥玛软件有限公司	2 811.00
59	湖大海捷制造技术有限公司	2 787.00
60	江苏省无锡江大大学科技园有限公司	2 748.45
61	广东华南理工大学造纸与污染控制国家工程研究中心	2 725.82
62	合肥工业大学建筑设计研究院	2 667.00
63	上海同济建设工程质量检测站	2 646.81
64	深圳市永达电子股份有限公司	2 387.00
65	天大科技园有限公司	2 375.72
66	上海城市污染控制工程研究中心有限公司	2 353.00
67	四川川大科技园发展有限公司	2 220.79
68	北京北大创业园有限公司	2 207.37
69	上海复旦水务工程技术有限公司	2 198.98
70	成都交大光芒实业有限公司	1 999.60
71	江苏南大光电材料股份有限公司	1 996.43
72	沈阳东创贵金属材料有限公司	1 934.43
73	沈阳东大科技企业孵化器有限公司	1 897.91
74	上海同济工程咨询有限公司	1 772.00
75	广州绿色盈康生物工程有限公司	1 759.00

续表

序号	教育部直属高校校办科技企业	所有者权益
76	杨凌西北农林科大科技园有限公司	1 749.26
77	北京石大油软技术有限公司	1 717.37
78	上海复旦光华信息科技有限公司	1 715.42
79	北京北大众志微系统科技有限公司	1 615.50
80	华南理工大学科技开发公司	1 591.00
81	广州数园网络有限公司	1 499.74
82	北京时代网格科技发展有限公司	1 474.35
83	四川国佳生物医学材料工程技术有限公司	1 472.24
84	北京北大软件工程发展有限公司	1 469.20
85	上海东华海欣纺织发展有限公司	1 394.00
86	广州中大中鸣科技有限公司	1 392.00
87	合肥工大建设监理有限责任公司	1 385.00
88	白求恩医科大学制药厂	1 363.00
89	北京金时石油测试技术有限公司	1 248.00
90	天津生物芯片技术有限公司	1 244.06
91	广州中山大学科技园有限公司	1 231.78
92	长春吉大·小天鹅仪器有限公司	1 201.56
93	兰州兰大小精灵新技术有限责任公司	1 201.54
94	成都华微电子系统有限公司	1 200.00
95	武汉武大弘元股份有限公司	1 189.00
96	南京大学城市规划设计研究院	1 106.20
97	武汉武大巨成加固实业有限公司	1 105.00
98	成都艾格机电设备有限责任公司	1 079.87
99	北京矿大能源安全科技有限公司	1 076.57
100	厦门北大泰普科技有限公司	1 072.74

附表 4　教育部直属高校校办科技企业归属于学校方股东的所有者权益排名前一百名情况一览表（不含资产公司）

2010 年 12 月 31 日　　　　单位：万元

序号	教育部直属高校校办科技企业	归属于学校方股东的所有者权益
1	北大方正集团有限公司	725 007.08
2	东软集团股份有限公司	75 417.12

续表

序号	教育部直属高校校办科技企业	归属于学校方股东的所有者权益
3	北大国际医院集团有限公司	38 788.85
4	山大鲁能信息科技有限公司	22 923.00
5	上海同济城市规划设计研究院	16 314.00
6	同济大学建筑设计研究院（集团）有限公司	13 664.70
7	北京北大科技园建设开发有限公司	12 138.73
8	上海复旦复华科技股份有限公司	11 942.07
9	华南理工大学建筑设计研究院	11 111.00
10	北京北大未名生物工程集团有限公司	9 648.83
11	北京中农大科技企业孵化器有限公司	9 370.32
12	山东地纬计算机软件有限公司	9 264.75
13	四川川大华西药业股份有限公司	8 961.81
14	中山大学达安基因股份有限公司	8 050.04
15	中国药科大学制药有限公司	8 026.09
16	湖北武大有机硅新材料股份有限公司	6 201.80
17	浙江大学农业科技园有限公司	5 858.19
18	江苏南大苏富特科技股份有限公司	5 764.67
19	东北大学设计研究院（有限公司）	5 755.55
20	北京北大维信生物科技有限公司	5 689.15
21	上海同济科技园有限公司	5 536.59
22	北大先锋科技有限公司	5 523.09
23	杨凌农林科大校办产业发展有限公司	4 716.84
24	北京化大化新科技股份有限公司	4 549.10
25	北洋国家精馏技术工程发展有限公司	4 518.55
26	北大软件教育发展有限公司	4 500.00
27	北京北大教育投资有限公司	4 500.00
28	上海纳米技术及应用国家工程研究中心有限公司	4 150.69
29	广州华工信息软件有限公司	4 040.42
30	上海铁大电信设备有限公司	3 967.80
31	东方兴业网络教育服务有限公司	3 575.50
32	中工武大设计研究院有限公司	3 521.58
33	北京北大科技园有限公司	3 506.49

续表

序号	教育部直属高校校办科技企业	归属于学校方股东的所有者权益
34	武汉南华高速船舶工程股份有限公司	3 410.99
35	武汉凯迪电力股份有限公司	3 396.54
36	北外在线（北京）教育科技有限公司	3 181.00
37	山东山大华天科技股份有限公司	3 062.84
38	成都运达创新科技有限公司	2 904.87
39	重庆大学城市规划与研究院	2 882.00
40	江苏省无锡江大大学科技园有限公司	2 748.45
41	沈阳东北大学冶金技术研究所有限公司	2 748.00
42	广东华南理工大学造纸与污染控制国家工程研究中心	2 725.82
43	广州华新科实业有限公司	2 701.42
44	合肥工业大学建筑设计研究院	2 667.00
45	上海同济建设工程质量检测站	2 611.95
46	上海同济新产业发展公司	2 399.47
47	深圳市永达电子股份有限公司	2 387.00
48	天大科技园有限公司	2 233.18
49	北京北大创业园有限公司	2 207.37
50	上海复旦水务工程技术有限公司	2 198.98
51	上海城市污染控制工程研究中心有限公司	2 071.80
52	重庆重大远兴科技发展有限公司	2 033.50
53	南京河海科技有限公司	2 026.17
54	四川川大科技园发展有限公司	2 018.70
55	成都交大光芒实业有限公司	1 999.60
56	江苏南大光电材料股份有限公司	1 996.43
57	沈阳东创贵金属材料有限公司	1 934.43
58	武汉理工新能源有限公司	1 889.06
59	杨凌西北农林科大新天地设施农业开发公司	1 883.65
60	武汉武大科技园有限公司	1 810.14
61	北京北大英华科技有限公司	1 799.18
62	上海同济工程咨询有限公司	1 772.00
63	沈阳东大三建工业炉制造有限公司	1 738.80
64	上海复旦光华信息科技有限公司	1 715.42

续表

序号	教育部直属高校校办科技企业	归属于学校方股东的所有者权益
65	北京北大众志微系统科技有限公司	1 615.50
66	华南理工大学科技开发公司	1 591.00
67	杨凌西北农林科大科技园有限公司	1 574.33
68	北京时代网格科技发展有限公司	1 474.35
69	北京北大软件工程发展有限公司	1 469.20
70	重庆真测科技股份有限公司	1 408.09
71	合肥工大建设监理有限责任公司	1 385.00
72	白求恩医科大学制药厂	1 363.00
73	天津生物芯片技术有限公司	1 244.06
74	广州中山大学科技园有限公司	1 231.78
75	长春吉大·小天鹅仪器有限公司	1 201.56
76	成都华微电子系统有限公司	1 200.00
77	武汉武大弘元股份有限公司	1 189.00
78	广州绿色盈康生物工程有限公司	1 107.99
79	武汉武大巨成加固实业有限公司	1 105.00
80	沈阳东洋异型管有限公司	1 098.68
81	北京矿大能源安全科技有限公司	1 076.57
82	厦门北大泰普科技有限公司	1 072.74
83	四川大学工程设计研究院	1 047.77
84	江西北大科技园区发展有限公司	1 040.00
85	电子科大科园股份有限公司	1 000.00
86	上海国睿生命科技有限公司	922.40
87	上海同济宝冶建设机器人有限公司	911.00
88	厦门大学国家大学科技园有限公司	910.43
89	广州数园网络有限公司	899.84
90	武汉中地数码科技有限公司	896.17
91	北京金时石油测试技术有限公司	873.60
92	北大先行科技产业有限公司	868.28
93	华中师范大学科技开发总公司	867.91
94	广东华金合金材料实业有限公司	857.05
95	合肥工业大学岩土工程勘察设计研究院	838.00

续表

序号	教育部直属高校校办科技企业	归属于学校方股东的所有者权益
96	华南理工大学科技实业总厂	833.77
97	上海轻合金精密成型国家工程研究中心有限公司	832.05
98	江苏中矿大正表面工程技术有限公司	778.38
99	大连理工大学技术转移中心	758.14
100	兰州兰大小精灵新技术有限责任公司	696.89

附表 5　教育部直属高校校办科技企业收入总额排名前一百名情况一览表（不含资产公司）

20[illegible]0 年 12 月 31 日　　单位：万元

序号	教育部直属高校校办科技企业	收入总额
1	北大方正集团有限公司	5 395 631.35
2	东软集团股份有限公司	536 156.00
3	北京北大未名生物工程集团有限公司	188 097.75
4	同济大学建筑设计研究院（集团）有限公司	89 791.00
5	上海复旦复华科技股份有限公司	61 620.07
6	上海同济城市规划设计研究院	49 964.00
7	北京北大青鸟软件系统有限公司	48 036.89
8	江苏南大苏富特科技股份有限公司	43 707.22
9	中山大学达安基因股份有限公司	39 231.16
10	华南理工大学建筑设计研究院	31 743.00
11	沈阳东北大学冶金技术研究所有限公司	26 939.00
12	武汉南华高速船舶工程股份有限公司	26 406.21
13	山东山大华天科技股份有限公司	18 880.00
14	北京北大科技园有限公司	18 682.24
15	东北大学设计研究院（有限公司）	17 892.82
16	华南理工大学科技开发公司	17 848.00
17	四川川大华西药业股份有限公司	17 766.00
18	沈阳东洋异型管有限公司	17 437.00
19	沈阳东创贵金属材料有限公司	15 597.65
20	上海铁大电信设备有限公司	15 758.22
21	山东地纬计算机软件有限公司	15 167.00
22	成都西南交通大学科技园管理有限责任公司	11 924.53
23	北京北大科技园建设开发有限公司	11 462.56

续表

序号	教育部直属高校校办科技企业	收入总额
24	合肥工业大学建筑设计研究院	10 943.00
25	北京矿大能源安全科技有限公司	10 273.59
26	北洋国家精馏技术工程发展有限公司	9 143.96
27	上海同济建设工程质量检测站	9 107.45
28	上海同济新产业发展公司	9 077.53
29	合肥工大建设监理有限责任公司	8 711.00
30	沈阳东大三建工业炉制造有限公司	8 698.00
31	中国药科大学制药有限公司	8 292.68
32	山大鲁能信息科技有限公司	7 741.00
33	中工武大设计研究院有限公司	7 500.00
34	广州华工信息软件有限公司	7 097.55
35	重庆大学城市规划与研究院	6 636.00
36	北京化大化新科技股份有限公司	6 183.00
37	广州中大中鸣科技有限公司	5 145.00
38	北京银盘电子技术有限公司	5 104.00
39	无锡江大技术转移工程公司	5 062.97
40	天津大学水运水利勘察设计研究所	4 503.39
41	四川大学工程设计研究院	4 398.97
42	成都艾格机电设备有限责任公司	4 379.60
43	北京金时石油测试技术有限公司	4 085.00
44	白求恩医科大学制药厂	3 832.00
45	湖大海捷制造技术有限公司	3 456.00
46	南京大学城市规划设计研究院	3 306.39
47	山东山大鸥玛软件有限公司	3 278.00
48	南京大学建筑规划设计研究院	3 262.06
49	重庆重大远兴科技发展有限公司	3 190.00
50	江苏南大金山环保科技有限公司	2 610.50
51	北京油源恒业科技有限公司	2 238.00
52	辽宁东大冷弯型钢有限公司	2 036.69
53	北京北大英华科技有限公司	1 895.00
54	南京南大药业有限责任公司	1 867.72

续表

序号	教育部直属高校校办科技企业	收入总额
55	沈阳东创自动化仪器仪表有限公司	1 822.65
56	广州绿色盈康生物工程有限公司	1 772.00
57	吉林大学辊锻件厂	1 672.40
58	西南交通大学扬华技术开发公司	1 543.17
59	南京南大仪器厂	1 539.69
60	上海复旦爆破建设工程有限公司	1 529.00
61	浙江大学三伊电气电子工程公司	1 512.00
62	广州数园网络有限公司	1 507.14
63	南京河海科技有限公司	1 405.32
64	重庆真测科技股份有限公司	1 365.29
65	北京化大群星科技公司	1 355.00
66	山东吕美容体技术有限公司	1 329.00
67	北京石大油软技术有限公司	1 327.49
68	北外在线（北京）教育科技有限公司	1 323.00
69	武汉武大科技园有限公司	1 256.50
70	合肥工大共达工程检测试验有限公司	1 238.00
71	吉林省长春科大工程技术公司	1 227.34
72	湖南大学科技园有限公司	1 197.00
73	广州中大医疗器械有限公司	1 197.00
74	上海复旦天翼计算机有限公司	1 107.00
75	上海二医张江生物材料有限公司	1 026.00
76	杨凌西北农林科大新天地设施农业开发公司	997.78
77	广州华南教育科技发展有限公司	970.90
78	武汉交科工程咨询有限公司	959.09
79	上海东华海欣纺织发展有限公司	950.00
80	沈阳东大科技企业孵化器有限公司	918.00
81	成都西南交大通联科技产业有限公司	917.35
82	兰州兰大小精灵新技术有限责任公司	917.30
83	上海东华健利纺织科技有限公司	898.59
84	武汉理工新能源有限公司	875.02
85	广东华南理工大学造纸与污染控制国家工程研究中心	803.33

续表

序号	教育部直属高校校办科技企业	收入总额
86	北京开元数图科技有限公司	721.44
87	湖大海捷（湖南）工程技术研究有限公司	698.00
88	无锡江大科技文化发展有限公司	689.08
89	江苏省江大绿康生物工程技术研究有限公司	675.80
90	成都科技大学环保科技研究所	635.58
91	天津市天大北斗科技发展有限公司	635.19
92	上海城市污染控制工程研究中心有限公司	628.00
93	武汉马房山理工工程结构检测有限公司	578.41
94	华西医科大学卫生部口腔种植科技中心	562.11
95	武汉华中农业大学科技产业开发部	519.91
96	青岛海大建设工程检测鉴定中心	482.55
97	北京华电之星科学技术发展有限公司	437.69
98	北京大学建筑设计研究院	434.00
99	广州华新科实业有限公司	425.00
100	华中师范大学科技开发总公司	407.93

附表 6　教育部直属高校校办科技企业利润总额排名前一百名情况一览表（不含资产公司）

2010 年 12 月 31 日　　单位：万元

序号	教育部直属高校校办科技企业	利润总额
1	北大方正集团有限公司	258 265.83
2	东软集团股份有限公司	56 011.00
3	同济大学建筑设计研究院（集团）有限公司	11 259.00
4	北京北大未名生物工程集团有限公司	9 532.27
5	北京北大青鸟软件系统有限公司	8 528.41
6	中山大学达安基因股份有限公司	6 794.24
7	江苏南大苏富特科技股份有限公司	6 554.30
8	上海同济城市规划设计研究院	5 776.00
9	中工武大设计研究院有限公司	3 980.00
10	东北大学设计研究院（有限公司）	3 838.43
11	华南理工大学建筑设计研究院	3 636.00
12	四川川大华西药业股份有限公司	3 257.00
13	上海复旦复华科技股份有限公司	3 069.76

续表

序号	教育部直属高校校办科技企业	利润总额
14	上海铁大电信设备有限公司	2 791.78
15	北京中农大科技企业孵化器有限公司	2 778.14
16	山东地纬计算机软件有限公司	2 681.00
17	沈阳东北大学冶金技术研究所有限公司	2 633.00
18	重庆重大远兴科技发展有限公司	1 914.00
19	重庆大学城市规划与研究院	1 386.00
20	山东山大鸥玛软件有限公司	1 315.00
21	山东山大华天科技股份有限公司	1 246.00
22	山大鲁能信息科技有限公司	1 208.00
23	华南理工大学科技开发公司	1 032.00
24	南京大学城市规划设计研究院	1 026.82
25	武汉南华高速船舶工程股份有限公司	1 001.99
26	中国药科大学制药有限公司	884.56
27	沈阳东洋异型管有限公司	856.00
28	北京矿大能源安全科技有限公司	706.38
29	成都艾格机电设备有限责任公司	663.00
30	合肥工业大学建筑设计研究院	653.00
31	沈阳东大三建工业炉制造有限公司	642.00
32	北京北大英华科技有限公司	603.00
33	上海同济建设工程质量检测站	591.87
34	合肥工大建设监理有限责任公司	589.00
35	广州绿色盈康生物工程有限公司	579.00
36	广州华工信息软件有限公司	493.15
37	沈阳东大科技企业孵化器有限公司	467.80
38	北京化大化新科技股份有限公司	402.00
39	上海同济新产业发展公司	381.99
40	四川大学工程设计研究院	364.81
41	沈阳东创贵金属材料有限公司	333.20
42	南京河海科技有限公司	331.45
43	重庆真测科技股份有限公司	326.72
44	北京石大油软技术有限公司	312.23

续表

序号	教育部直属高校校办科技企业	利润总额
45	广州中山大学科技园有限公司	272.93
46	广州华新科实业有限公司	255.40
47	上海二医张江生物材料有限公司	245.00
48	广州中大中鸣科技有限公司	241.00
49	北洋国家精馏技术工程发展有限公司	226.18
50	武汉武大科技园有限公司	187.50
51	广州华南教育科技发展有限公司	180.79
52	上海复旦爆破建设工程有限公司	151.00
53	青岛海大建设工程检测鉴定中心	135.25
54	上海东华健利纺织科技有限公司	134.90
55	江苏南大金山环保科技有限公司	122.10
56	北外在线（北京）教育科技有限公司	117.00
57	北京师宏药物研制中心	114.27
58	山东吕美容体技术有限公司	114.00
59	北京师范大学光电仪器厂	108.92
60	天津大学水运水利勘察设计研究所	86.97
61	南京大学建筑规划设计研究院	82.77
62	广州数园网络有限公司	68.65
63	武汉华中农业大学科技产业开发部	68.58
64	成都西南交通大学科技园管理有限责任公司	65.78
65	南京南大仪器厂	61.91
66	上海复旦天翼计算机有限公司	55.00
67	中国海洋大学环境保护研究中心	47.74
68	兰州兰大小精灵新技术有限责任公司	41.81
69	无锡江大技术转移工程公司	41.67
70	武汉理工新能源有限公司	38.08
71	华东理工学大服务公司	36.65
72	武汉交科工程咨询有限公司	31.05
73	上海中医大源创科技有限公司	26.62
74	北京时代网格科技发展有限公司	21.73
75	上海东华海欣纺织发展有限公司	21.00

续表

序号	教育部直属高校校办科技企业	利润总额
76	上海城市污染控制工程研究中心有限公司	20.00
77	广东华南理工大学造纸与污染控制国家工程研究中心	18.22
78	合肥工大共达工程检测试验有限公司	18.00
79	西南交通大学扬华技术开发公司	17.77
80	浙江大学三伊电气电子工程公司	17.00
81	上海复旦华富科技有限公司	16.06
82	广州中大医疗器械有限公司	15.00
83	华南理工大学科技实业总厂	14.04
84	成都历新纤维科技有限公司	13.77
85	无锡江大科技文化发展有限公司	12.35
86	广州中大药物开发有限公司	11.61
87	西安交大思源精密工程有限责任公司	11.27
88	上海华师证券与资产管理研究所	11.15
89	北京金时石油测试技术有限公司	10.00
90	上海东华凯悦纺织科技发展有限公司	9.83
91	成都西南交大通联科技产业有限公司	9.75
92	青岛海大科技咨询开发公司	9.71
93	上海复旦旦华科技有限公司	8.96
94	北京大学建筑设计研究院	8.50
95	天津市天大北斗科技发展有限公司	8.46
96	广州中大中山医科技开发有限公司	8.20
97	山东地纬数码科技有限公司	8.01
98	北京化大科技园科技发展中心	6.00
99	青岛海大科技开发中心	5.02
100	江苏农大芳华园艺中心	4.61

附表 7　教育部直属高校校办科技企业净利润额排名前一百名情况一览表（不含资产公司）

2010 年 12 月 31 日　　单位：万元

序号	教育部直属高校校办科技企业	净利润额
1	北大方正集团有限公司	111 521.48
2	东软集团股份有限公司	50 730.00
3	同济大学建筑设计研究院（集团）有限公司	8 658.00

续表

序号	教育部直属高校校办科技企业	净利润额
4	江苏南大苏富特科技股份有限公司	6 168.47
5	中山大学达安基因股份有限公司	5 746.11
6	上海同济城市规划设计研究院	4 294.00
7	东北大学设计研究院（有限公司）	3 262.66
8	华南理工大学建筑设计研究院	2 986.00
9	北京中农大科技企业孵化器有限公司	2 778.14
10	四川川大华西药业股份有限公司	2 661.00
11	山东地纬计算机软件有限公司	2 377.00
12	中工武大设计研究院有限公司	2 300.00
13	沈阳东北大学冶金技术研究所有限公司	2 256.00
14	上海铁大电信设备有限公司	2 251.92
15	上海复旦复华科技股份有限公司	2 043.96
16	上海同济科技园有限公司	1 774.30
17	北大先锋科技有限公司	1 711.28
18	重庆重大远兴科技发展有限公司	1 678.00
19	北京北大维信生物科技有限公司	1 408.26
20	山大鲁能信息科技有限公司	1 208.00
21	重庆大学城市规划与研究院	1 188.00
22	山东山大华天科技股份有限公司	1 172.00
23	北京北大未名生物工程集团有限公司	1 162.10
24	江苏南大光电材料股份有限公司	1 122.40
25	成都交大光芒实业有限公司	1 118.30
26	山东山大鸥玛软件有限公司	1 118.00
27	中国药科大学制药有限公司	884.56
28	北大国际医院集团有限公司	848.96
29	武汉南华高速船舶工程股份有限公司	820.80
30	华南理工大学科技开发公司	774.00
31	南京大学城市规划设计研究院	770.11
32	湖北武大有机硅新材料股份有限公司	704.50
33	深圳市永达电子股份有限公司	682.00
34	沈阳东洋异型管有限公司	655.00

续表

序号	教育部直属高校校办科技企业	净利润额
35	武汉中地信息工程有限公司	621.92
36	成都艾格机电设备有限责任公司	608.00
37	北京矿大能源安全科技有限公司	578.53
38	合肥工业大学建筑设计研究院	553.00
39	武汉武大巨成加固实业有限公司	542.20
40	广州绿色盈康生物工程有限公司	532.00
41	北京北大英华科技有限公司	513.00
42	广州华工信息软件有限公司	491.25
43	沈阳东大三建工业炉制造有限公司	482.00
44	成都运达创新科技有限公司	468.49
45	上海同济工程咨询有限公司	462.16
46	上海同济建设工程质量检测站	461.07
47	沈阳东大科技企业孵化器有限公司	444.85
48	合肥工大建设监理有限责任公司	442.00
49	上海复旦水务工程技术有限公司	385.02
50	四川大学工程设计研究院	345.26
51	南京河海科技有限公司	331.28
52	厦门北大泰普科技有限公司	311.36
53	上海同济新产业发展公司	305.51
54	广东华金合金材料实业有限公司	297.68
55	北京石大油气技术有限公司	285.09
56	重庆真测科技股份有限公司	284.69
57	北京化大化新科技股份有限公司	283.00
58	广州中山大学科技园有限公司	272.93
59	广州华新科实业有限公司	255.40
60	上海复旦复华药业有限公司	254.93
61	沈阳东创贵金属材料有限公司	249.90
62	广州中大中鸣科技有限公司	238.00
63	北洋国家精馏技术工程发展有限公司	212.18
64	江苏中矿大正表面工程技术有限公司	208.00
65	上海二医张江生物材料有限公司	184.00

续表

序号	教育部直属高校校办科技企业	净利润额
66	上海复旦规划建筑设计研究院有限公司	161.04
67	上海同济宝冶建设机器人有限公司	140.00
68	广州华南教育科技发展有限公司	131.56
69	北外在线（北京）教育科技有限公司	117.00
70	上海复旦爆破建设工程有限公司	113.00
71	上海东华健利纺织科技有限公司	112.85
72	武汉武大科技园有限公司	110.00
73	青岛海大建设工程检测鉴定中心	109.87
74	武汉武大弘元股份有限公司	108.00
75	江苏南大金山环保科技有限公司	103.80
76	北京师宏药物研制中心	102.21
77	山东吕美容体技术有限公司	96.00
78	吉林省吉大机电设备有限公司	85.00
79	南京大学建筑规划设计研究院	82.77
80	北京师范大学光电仪器厂	81.69
81	上海复旦光华信息科技有限公司	77.77
82	北大先行科技产业有限公司	75.17
83	北京北大软件工程发展有限公司	72.94
84	江苏南京农大动物药业有限公司	69.42
85	武汉华中农业大学科技产业开发部	68.58
86	天津大学水运水利勘察设计研究所	65.23
87	广州数园网络有限公司	58.35
88	成都西南交通大学科技园管理有限责任公司	52.15
89	上海复旦天翼计算机有限公司	47.00
90	南京南大仪器厂	45.92
91	长春吉大·小天鹅仪器有限公司	44.84
92	中国海洋大学环境保护研究中心	43.47
93	武汉理工新能源有限公司	38.08
94	兰州兰大小精灵新技术有限责任公司	37.00
95	上海复旦耀天医疗器械科技有限公司	33.33
96	无锡江大技术转移工程公司	30.75

续表

序号	教育部直属高校校办科技企业	净利润额
97	华东理工学大服务公司	29.74
98	杭州江南科学研究院有限公司	28.70
99	上海中医大源创科技有限公司	26.62
100	武汉交科工程咨询有限公司	22.28

附表8 教育部直属高校校办科技企业归属于学校方股东的净利润额排名前一百名情况一览表（不含资产公司）

2010 年 12 月 31 日　　单位：万元

序号	教育部直属高校校办科技企业	归属于学校方股东的净利润额
1	北大方正集团有限公司	78 065.04
2	东软集团股份有限公司	8 540.00
3	同济大学建筑设计研究院（集团）有限公司	6 060.00
4	北京中农大科技企业孵化器有限公司	2 778.14
5	山东地纬计算机软件有限公司	2 377.00
6	上海同济科技园有限公司	1 774.30
7	北大先锋科技有限公司	1 711.28
8	四川川大华西药业股份有限公司	1 483.00
9	北京北大维信生物科技有限公司	1 408.26
10	山大鲁能信息科技有限公司	1 208.00
11	中工武大设计研究院有限公司	1 127.00
12	江苏南大光电材料股份有限公司	1 122.40
13	成都交大光芒实业有限公司	1 118.30
14	中山大学达安基因股份有限公司	1 071.52
15	东北大学设计研究院（有限公司）	1 011.43
16	北大国际医院集团有限公司	848.96
17	南京大学城市规划设计研究院	770.11
18	江苏南大苏富特科技股份有限公司	714.31
19	湖北武大有机硅新材料股份有限公司	704.50
20	深圳市永达电子股份有限公司	682.00
21	武汉中地信息工程有限公司	621.92
22	北京矿大能源安全科技有限公司	578.53
23	合肥工业大学建筑设计研究院	553.00

续表

序号	教育部直属高校校办科技企业	归属于学校方股东的净利润额
24	武汉武大巨成加固实业有限公司	542.20
25	沈阳东北大学冶金技术研究所有限公司	541.00
26	山东山大鸥玛软件有限公司	527.00
27	广州华工信息软件有限公司	491.25
28	成都运达创新科技有限公司	468.49
29	北京北大未名生物工程集团有限公司	464.84
30	上海同济工程咨询有限公司	462.16
31	上海同济建设工程质量检测站	449.96
32	合肥工大建设监理有限责任公司	442.00
33	上海复旦水务工程技术有限公司	385.02
34	山东山大华天科技股份有限公司	349.00
35	广州绿色盈康生物工程有限公司	335.00
36	南京河海科技有限公司	331.28
37	厦门北大泰普科技有限公司	311.36
38	广东华金合金材料实业有限公司	297.68
39	北京北大英华科技有限公司	294.98
40	武汉南华高速船舶工程股份有限公司	284.49
41	广州中山大学科技园有限公司	272.93
42	上海复旦复华药业有限公司	254.93
43	沈阳东创贵金属材料有限公司	249.90
44	沈阳东大三建工业炉制造有限公司	217.00
45	北京化大化新科技股份有限公司	216.00
46	江苏中矿大正表面工程技术有限公司	208.00
47	沈阳东大科技企业孵化器有限公司	177.94
48	上海复旦规划建筑设计研究院有限公司	161.04
49	上海同济新产业发展公司	159.37
50	上海同济宝冶建设机器人有限公司	140.00
51	北外在线（北京）教育科技有限公司	117.00
52	青岛海大建设工程检测鉴定中心	109.87
53	武汉武大弘元股份有限公司	108.00
54	北京石大油软技术有限公司	99.78

续表

序号	教育部直属高校校办科技企业	归属于学校方股东的净利润额
55	上海东华健利纺织科技有限公司	90.28
56	广州中大中鸣科技有限公司	87.00
57	吉林省吉大机电设备有限公司	85.00
58	北京师范大学光电仪器厂	81.69
59	上海复旦光华信息科技有限公司	77.77
60	北大先行科技产业有限公司	75.17
61	北京北大软件工程发展有限公司	72.94
62	江苏南京农大动物药业有限公司	69.42
63	武汉华中农业大学科技产业开发部	68.58
64	山东吕美容体技术有限公司	63.36
65	上海复旦爆破建设工程有限公司	52.00
66	成都西南交通大学科技园管理有限责任公司	46.93
67	南京南大仪器厂	45.92
68	长春吉大·小天鹅仪器有限公司	44.84
69	中国海洋大学环境保护研究中心	43.47
70	广州数园网络有限公司	34.01
71	上海复旦耀天医疗器械科技有限公司	33.33
72	华东理工学大服务公司	29.74
73	杭州江南科学研究院有限公司	28.70
74	江苏南大金山环保科技有限公司	21.93
75	北京时代网格科技发展有限公司	21.73
76	兰州兰大小精灵新技术有限责任公司	19.31
77	上海复旦网络股份有限公司	19.00
78	上海城市污染控制工程研究中心有限公司	14.40
79	浙江大学三伊电气电子工程公司	12.00
80	成都历新纤维科技有限公司	11.42
81	武汉交科工程咨询有限公司	11.20
82	华南理工大学科技实业总厂	10.53
83	西安交大思源精密工程有限责任公司	9.72
84	南京河海电力软件有限公司	8.50
85	青岛海大科技咨询开发公司	7.76

续表

序号	教育部直属高校校办科技企业	归属于学校方股东的净利润额
86	上海四维医学科技有限公司	6.70
87	北京大学建筑设计研究院	6.40
88	北京北大众志微系统科技有限公司	5.18
89	北京化大科技园科技发展中心	5.00
90	广州中大药物开发有限公司	4.52
91	青岛海大科技开发中心	3.85
92	江苏农大芳华园艺中心	3.78
93	广州中大中山医科技开发有限公司	3.49
94	西安交大技术成果转移有限责任公司	3.12
95	北京博雅大北科技开发公司	3.00
96	上海东学信息技术有限公司	2.25
97	成都西南交大通联科技产业有限公司	2.18
98	武汉武大电力科技有限公司	2.00
99	成都智索华西医药科技有限公司	1.35
100	北京化大群星科技公司	1.00

附表 9　教育部直属高校校办科技企业实际缴纳税金排名前一百名情况一览表（不含资产公司）

2010 年 12 月 31 日　　　　单位：万元

序号	教育部直属高校校办科技企业	实际缴纳税金
1	北大方正集团有限公司	150 347.37
2	东软集团股份有限公司	32 981.00
3	北京北大未名生物工程集团有限公司	8 046.33
4	上海复旦复华科技股份有限公司	4 779.95
5	同济大学建筑设计研究院（集团）有限公司	4 627.00
6	上海同济城市规划设计研究院	3 969.00
7	北京北大青鸟软件系统有限公司	3 083.74
8	四川川大华西药业股份有限公司	2 689.00
9	中山大学达安基因股份有限公司	2 297.09
10	华南理工大学建筑设计研究院	2 287.00
11	武汉南华高速船舶工程股份有限公司	2 196.59
12	沈阳东北大学冶金技术研究所有限公司	1 988.00
13	上海铁大电信设备有限公司	1 497.39

续表

序号	教育部直属高校校办科技企业	实际缴纳税金
14	东北大学设计研究院（有限公司）	1 472.46
15	江苏南大苏富特科技股份有限公司	1 417.69
16	山东地纬计算机软件有限公司	1 179.00
17	沈阳东大三建工业炉制造有限公司	957.70
18	中国药科大学制药有限公司	911.96
19	山东山大华天科技股份有限公司	849.00
20	华南理工大学科技开发公司	747.00
21	沈阳东洋异型管有限公司	725.00
22	上海同济建设工程质量检测站	712.92
23	北京北大科技园建设开发有限公司	584.36
24	合肥工业大学建筑设计研究院	580.00
25	重庆大学城市规划与研究院	565.00
26	中工武大设计研究院有限公司	487.80
27	上海同济新产业发展公司	484.77
28	合肥工大建设监理有限责任公司	476.00
29	北京矿大能源安全科技有限公司	431.16
30	山东山大鸥玛软件有限公司	411.00
31	北京银盘电子技术有限公司	410.00
32	白求恩医科大学制药厂	402.00
33	北京化大化新科技股份有限公司	384.00
34	成都艾格机电设备有限责任公司	372.88
35	重庆重大远兴科技发展有限公司	362.00
36	北洋国家精馏技术工程发展有限公司	353.40
37	北京北大英华科技有限公司	310.00
38	天津大学水运水利勘察设计研究所	282.16
39	沈阳东创贵金属材料有限公司	279.18
40	广州华工信息软件有限公司	272.69
41	广州中大中鸣科技有限公司	272.00
42	北京金时石油测试技术有限公司	239.00
43	广州绿色盈康生物工程有限公司	233.00
44	四川大学工程设计研究院	212.17

续表

序号	教育部直属高校校办科技企业	实际缴纳税金
45	北外在线（北京）教育科技有限公司	198.00
46	辽宁东大冷弯型钢有限公司	197.12
47	北京石大油软技术有限公司	188.47
48	无锡江大技术转移工程公司	173.48
49	上海二医张江生物材料有限公司	173.00
50	北京油源恒业科技有限公司	150.00
51	江苏南大金山环保科技有限公司	147.20
52	南京南大仪器厂	146.97
53	南京大学建筑规划设计研究院	141.58
54	山大鲁能信息科技有限公司	126.00
55	沈阳东大科技企业孵化器有限公司	114.58
56	吉林大学辊锻件厂	112.43
57	兰州兰大小精灵新技术有限责任公司	109.18
58	广州华南教育科技发展有限公司	103.70
59	广东华南理工大学造纸与污染控制国家工程研究中心	89.43
60	西南交通大学扬华技术开发公司	83.71
61	北京师范大学光电仪器厂	79.58
62	合肥工业大学岩土工程勘察设计研究院	72.00
63	广州中大医疗器械有限公司	69.00
64	上海东华健利纺织科技有限公司	68.10
65	成都西南交通大学科技园管理有限责任公司	66.50
66	浙江大学三伊电气电子工程公司	65.00
67	广州数园网络有限公司	64.83
68	北京师宏药物研制中心	64.47
69	上海复旦爆破建设工程有限公司	64.00
70	武汉交科工程咨询有限公司	63.98
71	山东吕美容体技术有限公司	60.00
72	华南理工大学科技实业总厂	58.43
73	上海复旦天翼计算机有限公司	58.00
74	青岛海大建设工程检测鉴定中心	47.42
75	重庆真测科技股份有限公司	47.02

续表

序号	教育部直属高校校办科技企业	实际缴纳税金
76	杨凌西北农林科大新天地设施农业开发公司	46.11
77	武汉武大科技园有限公司	45.90
78	华中师范大学科技开发总公司	41.61
79	上海城市污染控制工程研究中心有限公司	38.70
80	青岛海大科技咨询开发公司	37.57
81	西安交大思源精密工程有限责任公司	36.52
82	成都科技大学环保科技研究所	36.51
83	北京化大群星科技公司	36.00
84	武汉马房山理工工程结构检测有限公司	33.42
85	湖南大学科技园有限公司	31.00
86	天津市天大北斗科技发展有限公司	30.13
87	上海东华海欣纺织发展有限公司	27.00
88	武汉理工新能源有限公司	26.43
89	北京大学建筑设计研究院	26.00
90	武汉华中农业大学科技产业开发部	24.73
91	华西医科大学卫生部口腔种植科技中心	24.72
92	上海复旦旦华科技有限公司	23.61
93	上海纳米技术及应用国家工程研究中心有限公司	21.90
94	四川川大科技园发展有限公司	20.17
95	广州中大药物开发有限公司	20.11
96	兰州大学合华技术应用开发中心	19.82
97	广州中大中山医科技开发有限公司	19.80
98	青岛海大科技开发中心	17.67
99	上海复旦计算机设备厂	17.27
100	湖大海捷（湖南）工程技术研究有限公司	17.10

六、2010 年度教育部直属高校资产公司统计分析

1. 教育部直属高校资产公司概况

2010 年度参加教育部直属高校校办产业统计工作的资产公司共 66 家，占教育部直属高校上报企业总数（1 448 家）的 4.56%，建立资产公司的直属高校占参加统计工作直属高校总数的 90.41%，如图 6-1 所示。

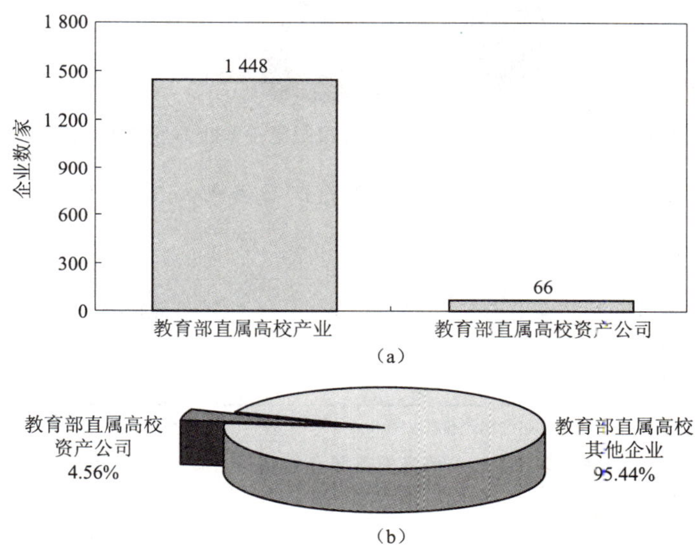

图 6-1　2010 年度参加教育部直属高校校办产业统计工作的资产公司概况

（a）直属高校资产公司数；（b）教育部直属高校资产公司占比

2. 资产状况

① 2010 年末，教育部直属高校资产公司的资产总额为 1 777.72 亿元，占教育部直属高校校办产业资产总额（1 977.48 亿元）的 89.90%，占全国高校资产公司资产总额（1 864.88 亿元）的 95.33%，如图 6-2 所示。

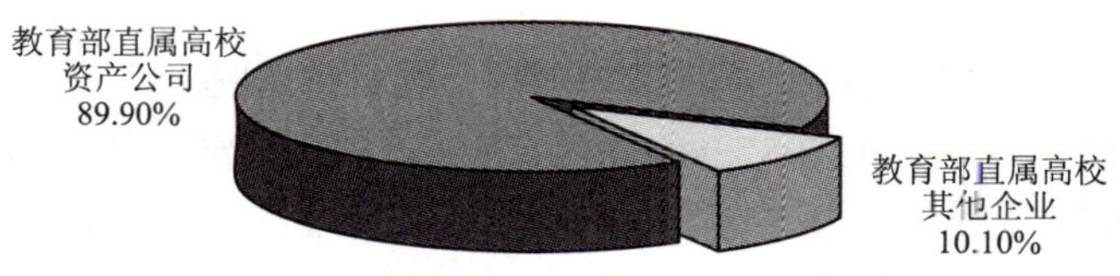

图 6-2　2010 年末教育部直属高校资产公司资产总额占比

②2010年末，教育部直属高校资产公司的负债额为1 043.09亿元，占教育部直属高校校办产业负债额(1 132.55亿元)92.10%，占全国高校资产公司负债额(1 085.25亿元)的96.12%，如图6-3所示。

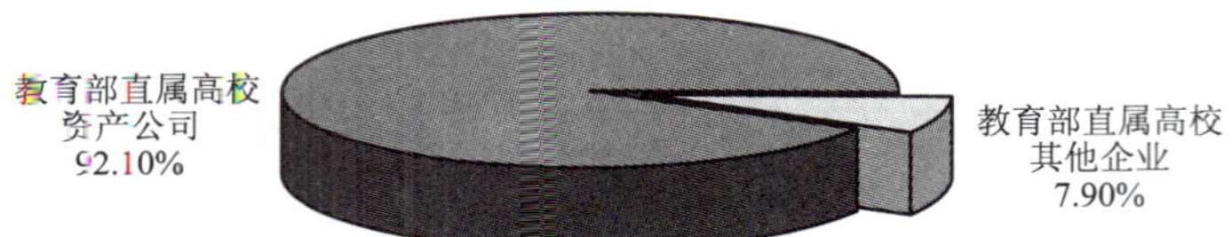

图6-3　2010年末教育部直属高校资产公司负债额占比

③2010年末，教育部直属高校资产公司归属于学校方股东的所有者权益为318.43亿元，占教育部直属高校校办产业归属于学校方股东的所有者权益（404.40亿元）的78.74%，占全国高校资产公司归属于学校方股东的所有者权益（355.58亿元）的89.55%，如图6-4所示。

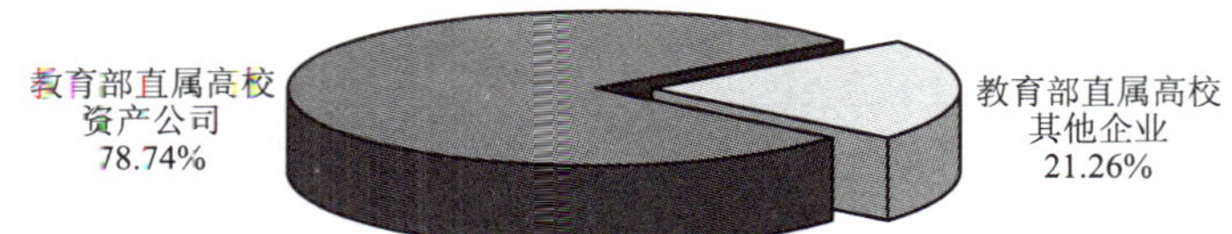

图6-4　2010年末教育部直属高校资产公司归属于学校方股东的所有者权益占比

④2010年末，教育部直属高校资产公司的资产负债率为58.68%，如图6-5所示。

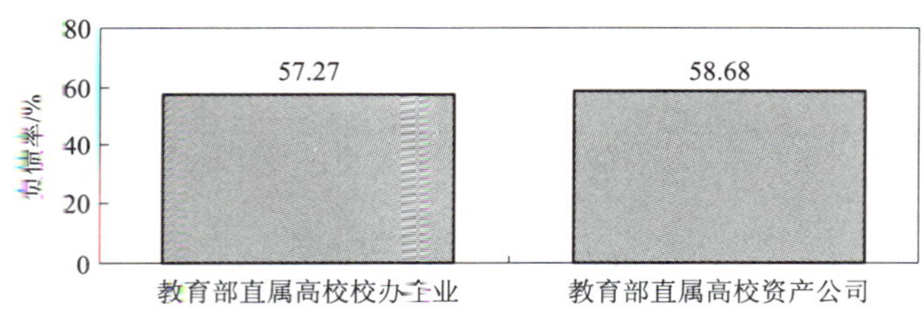

图6-5　2010年末教育部直属高校资产公司资产负债率

3. 经营状况

(1) 收入总额情况

2010年度教育部直属高校资产公司收入总额为1 353.65亿元，占教育部直属高校校办产业收入总额（1 468.34亿元）的92.16%，占全国高校资产公司收入总额（1 395.09亿元）的97.03%，比2009年度教育部直属高校资产公司收入总额(1 117.13亿元)增加了236.52亿元，增长率为21.17%，如图6-6所示。

(2) 利润总额情况

2010年度教育部直属高校资产公司实现利润总额为77.18亿元，占教育部直属高校校办产业实现利润总额（87.76亿元）的87.94%，占全国高校资产公司实现利润总额（81.39亿元）的94.83%。比2009年度教育部直属高校资产公司实现利润总额（64.93亿元）增加了12.25亿元，增长率为18.87%，如图6-7所示。

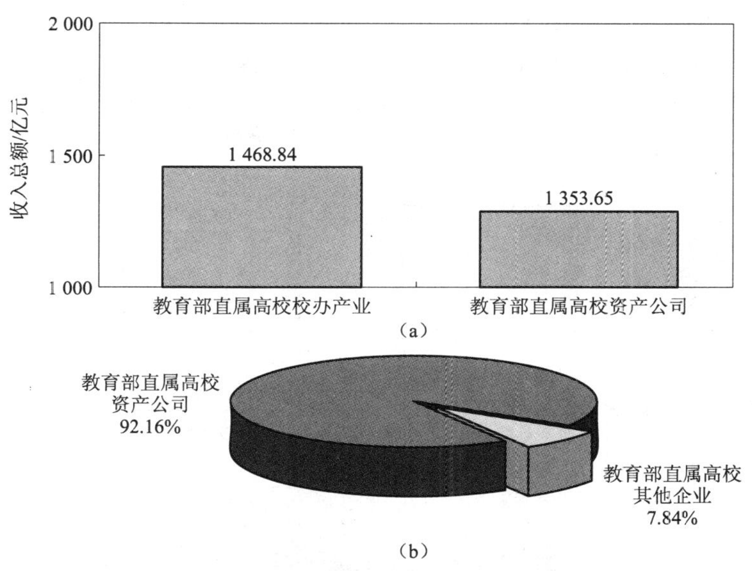

图 6-6　2010 年度教育部直属高校资产公司收入总额情况

（a）教育部直属高校资产公司收入总额；（b）教育部直属高校资产公司收入总额占比

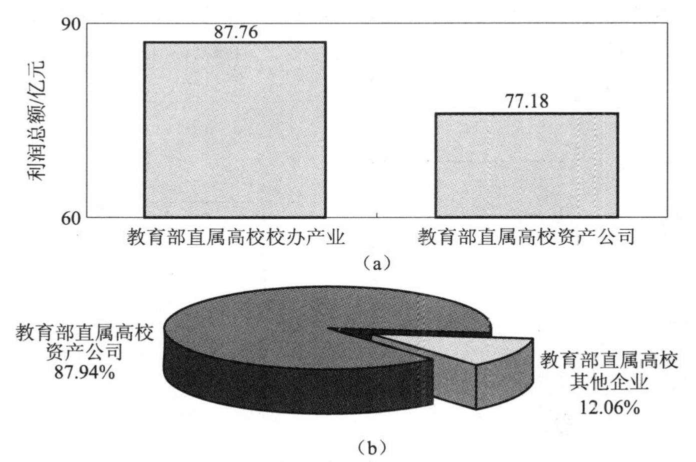

图 6-7　2010 年度教育部直属高校资产公司实现利润总额情况

（a）教育部直属高校资产公司实现利润总额；（b）教育部直属高校资产公司实现利润总额占比

（3）净利润额情况

2010 年度教育部直属高校资产公司实现净利润额为 63.08 亿元，占教育部直属高校校办产业实现净利润额（72.01 亿元）的 87.60%，占全国高校资产公司净利润额（66.54 亿元）的 94.80%，比 2009 年度教育部直属高校资产公司净利润额（37.99 亿元）增加了 25.09 亿元，增长率为 66.04%，如图 6-8 所示。

（4）归属于学校方股东的净利润额情况

2010 年度教育部直属高校资产公司归属于学校方股东的净利润额为 26.18 亿元，占教育部直属高校校办产业归属于学校方股东净利润额（31.63 亿元）的 82.77%，占全国高校资产公司归属于学校方股东净利润额（29.00 亿元）的 90.28%，比 2009 年度教育部直属高校资产公司归属于学校方股东的净利润额（23.91 亿元）增加了 2.27 亿元，增长率为 9.49%，如图 6-9 所示。

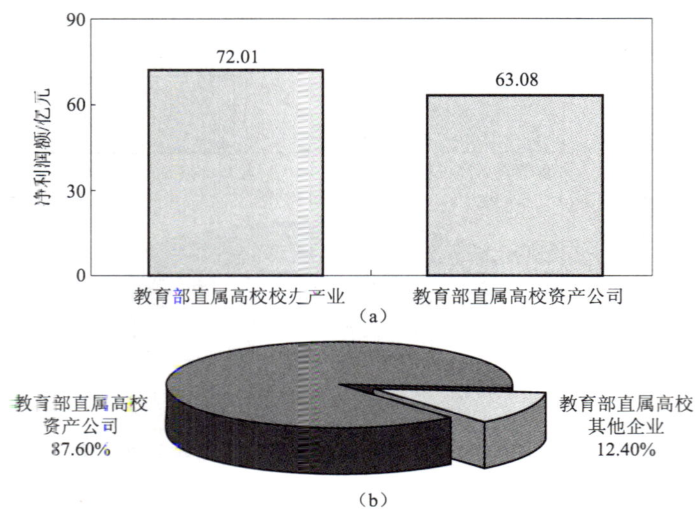

图 6-8　2010 年度教育部直属高校资产公司实现净利润额情况

（a）教育部直属高校资产公司实现净利润额；（b）教育部直属高校资产公司实现净利润额占比

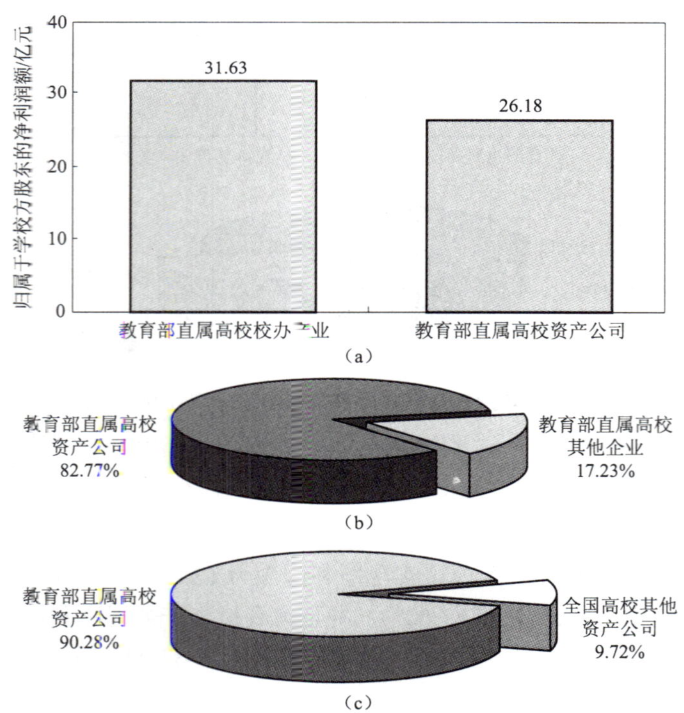

图 6-9　2010 年度教育部直属高校资产公司归属于学校方股东的净利润额情况

（a）教育部直属高校资产公司归属于学校方股东的净利润额；（b）教育部直属高校资产公司归属于学校方股东的净利润额占比；（c）教育部直属高校资产公司占全国高校其他资产公司归属于学校方股东的净利润额份额

（5）已支付给学校的利润额或股利情况

2010 年度教育部直属高校资产公司已支付给学校的利润额或股利为 6.98 亿元，占教育部直属高校校办产业已支付给学校的利润额或股利（9.69 亿元）的 72.03%，占全国高校资产公司已支付给学校的利润额或股利（7.47 亿元）的 93.44%，比 2009 年度教育部直属高校资产公司已支付给学校的利润额或股利（4.08 亿元）增加了 2.90 亿元，增长率为 71.08%，如图 6-10 所示。

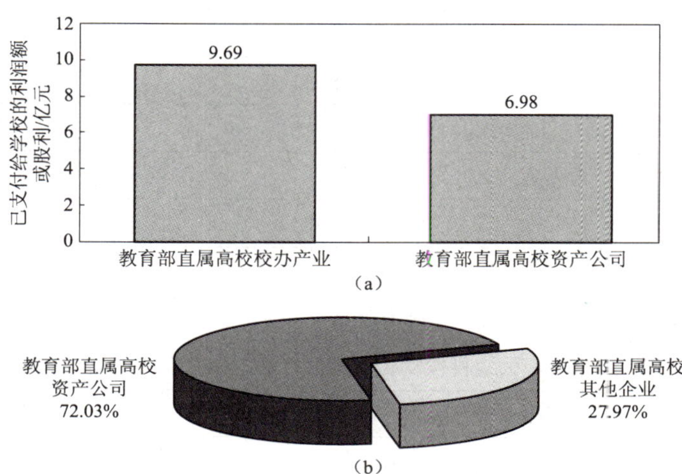

图 6-10　2010 年度教育部直属高校资产公司已支付给学校的利润额或股利情况

（a）教育部直属高校资产公司已支付给学校的利润额或股利；（b）教育部直属高校资产公司已支付给学校的利润额或股利占比

（6）上交税金情况

2010 年度教育部直属高校资产公司向国家缴纳税金总额为 56.30 亿元，占教育部直属高校校办产业缴纳税金总额（123.24 亿元）的 45.68%，占全国高校资产公司缴纳税金总额（59.04 亿元）的 95.36%，比 2009 年度教育部直属高校资产公司缴纳税金总额（48.24 亿元）增加了 8.06 亿元，增长率为 16.71%，如图 6-11 所示。

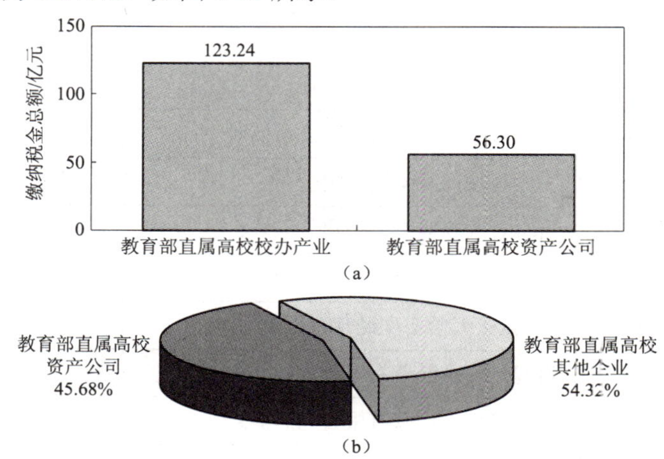

图 6-11　2010 年度教育部直属高校资产公司向国家缴纳税金情况

（a）教育部直属高校资产公司缴纳税金总额；（b）教育部直属高校资产公司缴纳税金占比

4. 2010年度教育部直属高校资产公司统计综合分析附表

附表1　教育部直属高校资产公司情况一览表

2010年12月31日

序号	资产公司名称	学校名称
1	北大资产经营有限公司	北京大学
2	人大世纪科技发展有限公司	中国人民大学
3	清华控股有限公司	清华大学
4	北京交大资产经营有限公司	北京交通大学
5	北京科大资产经营有限公司	北京科技大学
6	北京北化大投资有限公司	北京化工大学
7	北京北邮资产经营有限公司	北京邮电大学
8	北京中农大地科技发展有限公司	中国农业大学
9	北京林大资产经营有限公司	北京林业大学
10	北京师大资产经营有限责任公司	北京师范大学
11	北京中传资产管理有限公司	中国传媒大学
12	中财大投资顾问（北京）有限公司	中央财经大学
13	北京乐艺中音文化艺术有限责任公司	中央音乐学院
14	北京华电天德资产经营有限公司	华北电力大学
15	北京北中资产管理有限公司	北京中医药大学
16	北京中地大投资管理有限责任公司	中国地质大学（北京）
17	北京中石大新元投资有限公司	中国石油大学（北京）
18	天津南开大学资产经营有限责任公司	南开大学
19	天津大学资产经营有限公司	天津大学
20	大连理工大学产业投资有限公司	大连理工大学
21	东北大学科技产业集团有限公司	东北大学
22	吉林吉大控股有限公司	吉林大学
23	吉林东北师大资产经营有限公司	东北师范大学
24	哈尔滨东北林业大学资产经营有限公司	东北林业大学
25	上海复旦资产经营有限公司	复旦大学
26	上海同济资产经营有限公司	同济大学
27	上海交大产业投资管理（集团）有限公司	上海交通大学
28	上海华理资产经营有限公司	华东理工大学

续表

序号	资产公司名称	学校名称
29	上海东华镜月资产经营有限公司	东华大学
30	上海华东师大资产经营有限公司	华东师范大学
31	上海上外资产经营管理有限公司	上海外国语大学
32	上海财大产业投资管理有限公司	上海财经大学
33	南京大学资产经营有限公司	南京大学
34	江苏东南大学资产经营有限公司	东南大学
35	徐州中国矿业大学资产经营有限公司	中国矿业大学（徐州）
36	江苏河海大学资产经营有限公司	河海大学
37	无锡江南大学资产管理经营有限公司	江南大学
38	南京农业大学资产经营有限公司	南京农业大学
39	江苏省中国药科大学控股有限责任公司	中国药科大学
40	浙江大学圆正控股集团有限公司	浙江大学
41	合肥工业大学资产经营有限公司	合肥工业大学
42	厦门大学资产经营有限公司	厦门大学
43	山东山大产业集团有限公司	山东大学
44	青岛中国海洋大学控股有限公司	中国海洋大学
45	青岛中石大控股有限公司	中国石油大学（华东）
46	武汉大学资产经营投资管理有限责任公司	武汉大学
47	武汉华中科技大产业集团有限公司	华中科技大学
48	武汉中地大资产经营有限公司	中国地质大学（武汉）
49	武汉理工大产业集团有限公司	武汉理工大学
50	武汉华中农大资产经营有限公司	华中农业大学
51	武汉华中师大资产经营管理有限公司	华中师范大学
52	武汉中南大资产经营有限责任公司	中南财经政法大学
53	湖南大学资产经营有限公司	湖南大学
54	中南大学资产经营有限公司	中南大学
55	广州中大控股有限公司	中山大学
56	广州华南理工大学资产经营有限公司	华南理工大学
57	四川川大科技产业集团有限公司	四川大学
58	重庆大学资产经营有限责任公司	重庆大学
59	成都西南交通大学产业（集团）有限公司	西南交通大学

续表

序号	资产公司名称	学校名称
60	成都成电大学科技园有限公司	电子科技大学
61	西南大学资产经营有限公司	西南大学
62	四川西南财大资产经营有限公司	西南财经大学
63	西安交大资产经营有限公司	西安交通大学
64	陕西西安电子科大资产经营有限公司	西安电子科技大学
65	西安长大资产经营有限公司	长安大学
66	杨凌农科大资产经营有限公司	西北农林科技大学
67	陕西师范大学资产经营有限责任公司	陕西师范大学
68	兰州大学资产经营有限公司	兰州大学

备注：在教育部直属高校68家资产公司中，有2家高校的资产公司未参加2010年度全国高校校办产业统计工作，分别是中央财经大学所属的中财大投资顾问（北京）有限公司、南开大学所属的天津南开大学资产经营有限责任公司。

附表2　教育部直属高校资产公司资产总额排名前五十名情况一览表

2010年12月31日　　　　单位：万元

序号	资产公司名称	资产总额
1	北大资产经营有限公司	6 752 347.90
2	清华控股有限公司	5 060 424.00
3	东北大学科技产业集团有限公司	1 194 610.31
4	上海同济资产经营有限公司	711 519.86
5	武汉华中科技大产业集团有限公司	614 569.87
6	上海交大产业投资管理（集团）有限公司	471 187.69
7	青岛中石大控股有限公司	398 432.07
8	浙江大学圆正控股集团有限公司	353 298.22
9	成都西南交通大学产业（集团）有限公司	281 052.51
10	山东山大产业集团有限公司	231 751.96
11	广州中大控股有限公司	230 861.69
12	武汉大学资产经营投资管理有限责任公司	184 572.93
13	中南大学资产经营有限公司	145 419.52
14	西安交大资产经营有限公司	116 425.68
15	湖南大学资产经营有限公司	97 651.31
16	广州华南理工大学资产经营有限公司	85 571.92

续表

序号	资产公司名称	资产总额
17	上海复旦资产经营有限公司	73 504.98
18	武汉理工大产业集团有限公司	66 887.18
19	四川川大科技产业集团有限公司	63 761.17
20	厦门大学资产经营有限公司	51 739.77
21	大连理工大学产业投资有限公司	48 494.00
22	重庆大学资产经营有限责任公司	43 152.14
23	南京大学资产经营有限公司	37 901.03
24	江苏东南大学资产经营有限公司	36 553.57
25	北京林大资产经营有限公司	36 329.09
26	北京科大资产经营有限公司	30 447.31
27	吉林吉大控股有限公司	24 885.53
28	北京中农大地科技发展有限公司	24 066.55
29	陕西师范大学资产经营有限责任公司	23 202.72
30	上海华理资产经营有限公司	20 771.60
31	北京北化大投资有限公司	18 742.00
32	北京北邮资产经营有限公司	17 264.28
33	西安长大资产经营有限公司	16 128.66
34	杨凌农科大资产经营有限公司	15 706.63
35	西南大学资产经营有限公司	15 575.56
36	吉林东北师大资产经营有限公司	14 645.10
37	北京华电天德资产经营有限公司	11 411.26
38	成都成电大学科技园有限公司	11 363.00
39	武汉华中师大资产经营管理有限公司	10 948.19
40	江苏河海大学资产经营有限公司	10 757.35
41	合肥工业大学资产经营有限公司	10 603.41
42	徐州中国矿业大学资产经营有限公司	10 041.79
43	人大世纪科技发展有限公司	9 702.64
44	无锡江南大学资产管理经营有限公司	9 505.07
45	上海华东师大资产经营有限公司	9 360.11
46	四川西南财大资产经营有限公司	9 026.10
47	青岛中国海洋大学控股有限公司	8 863.75

续表

序号	资产公司名称	资产总额
48	上海财大产业投资管理有限公司	7 970.00
49	南京农业大学资产经营有限公司	7 317.49
50	北京中地大投资管理有限责任公司	6 044.97

附表3　教育部直属高校资产公司负债总额排名前五十名情况一览表

2010年12月31日　　单位：万元

序号	资产公司名称	负债总额
1	北大资产经营有限公司	4 285 704.56
2	清华控股有限公司	3 010 783.00
3	上海同济资产经营有限公司	474 227.71
4	上海交大产业投资管理（集团）有限公司	351 745.69
5	武汉华中科技大产业集团有限公司	313 507.63
6	东北大学科技产业集团有限公司	304 631.95
7	青岛中石大控股有限公司	294 315.86
8	浙江大学圆正控股集团有限公司	263 994.87
9	成都西南交通大学产业（集团）有限公司	219 731.12
10	广州中大控股有限公司	140 496.04
11	山东山大产业集团有限公司	95 445.26
12	湖南大学资产经营有限公司	91 547.99
13	西安交大资产经营有限公司	71 982.83
14	武汉大学资产经营投资管理有限责任公司	63 785.63
15	中南大学资产经营有限公司	48 294.17
16	广州华南理工大学资产经营有限公司	46 350.38
17	武汉理工大产业集团有限公司	36 850.04
18	厦门大学资产经营有限公司	32 240.49
19	上海复旦资产经营有限公司	21 762.22
20	重庆大学资产经营有限责任公司	21 610.35
21	南京大学资产经营有限公司	20 680.35
22	四川川大科技产业集团有限公司	20 521.33
23	大连理工大学产业投资有限公司	20 042.00
24	北京林大资产经营有限公司	20 040.25
25	北京科大资产经营有限公司	14 832.48

续表

序号	资产公司名称	负债总额
26	吉林吉大控股有限公司	13 157.73
27	北京中农大地科技发展有限公司	11 083.03
28	杨凌农科大资产经营有限公司	9 935.13
29	江苏东南大学资产经营有限公司	8 624.74
30	陕西师范大学资产经营有限责任公司	7 622.31
31	江苏河海大学资产经营有限公司	7 550.46
32	北京北化大投资有限公司	7 277.00
33	西安长大资产经营有限公司	6 925.16
34	武汉华中师大资产经营管理有限公司	5 850.78
35	上海华理资产经营有限公司	5 535.22
36	北京华电天德资产经营有限公司	5 052.45
37	吉林东北师大资产经营有限公司	5 032.60
38	无锡江南大学资产管理经营有限公司	4 750.48
39	成都成电大学科技园有限公司	4 736.00
40	青岛中国海洋大学控股有限公司	4 418.97
41	北京北邮资产经营有限公司	3 773.98
42	上海华东师大资产经营有限公司	3 614.89
43	北京中地大投资管理有限责任公司	3 439.66
44	西南大学资产经营有限公司	3 327.84
45	四川西南财大资产经营有限公司	3 290.64
46	合肥工业大学资产经营有限公司	3 121.08
47	人大世纪科技发展有限公司	3 049.23
48	徐州中国矿业大学资产经营有限公司	2 883.32
49	武汉中地大资产经营有限公司	2 319.23
50	北京师大资产经营有限公司	1 516.27

附表 4　教育部直属高校资产公司归属于学校方股东的所有者权益排名前五十名情况一览表

2010 年 12 月 31 日　　单位：万元

序号	资产公司名称	归属于学校方股东的所有者权益
1	北大资产经营有限公司	846 198.64
2	清华控股有限公司	727 602.00
3	东北大学科技产业集团有限公司	375 730.97

续表

序号	资产公司名称	归属于学校方股东的所有者权益
4	武汉华中科技大产业集团有限公司	135 580.41
5	武汉大学资产经营投资管理有限责任公司	120 787.30
6	上海同济资产经营有限公司	117 215.12
7	浙江大学圆正控股集团有限公司	70 597.33
8	上海交大产业投资管理（集团）有限公司	63 358.93
9	青岛中石大控股有限公司	60 948.65
10	山东山大产业集团有限公司	54 132.13
11	上海复旦资产经营有限公司	48 125.15
12	广州华南理工大学资产经营有限公司	37 478.95
13	中南大学资产经营有限公司	35 937.61
14	四川川大科技产业集团有限公司	35 247.61
15	广州中大控股有限公司	34 809.70
16	西安交大资产经营有限公司	31 094.24
17	江苏东南大学资产经营有限公司	27 505.09
18	大连理工大学产业投资有限公司	25 877.00
19	重庆大学资产经营有限责任公司	20 192.70
20	成都西南交通大学产业（集团）有限公司	19 806.21
21	厦门大学资产经营有限公司	19 404.45
22	武汉理工大产业集团有限公司	18 284.48
23	南京大学资产经营有限公司	16 678.27
24	陕西师范大学资产经营有限责任公司	15 580.41
25	上海华理资产经营有限公司	15 016.27
26	北京科大资产经营有限公司	14 365.15
27	北京北邮资产经营有限公司	13 490.30
28	西南大学资产经营有限公司	12 247.72
29	北京林大资产经营有限公司	11 791.80
30	吉林吉大控股有限公司	11 727.80
31	北京北化大投资有限公司	9 937.00
32	北京中农大地科技发展有限公司	9 796.15
33	吉林东北师大资产经营有限公司	9 594.20
34	西安长大资产经营有限公司	9 203.50

续表

序号	资产公司名称	归属于学校方股东的所有者权益
35	上海财大产业投资管理有限公司	7 747.00
36	合肥工业大学资产经营有限公司	7 458.80
37	徐州中国矿业大学资产经营有限公司	6 968.13
38	人大世纪科技发展有限公司	6 653.41
39	北京华电天德资产经营有限公司	6 358.81
40	南京农业大学资产经营有限公司	6 030.49
41	四川西南财大资产经营有限公司	5 735.46
42	上海华东师大资产经营有限公司	5 660.65
43	成都成电大学科技园有限公司	5 355.00
44	湖南大学资产经营有限公司	5 174.60
45	武汉华中师大资产经营管理有限公司	5 097.41
46	无锡江南大学资产管理经营有限公司	4 513.50
47	青岛中国海洋大学控股有限公司	4 329.43
48	北京师大资产经营有限公司	4 264.26
49	杨凌农科大资产经营有限公司	4 255.33
50	北京交大资产经营有限公司	3 363.88

附表 5　教育部直属高校资产公司收入总额排名前五十名情况一览表

2010 年 12 月 31 日　　　　单位：万元

序号	资产公司名称	收入总额
1	北大资产经营有限公司	6 236 676.67
2	清华控股有限公司	3 450 836.00
3	青岛中石大控股有限公司	876 109.00
4	东北大学科技产业集团有限公司	649 446.76
5	上海同济资产经营有限公司	423 642.69
6	武汉华中科技大产业集团有限公司	386 705.05
7	广州中大控股有限公司	251 429.86
8	武汉大学资产经营投资管理有限责任公司	184 535.60
9	山东山大产业集团有限公司	129 293.43
10	浙江大学圆正控股集团有限公司	109 545.56
11	上海交大产业投资管理（集团）有限公司	107 486.36
12	广州华南理工大学资产经营有限公司	81 134.64

续表

序号	资产公司名称	收入总额
13	成都西南交通大学产业（集团）有限公司	69 654.73
14	西安交大资产经营有限公司	62 731.30
15	中南大学资产经营有限公司	55 003.50
16	北京林大资产经营有限公司	50 222.50
17	武汉理工大产业集团有限公司	34 077.90
18	大连理工大学产业投资有限公司	30 760.00
19	厦门大学资产经营有限公司	27 975.39
20	西安长大资产经营有限公司	26 695.30
21	四川川大科技产业集团有限公司	24 597.51
22	北京科大资产经营有限公司	24 566.53
23	江苏东南大学资产经营有限公司	24 497.03
24	重庆大学资产经营有限责任公司	23 787.40
25	湖南大学资产经营有限公司	20 867.36
26	北京北化大投资有限公司	18 586.00
27	北京中农大地科技发展有限公司	17 457.07
28	南京大学资产经营有限公司	17 201.69
29	上海复旦资产经营有限公司	14 688.77
30	无锡江南大学资产管理经营有限公司	10 065.55
31	北京师大资产经营有限公司	9 026.22
32	吉林东北师大资产经营有限公司	8 853.80
33	徐州中国矿业大学资产经营有限公司	8 649.52
34	陕西师范大学资产经营有限责任公司	7 931.74
35	吉林吉大控股有限公司	6 909.00
36	人大世纪科技发展有限公司	5 982.95
37	北京华电天德资产经营有限公司	5 233.53
38	合肥工业大学资产经营有限公司	4 964.12
39	上海华理资产经营有限公司	4 876.29
40	杨凌农科大资产经营有限公司	4 386.49
41	青岛中国海洋大学控股有限公司	3 986.10
42	江苏河海大学资产经营有限公司	3 957.07
43	成都成电大学科技园有限公司	2 750.10

续表

序号	资产公司名称	收入总额
44	四川西南财大资产经营有限公司	2 705.44
45	上海华东师大资产经营有限公司	2 645.87
46	上海东华镜月资产经营有限公司	2 611.32
47	北京北邮资产经营有限公司	2 320.10
48	南京农业大学资产经营有限公司	2 256.30
49	武汉华中师大资产经营管理有限公司	1 749.55
50	武汉中地大资产经营有限公司	1 128.77

附表6　教育部直属高校资产公司利润总额排名前五十名情况一览表

2010年12月31日　　单位：万元

序号	资产公司名称	利润总额
1	北大资产经营有限公司	294 365.34
2	清华控股有限公司	111 468.00
3	东北大学科技产业集团有限公司	69 056.07
4	武汉华中科技大产业集团有限公司	51 818.83
5	青岛中石大控股有限公司	51 308.60
6	上海同济资产经营有限公司	44 634.28
7	山东山大产业集团有限公司	24 266.97
8	浙江大学圆正控股集团有限公司	14 349.20
9	武汉大学资产经营投资管理有限责任公司	14 196.84
10	广州中大控股有限公司	11 539.59
11	上海交大产业投资管理（集团）有限公司	9 186.27
12	广州华南理工大学资产经营有限公司	8 331.63
13	南京大学资产经营有限公司	7 966.31
14	中南大学资产经营有限公司	7 759.80
15	成都西南交通大学产业（集团）有限公司	7 297.01
16	北京林大资产经营有限公司	4 897.22
17	西安交大资产经营有限公司	4 659.27
18	大连理工大学产业投资有限公司	4 303.00
19	四川川大科技产业集团有限公司	3 604.54
20	重庆大学资产经营有限责任公司	2 908.77
21	江苏东南大学资产经营有限公司	2 622.95

续表

序号	资产公司名称	利润总额
22	西安长大资产经营有限公司	2 498.93
23	陕西师范大学资产经营有限责任公司	2 244.64
24	北京科大资产经营有限公司	2 000.02
25	武汉理工大产业集团有限公司	1 998.39
26	上海华理资产经营有限公司	1 996.46
27	徐州中国矿业大学资产经营有限公司	1 986.17
28	上海复旦资产经营有限公司	1 546.23
29	合肥工业大学资产经营有限公司	1 309.15
30	北京华电天德资产经营有限公司	1 230.26
31	成都成电大学科技园有限公司	1 023.00
32	北京北化大投资有限公司	956.00
33	北京北邮资产经营有限公司	690.19
34	北京交大资产经营有限公司	650.88
35	江苏河海大学资产经营有限公司	561.43
36	吉林吉大控股有限公司	495.88
37	北京中农大地科技发展有限公司	453.82
38	南京农业大学资产经营有限公司	360.32
39	人大世纪科技发展有限公司	351.49
40	杨凌农科大资产经营有限公司	326.55
41	上海财大产业投资管理有限公司	304.00
42	北京师大资产经营有限公司	249.77
43	上海东华镜月资产经营有限公司	187.42
44	吉林东北师大资产经营有限公司	128.50
45	四川西南财大资产经营有限公司	128.38
46	厦门大学资产经营有限公司	124.31
47	上海上外资产经营管理有限公司	90.87
48	西南大学资产经营有限公司	78.99
49	无锡江南大学资产管理经营有限公司	63.20
50	上海华东师大资产经营有限公司	22.51

附表 7　教育部直属高校资产公司净利润额排名前五十名情况一览表

2010 年 12 月 31 日　　　　　　　　　　　　单位：万元

序号	资产公司名称	净利润额
1	北大资产经营有限公司	232 546.37
2	清华控股有限公司	97 064.00
3	东北大学科技产业集团有限公司	61 824.44
4	武汉华中科技大产业集团有限公司	43 450.39
5	青岛中石大控股有限公司	40 647.10
6	上海同济资产经营有限公司	35 395.15
7	山东山大产业集团有限公司	20 607.08
8	浙江大学圆正控股集团有限公司	11 549.23
9	广州中大控股有限公司	9 533.76
10	武汉大学资产经营投资管理有限责任公司	9 227.94
11	上海交大产业投资管理（集团）有限公司	7 763.46
12	广州华南理工大学资产经营有限公司	6 916.46
13	中南大学资产经营有限公司	6 522.42
14	南京大学资产经营有限公司	6 066.69
15	成都西南交通大学产业（集团）有限公司	5 730.12
16	北京林大资产经营有限公司	4 054.36
17	大连理工大学产业投资有限公司	3 879.00
18	西安交大资产经营有限公司	3 453.91
19	重庆大学资产经营有限责任公司	2 824.80
20	江苏东南大学资产经营有限公司	2 356.70
21	陕西师范大学资产经营有限责任公司	2 244.33
22	西安长大资产经营有限公司	2 130.35
23	上海华理资产经营有限公司	1 957.98
24	北京科大资产经营有限公司	1 804.50
25	武汉理工大产业集团有限公司	1 731.14
26	徐州中国矿业大学资产经营有限公司	1 541.51
27	四川川大科技产业集团有限公司	1 472.14
28	上海复旦资产经营有限公司	1 456.08
29	合肥工业大学资产经营有限公司	1 292.44
30	北京华电天德资产经营有限公司	1 080.33

续表

序号	资产公司名称	净利润额
31	成都成电大学科技园有限公司	812.30
32	北京北化大投资有限公司	794.00
33	北京北邮资产经营有限公司	690.19
34	北京交大资产经营有限公司	650.88
35	江苏河海大学资产经营有限公司	530.72
36	吉林吉大控股有限公司	473.22
37	南京农业大学资产经营有限公司	353.81
38	人大世纪科技发展有限公司	332.03
39	北京中农大地科技发展有限公司	323.97
40	上海财大产业投资管理有限公司	266.00
41	上海东华镜月资产经营有限公司	144.70
42	北京师大资产经营有限公司	114.65
43	四川西南财大资产经营有限公司	87.33
44	上海上外资产经营管理有限公司	81.02
45	西南大学资产经营有限公司	77.87
46	吉林东北师大资产经营有限公司	60.50
47	杨凌农科大资产经营有限公司	46.31
48	武汉华中师大资产经营管理有限公司	41.54
49	北京中地大投资管理有限责任公司	13.06
50	上海华东师大资产经营有限公司	10.10

附表 8　教育部直属高校资产公司归属于学校方股东的净利润额排名前五十名情况一览表

2010 年 12 月 31 日　　　　单位：万元

序号	资产公司名称	归属于学校方股东的净利润额
1	北大资产经营有限公司	75 734.45
2	青岛中石大控股有限公司	33 827.00
3	清华控股有限公司	30 871.00
4	上海同济资产经营有限公司	22 199.73
5	武汉华中科技大产业集团有限公司	16 755.28
6	东北大学科技产业集团有限公司	13 886.73
7	浙江大学圆正控股集团有限公司	7 793.29
8	上海交大产业投资管理（集团）有限公司	7 763.46

续表

序号	资产公司名称	归属于学校方股东的净利润额
9	广州华南理工大学资产经营有限公司	6 832.36
10	山东山大产业集团有限公司	6 180.22
11	南京大学资产经营有限公司	6 066.69
12	广州中大控股有限公司	3 749.41
13	大连理工大学产业投资有限公司	3 349.00
14	武汉大学资产经营投资管理有限责任公司	3 006.30
15	中南大学资产经营有限公司	2 900.94
16	重庆大学资产经营有限责任公司	2 811.54
17	北京林大资产经营有限公司	2 499.94
18	西安交大资产经营有限公司	2 392.26
19	江苏东南大学资产经营有限公司	2 282.48
20	上海华理资产经营有限公司	1 957.07
21	北京科大资产经营有限公司	1 703.23
22	徐州中国矿业大学资产经营有限公司	1 533.22
23	四川川大科技产业集团有限公司	1 472.14
24	上海复旦资产经营有限公司	1 380.12
25	合肥工业大学资产经营有限公司	1 290.97
26	武汉理工大产业集团有限公司	1 241.66
27	成都成电大学科技园有限公司	812.30
28	北京北化大投资有限公司	722.00
29	北京北邮资产经营有限公司	690.19
30	南京农业大学资产经营有限公司	353.81
31	人大世纪科技发展有限公司	332.03
32	北京华电天德资产经营有限公司	327.75
33	北京中农大地科技发展有限公司	323.97
34	江苏河海大学资产经营有限公司	310.09
35	上海财大产业投资管理有限公司	266.00
36	杨凌农科大资产经营有限公司	133.59
37	北京师大资产经营有限公司	114.65
38	上海东华镜月资产经营有限公司	90.90
39	上海上外资产经营管理有限公司	80.70

续表

序号	资产公司名称	归属于学校方股东的净利润额
40	西南大学资产经营有限公司	77.87
41	吉林东北师大资产经营有限公司	59.50
42	上海华东师大资产经营有限公司	16.13
43	北京中地大投资管理有限责任公司	13.06
44	北京交大资产经营有限公司	6.50
45	武汉华中师大资产经营管理有限公司	0.32
46	武汉中地大资产经营有限公司	0.04
47	北京中传资产管理有限公司	0.00
48	江苏省中国药科大学控股有限责任公司	–0.05
49	武汉华中农大资产经营有限公司	–5.48
50	无锡江南大学资产管理经营有限公司	–8.36

附表9　教育部直属高校资产公司实际缴纳税金排名前五十名情况一览表

201[illegible] 年 12 月 31 日　　单位：万元

序号	资产公司名称	实际缴纳税金
1	北大资产经营有限公司	171 110.92
2	清华控股有限公司	108 250.62
3	青岛中石大控股有限公司	95 781.90
4	东北大学科技产业集团有限公司	40 671.62
5	上海同济资产经营有限公司	30 224.01
6	武汉华中科技大产业集团有限公司	24 452.00
7	山东山大产业集团有限公司	17 651.78
8	上海交大产业投资管理（集团）有限公司	10 474.77
9	武汉大学资产经营投资管理有限责任公司	8 518.10
10	广州中大控股有限公司	7 357.64
11	浙江大学圆正控股集团有限公司	5 611.66
12	广州华南理工大学资产经营有限公司	4 985.12
13	西安交大资产经营有限公司	4 085.81
14	上海复旦资产经营有限公司	3 604.17
15	武汉理工大产业集团有限公司	3 566.50
16	四川川大科技产业集团有限公司	3 269.62
17	江苏东南大学资产经营有限公司	2 351.58

续表

序号	资产公司名称	实际缴纳税金
18	北京林大资产经营有限公司	2 320.89
19	成都西南交通大学产业（集团）有限公司	2 244.14
20	西安长大资产经营有限公司	1 973.93
21	大连理工大学产业投资有限公司	1 879.54
22	厦门大学资产经营有限公司	1 527.49
23	湖南大学资产经营有限公司	1 208.49
24	北京北化大投资有限公司	1 077.00
25	北京中农大地科技发展有限公司	995.57
26	北京科大资产经营有限公司	944.60
27	南京大学资产经营有限公司	799.95
28	北京华电天德资产经营有限公司	750.92
29	成都成电大学科技园有限公司	715.50
30	吉林东北师大资产经营有限公司	557.33
31	陕西师范大学资产经营有限责任公司	482.41
32	无锡江南大学资产管理经营有限公司	432.86
33	北京师大资产经营有限公司	422.39
34	合肥工业大学资产经营有限公司	417.58
35	上海华东师大资产经营有限公司	337.45
36	杨凌农科大资产经营有限公司	329.20
37	青岛中国海洋大学控股有限公司	235.33
38	四川西南财大资产经营有限公司	233.41
39	人大世纪科技发展有限公司	227.96
40	江苏河海大学资产经营有限公司	205.15
41	上海华理资产经营有限公司	175.14
42	上海东华镜月资产经营有限公司	140.48
43	武汉中地大资产经营有限公司	70.45
44	北京中传资产管理有限公司	65.48
45	陕西西安电子科大资产经营有限公司	53.98
46	吉林吉大控股有限公司	50.46
47	北京北邮资产经营有限公司	29.17
48	上海上外资产经营管理有限公司	24.64
49	武汉华中师大资产经营管理有限公司	24.07
50	南京农业大学资产经营有限公司	23.80

七、2010 年度全国高校校办出版社统计分析

1. 全国高校校办出版社概况

2010 年度参加全国高校校办产业统计工作的 3 564 个校办企业来自全国 29 个省、自治区、直辖市的 494 所高校。其中，有 98 家出版社，占全国高校上报企业数的 2.75%，如图 7-1 所示。

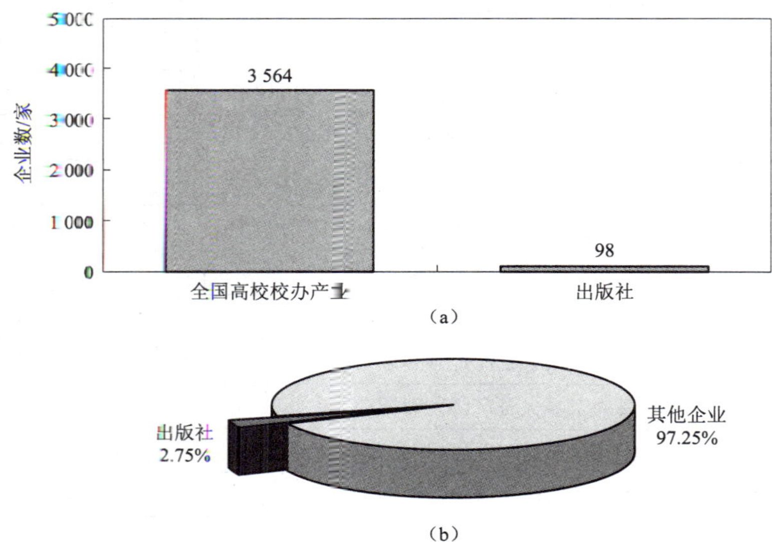

图 7-1　2010 年度参加全国普通高校校办产业统计工作的出版社情况

（a）高校出版社数量；（b）高校出版社占比

2. 资产状况

① 2010 年末，全国高校校办出版社的资产总额为 113.54 亿元，占全国高校校办产业资产总额（2 292.41 亿元）的 4.95%，如图 7-2 所示。

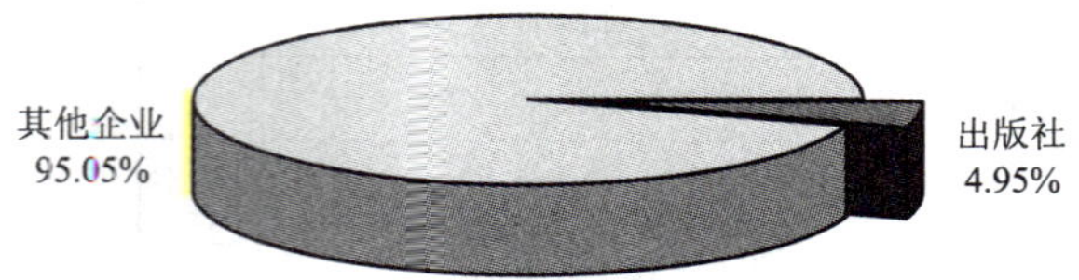

图 7-2　2010 年末全国高校校办出版社资产总额占比

② 2010 年末，全国高校校办出版社的负债额为 33.44 亿元，占全国高校校办产业负债额

（1 314.63 亿元）的 2.54%，如图 7-3 所示。

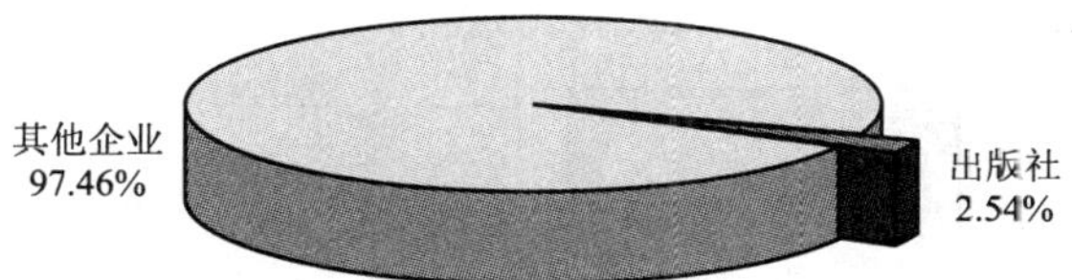

图 7-3　2010 年末全国高校校办出版社负债额占比

③ 2010 年末，全国高校校办出版社的所有者权益为 80.10 亿元，占全国高校校办产业所有者权益（977.78 亿元）的 8.19%，如图 7-4 所示。

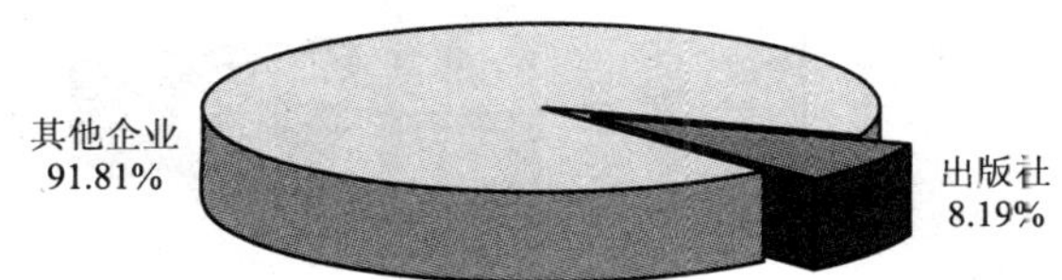

图 7-4　2010 年末全国高校校办出版社所有者权益占比

④ 2010 年末，全国高校校办出版社归属于学校方股东的所有者权益为 74.98 亿元，占全国高校校办产业归属于学校方股东所有者权益（513.06 亿元）的 14 61%，如图 7-5 所示。

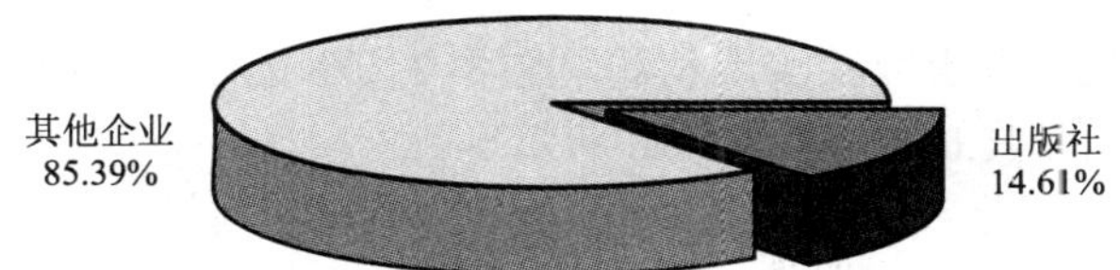

图 7-5　2010 年末全国高校校办出版社归属于学校方股东的所有者权益占比

⑤ 2010 年末，全国高校校办出版社的资产负债率为 29.45%，如图 7-6 所示。

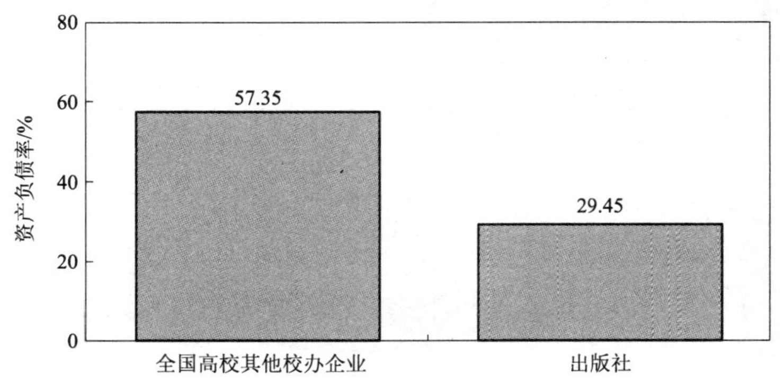

图 7-6　2010 年末全国高校校办出版社的资产负债率

3. 经营状况

（1）收入总额情况

2010 年度全国高校校办出版社收入总额为 78.26 亿元，占全国高校校办产业收入总额

（1 671.83 亿元）的 4.68%，如图 7-7 所示。

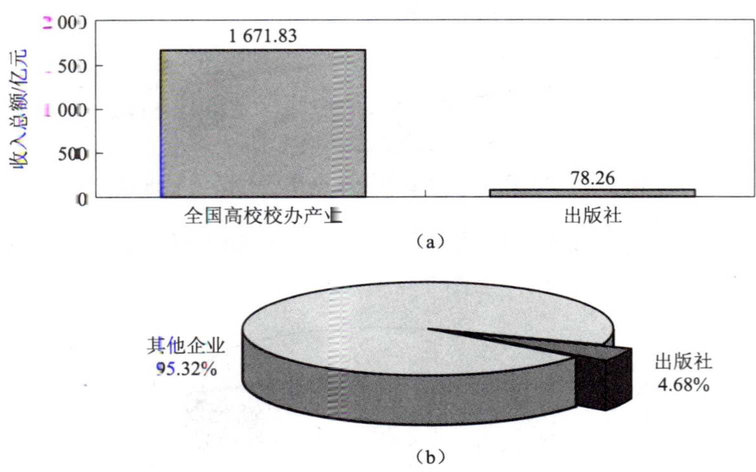

图 7-7　2010 年度全国高校校办出版社收入总额情况

（a）全国高校校办出版社收入总额；（b）全国高校校办出版社收入总额占比

（2）利润总额情况

2010 年度全国高校校办出版社实现利润总额为 11.09 亿元，占全国高校校办产业实现利润总额（100.28 亿元）的 11.06%，如图 7-8 所示。

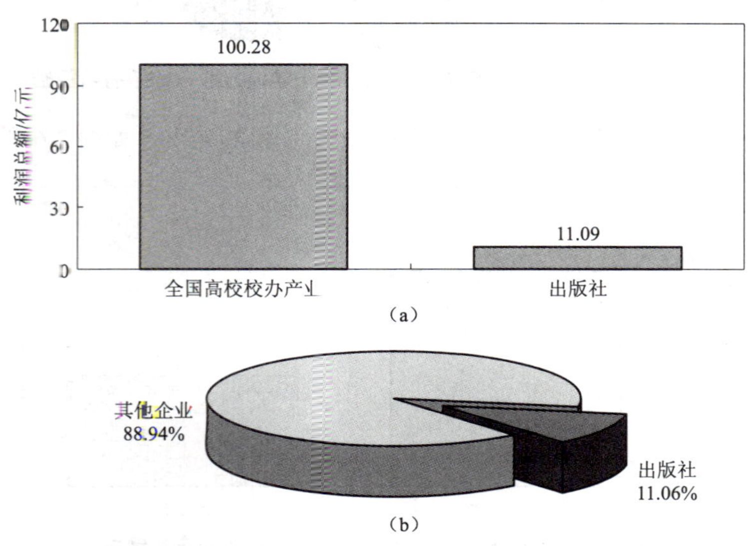

图 7-8　2010 年度全国高校校办出版社实现利润总额情况

（a）全国高校校办出版社实现利润总额；（b）全国高校校办出版社实现利润额占比

（3）净利润额情况

2010 年度全国高校校办出版社实现净利润额为 10.33 亿元，占全国高校校办产业实现净利润额（82.00 亿元）的 12.60%，如图 7-9 所示。

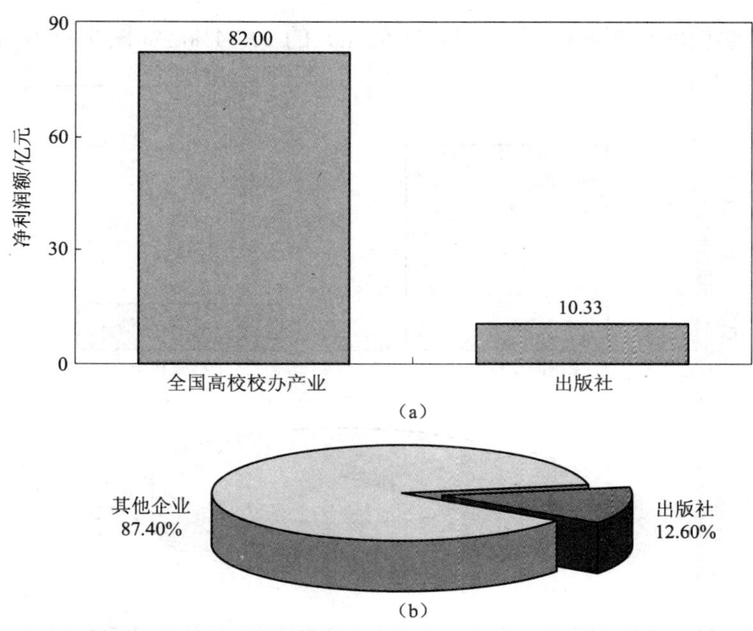

图 7-9　2010 年度全国高校校办出版社实现净利润额情况

（a）全国高校校办出版社实现净利润额；（b）全国高校校办出版社实现净利润额占比

（4）归属于学校方股东的净利润额情况

2010 年度全国高校校办出版社归属于学校方股东的净利润额为 8.13 亿元，占全国高校校办产业归属于学校方股东净利润额（38.27 亿元）的 21.24%，如图 7-10 所示。

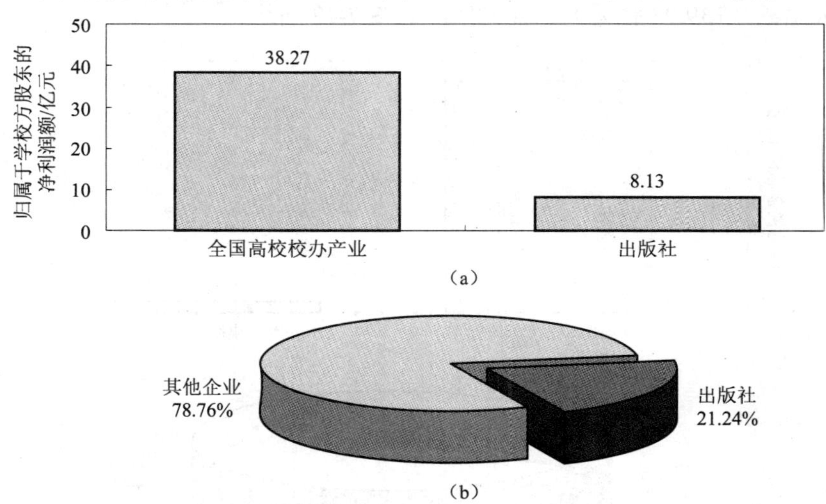

图 7-10　2010 年度全国高校校办出版社归属于学校方股东的净利润额情况

（a）全国高校校办出版社归属于学校方股东的净利润额；（b）全国高校校办出版社归属于学校方股东的净利润额占比

（5）已支付给学校的利润额或股利情况

2010 年度全国高校校办出版社已支付给学校的利润额或股利为 2.67 亿元，占全国高校校办产业已支付给学校的利润额或股利（11.74 亿元）的 22.74%，如图 7-11 所示。

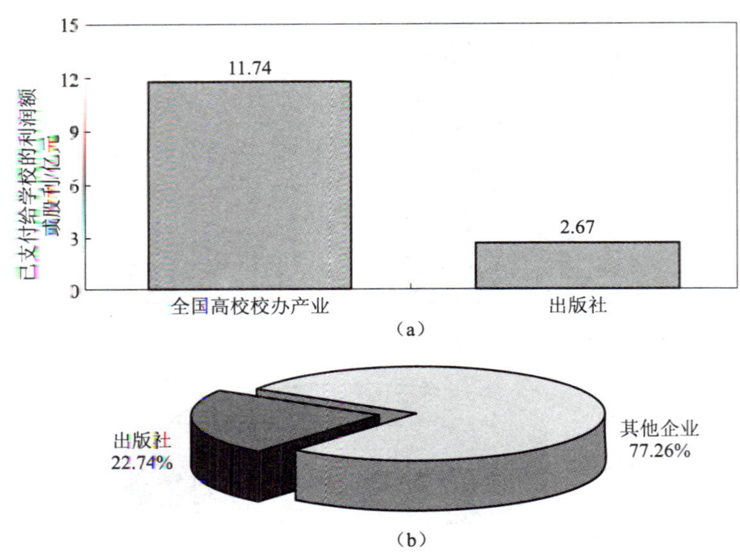

图 7-11　2010 年度全国高校校办出版社已支付给学校的利润额或股利情况

（a）全国高校校办出版社已支付给学校的利润额或股利；

（b）全国高校校办出版社已支付给学校的利润额或股利占比

（6）上交税金情况

2010 年度全国高校校办出版社向国家缴纳税金总额为 6.32 亿元，占全国高校校办产业向国家缴纳税金总额（139.92 亿元）的 4.52%，如图 7-12 所示。

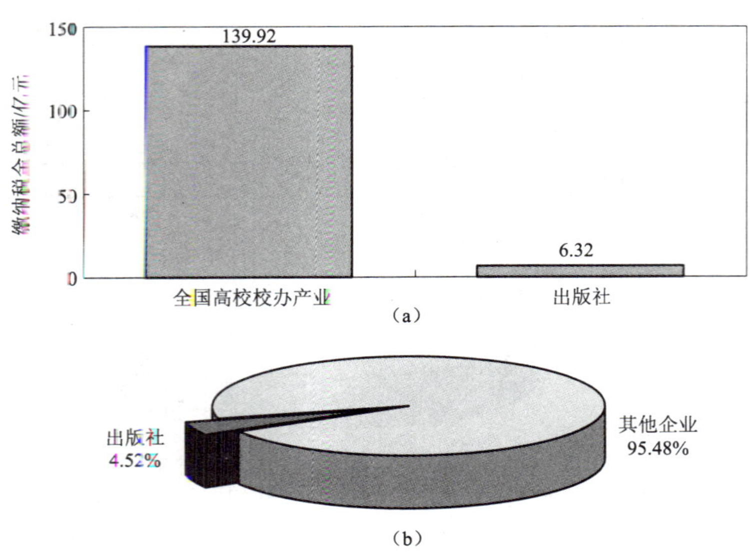

图 7-12　2010 年度全国高校校办出版社上交税金情况

（a）全国高校校办出版社向国家缴纳税金总额；

（b）全国高校校办出版社向国家缴纳税金总额占比

4. 2010年度全国高校校办出版社统计综合分析附表

附表1　全国高校校办出版社按资产总额排名情况一览表

2010年12月31日　　单位：万元

序号	出版社名称	资产总额
1	外语教学与研究出版社有限责任公司	172 141.85
2	北京师范大学出版社	95 602.60
3	清华大学出版社有限公司	79 231.89
4	上海外语教育出版社有限公司	73 558.63
5	中国人民大学出版社有限公司	62 082.00
6	北京外语音像出版社有限公司	56 664.00
7	北京大学出版社	54 533.00
8	复旦大学出版社有限公司	32 389.63
9	广西师范大学出版社集团有限公司	32 193.56
10	华东师范大学出版社有限公司	31 928.93
11	重庆西南师范大学出版社有限公司	23 939.00
12	华中科技大学出版社有限公司	17 382.75
13	浙江大学出版社有限责任公司	16 315.76
14	重庆大学出版社有限公司	15 854.21
15	大连理工大学出版社有限公司	15 664.00
16	南京东南大学出版社有限公司	13 743.02
17	南京师范大学出版社有限责任公司	13 061.12
18	北京语言大学出版社有限公司	12 751.09
19	苏州大学出版社	12 117.78
20	辽宁师范大学出版社有限责任公司	11 973.00
21	长春东北师范大学出版社有限责任公司	11 671.00
22	东北财经大学出版社	11 110.00
23	武汉武大出版社有限责任公司	10 618.00
24	立信会计出版社有限公司	9 888.42
25	上海财大出版社有限公司	9 338.00
26	中国政法大学出版社	9 108.00
27	上海交大出版社有限公司	8 447.00
28	华中师范大学出版社有限责任公司	8 121.19

续表

序号	出版社名称	资产总额
29	湖南师范大学出版社	7 622.00
30	厦门大学出版社	7 416.60
31	南京大学出版社有限公司	7 096.46
32	中国协和医科大学出版社	6 866.80
33	西安交通大学出版社有限责任公司	6 761.54
34	中国人民公安大学出版社	6 725.94
35	北京理工大学出版社	6 700.71
36	天津大学出版社有限责任公司	6 508.86
37	武汉理工大学出版社有限责任公司	6 394.37
38	安徽大学出版社	6 338.19
39	中国石油大学出版社	5 912.50
40	华南理工大学出版社有限公司	5 785.99
41	同济大学出版社有限公司	5 548.00
42	西安电子科技大学出版社	5 243.56
43	中国科学技术大学出版社有限责任公司	4 991.56
44	北京航空航天大学出版社	4 772.00
45	河北大学出版社	4 559.00
46	广州中山大学出版社有限公司	4 386.00
47	成都西南财大出版社有限责任公司	4 180.52
48	山东大学出版社有限公司	4 164.50
49	华东理工大学出版社	4 116.00
50	北京体育大学出版社	4 047.83
51	南开大学出版社	3 983.65
52	中国矿业大学出版社有限责任公司	3 948.72
53	上海外语音像出版社有限公司	3 881.00
54	西北大学出版社	3 879.00
55	北京首都经济贸易大学出版社有限责任公司	3 775.00
56	四川大学出版社有限责任公司	3 705.23
57	旅游教育出版社	3 704.00
58	延边大学出版社有限公司	3 695.00
59	暨南大学出版社	3 588.00

续表

序号	出版社名称	资产总额
60	南京河海大学出版社有限公司	3 410.82
61	西南交通大学出版社	3 354.00
62	中国农业大学出版社	3 220.84
63	湖南大学出版社	3 209.92
64	汕头大学出版社有限公司	3 157.78
65	内蒙古大学出版社有限责任公司	2 914.35
66	哈尔滨工业大学出版社	2 676.00
67	合肥工业大学出版社有限责任公司	2 435.93
68	大连海事大学出版社	2 395.00
69	兰州大学出版社	2 365.02
70	北京工业大学出版社有限公司	2 229.00
71	辽宁大学出版社	2 129.00
72	云南大学出版社	1 900.36
73	上海大学出版社有限公司	1 708.01
74	西北工业大学出版社	1 325.19
75	东北大学出版社有限公司	1 320.00
76	北京师范大学音像出版社	1 034.00
77	黑龙江大学出版社有限责任公司	1 016.00
78	中国海洋大学出版社有限公司	1 009.00
79	浙江工商大学出版社有限公司	877.53
80	天津外语音像出版社	810.00
81	华东师范大学电子音像出版社有限公司	805.13
82	重庆大学电子音像出版社	796.57
83	东华大学出版社	794.57
84	中央音乐学院出版社	753.04
85	江苏大学出版社有限责任公司	744.79
86	西安外语音像教材出版社	700.41
87	上海音乐学院出版社有限公司	697.18
88	西南师范大学电子音像出版社	587.00
89	同方光盘电子出版社有限公司	574.00
90	西北农林科技大学出版社	542.63

续表

序号	出版社名称	资产总额
91	上海外语电子出版社	505.00
92	上海中医药大学出版社有限公司	440.00
93	北京大学音像出版社	390.76
94	广州外语音像出版社	355.74
95	北京环球音像出版社	219.78
96	西安交通大学音像出版社有限责任公司	164.28
97	南京大学电子音像出版社	104.97
98	北京电影学院音像出版社	31.09

附表 2　全国高校校办出版社按负债总额排名情况一览表

2010 年 12 月 31 日　　　　单位：万元

序号	出版社名称	负债总额
1	外语教学与研究出版社有限责任公司	40 994.55
2	北京外语音像出版社有限公司	37 776.00
3	清华大学出版社有限公司	23 584.56
4	北京师范大学出版社	20 149.04
5	上海外语教育出版社有限公司	12 570.91
6	华东师范大学出版社有限公司	11 560.58
7	重庆西南师范大学出版社有限公司	10 557.00
8	华中科技大学出版社有限公司	9 881.67
9	复旦大学出版社有限公司	9 689.96
10	中国人民大学出版社有限公司	8 262.00
11	广西师范大学出版社集团有限公司	7 547.75
12	北京大学出版社	6 701.00
13	浙江大学出版社有限责任公司	6 296.06
14	大连理工大学出版社有限公司	5 982.00
15	南京师范大学出版社有限责任公司	5 557.20
16	厦门大学出版社	5 373.80
17	上海交大出版社有限公司	4 343.00
18	上海财大出版社有限公司	4 054.00
19	华南理工大学出版社有限公司	4 023.12

续表

序号	出版社名称	负债总额
20	武汉武大出版社有限责任公司	3 937.00
21	中国石油大学出版社	3 915.50
22	北京理工大学出版社	3 862.47
23	重庆大学出版社有限公司	3 856.29
24	南京东南大学出版社有限公司	3 530.59
25	长春东北师范大学出版社有限责任公司	3 527.00
26	中国协和医科大学出版社	3 367.00
27	西安交通大学出版社有限责任公司	3 350.91
28	安徽大学出版社	3 303.00
29	汕头大学出版社有限公司	3 070.58
30	延边大学出版社有限公司	2 969.00
31	立信会计出版社有限公司	2 906.05
32	山东大学出版社有限公司	2 762.40
33	北京体育大学出版社	2 760.62
34	成都西南财大出版社有限责任公司	2 500.00
35	广州中山大学出版社有限公司	2 468.00
36	华中师范大学出版社有限责任公司	2 037.66
37	四川大学出版社有限责任公司	1 975.66
38	中国矿业大学出版社有限责任公司	1 938.31
39	西安电子科技大学出版社	1 674.30
40	兰州大学出版社	1 590.02
41	南京河海大学出版社有限公司	1 524.86
42	中国人民公安大学出版社	1 384.35
43	西北大学出版社	1 382.00
44	暨南大学出版社	1 240.00
45	天津大学出版社有限责任公司	1 228.94
46	西南交通大学出版社	1 213.00
47	湖南大学出版社	1 182.51
48	哈尔滨工业大学出版社	1 172.00
49	东北财经大学出版社	1 167.00

续表

序号	出版社名称	负债总额
50	北京航空航天大学出版社	1 164.00
51	中国科学技术大学出版社有限责任公司	1 108.62
52	同济大学出版社有限公司	1 104.00
53	中国政法大学出版社	1 099.00
54	北京首都经济贸易大学出版社有限责任公司	1 088.00
55	南京大学出版社有限公司	1 015.39
56	中国农业大学出版社	1 008.72
57	南开大学出版社	1 003.84
58	北京师范大学音像出版社	992.00
59	华东理工大学出版社	982.00
60	旅游教育出版社	939.00
61	内蒙古大学出版社有限责任公司	916.76
62	上海中医药大学出版社有限公司	910.00
63	西北工业大学出版社	907.04
64	黑龙江大学出版社有限责任公司	900.00
65	上海外语音像出版社有限公司	847.00
66	武汉理工大学出版社有限责任公司	830.33
67	北京语言大学出版社有限公司	751.31
68	中央音乐学院出版社	673.80
69	湖南师范大学出版社	611.00
70	合肥工业大学出版社有限责任公司	601.67
71	上海大学出版社有限公司	599.59
72	河北大学出版社	587.00
73	云南大学出版社	576.41
74	苏州大学出版社	497.18
75	辽宁大学出版社	494.00
76	天津外语音像出版社	474.00
77	浙江工商大学出版社有限公司	434.81
78	中国海洋大学出版社有限公司	425.00
79	西北农林科技大学出版社	351.40

续表

序号	出版社名称	负债总额
80	北京工业大学出版社有限公司	342.00
81	华东师范大学电子音像出版社有限公司	341.82
82	江苏大学出版社有限责任公司	271.89
83	大连海事大学出版社	271.00
84	东华大学出版社	251.47
85	西安外语音像教材出版社	224.15
86	重庆大学电子音像出版社	180.86
87	上海音乐学院出版社有限公司	170.28
88	东北大学出版社有限公司	156.00
89	辽宁师范大学出版社有限责任公司	147.00
90	广州外语音像出版社	107.25
91	西南师范大学电子音像出版社	92.00
92	同方光盘电子出版社有限公司	92.00
93	西安交通大学音像出版社有限责任公司	41.39
94	北京电影学院音像出版社	31.31
95	北京环球音像出版社	27.78
96	北京大学音像出版社	12.80
97	南京大学电子音像出版社	0.00
98	上海外语电子出版社	0.00

附表 3　全国高校校办出版社按所有者权益排名情况一览表

2010 年 12 月 31 日　　　　单位：万元

序号	出版社名称	所有者权益
1	外语教学与研究出版社有限责任公司	131 147.30
2	北京师范大学出版社	75 453.56
3	上海外语教育出版社有限公司	60 987.72
4	清华大学出版社有限公司	55 647.33
5	中国人民大学出版社有限公司	53 820.00
6	北京大学出版社	47 832.00
7	广西师范大学出版社集团有限公司	24 645.81
8	复旦大学出版社有限公司	22 699.67

续表

序号	出版社名称	所有者权益
9	华东师范大学出版社有限公司	20 368.35
10	北京外语音像出版社有限公司	18 888.00
11	重庆西南师范大学出版社有限公司	13 382.00
12	北京语言大学出版社有限公司	11 999.78
13	重庆大学出版社有限公司	11 997.92
14	辽宁师范大学出版社有限责任公司	11 826.00
15	苏州大学出版社	11 620.60
16	南京东南大学出版社有限公司	10 212.43
17	浙江大学出版社有限责任公司	10 019.70
18	东北财经大学出版社	9 943.00
19	大连理工大学出版社有限公司	9 682.00
20	长春东北师范大学出版社有限责任公司	8 144.00
21	中国政法大学出版社	8 009.00
22	南京师范大学出版社有限责任公司	7 503.92
23	华中科技大学出版社有限公司	7 501.08
24	湖南师范大学出版社	7 011.00
25	立信会计出版社有限公司	6 982.37
26	武汉武大出版社有限责任公司	6 681.00
27	华中师范大学出版社有限责任公司	6 083.53
28	南京大学出版社有限公司	6 081.07
29	武汉理工大学出版社有限责任公司	5 564.04
30	中国人民公安大学出版社	5 341.59
31	上海财大出版社有限公司	5 284.00
32	天津大学出版社有限责任公司	5 279.92
33	同济大学出版社有限公司	4 444.00
34	上海交大出版社有限公司	4 104.00
35	河北大学出版社	3 972.00
36	中国科学技术大学出版社有限责任公司	3 882.94
37	北京航空航天大学出版社	3 608.00
38	西安电子科技大学出版社	3 569.26
39	中国协和医科大学出版社	3 499.80

续表

序号	出版社名称	所有者权益
40	西安交通大学出版社有限责任公司	3 410.63
41	华东理工大学出版社	3 134.00
42	安徽大学出版社	3 035.19
43	上海外语音像出版社有限公司	3 034.00
44	南开大学出版社	2 979.81
45	北京理工大学出版社	2 838.24
46	旅游教育出版社	2 765.00
47	北京首都经济贸易大学出版社有限责任公司	2 687.00
48	西北大学出版社	2 497.00
49	暨南大学出版社	2 348.00
50	中国农业大学出版社	2 212.12
51	西南交通大学出版社	2 141.00
52	大连海事大学出版社	2 124.00
53	厦门大学出版社	2 042.80
54	湖南大学出版社	2 027.41
55	中国矿业大学出版社有限责任公司	2 010.41
56	内蒙古大学出版社有限责任公司	1 997.59
57	中国石油大学出版社	1 997.00
58	广州中山大学出版社有限公司	1 918.00
59	北京工业大学出版社有限公司	1 887.00
60	南京河海大学出版社有限公司	1 885.96
61	合肥工业大学出版社有限责任公司	1 834.26
62	华南理工大学出版社有限公司	1 762.87
63	四川大学出版社有限责任公司	1 729.57
64	成都西南财大出版社有限责任公司	1 680.52
65	辽宁大学出版社	1 635.00
66	哈尔滨工业大学出版社	1 504.00
67	山东大学出版社有限公司	1 402.10
68	云南大学出版社	1 323.95
69	北京体育大学出版社	1 287.21

续表

序号	出版社名称	所有者权益
70	东北大学出版社有限公司	1 164.00
71	上海大学出版社有限公司	1 108.42
72	兰州大学出版社	775.00
73	延边大学出版社有限公司	726.00
74	重庆大学电子音像出版社	615.71
75	中国海洋大学出版社有限公司	584.00
76	东华大学出版社	543.10
77	上海音乐学院出版社有限公司	526.90
78	上海外语电子出版社	505.00
79	西南师范大学电子音像出版社	495.00
80	同方光盘电子出版社有限公司	482.00
81	西安外语音像教材出版社	476.26
82	江苏大学出版社有限责任公司	472.90
83	华东师范大学电子音像出版社有限公司	463.31
84	浙江工商大学出版社有限公司	442.72
85	西北工业大学出版社	418.15
86	北京大学音像出版社	377.96
87	天津外语音像出版社	336.00
88	广州外语音像出版社	248.49
89	北京环球音像出版社	192.00
90	西北农林科技大学出版社	191.23
91	西安交通大学音像出版社有限责任公司	122.89
92	黑龙江大学出版社有限责任公司	116.00
93	南京大学电子音像出版社	104.97
94	汕头大学出版社有限公司	87.20
95	中央音乐学院出版社	79.24
96	北京师范大学音像出版社	42.00
97	北京电影学院音像出版社	−0.22
98	上海中医药大学出版社有限公司	−470.00

附表 4　全国高校校办出版社按归属于学校方股东的所有者权益排名情况一览表

2010 年 12 月 31 日　　单位：万元

序号	出版社名称	归属于学校方股东的所有者权益
1	外语教学与研究出版社有限责任公司	131 147.30
2	北京师范大学出版社	75 453.56
3	上海外语教育出版社有限公司	60 285.12
4	清华大学出版社有限公司	55 647.33
5	中国人民大学出版社有限公司	53 848.00
6	北京大学出版社	47 832.00
7	广西师范大学出版社集团有限公司	24 645.81
8	华东师范大学出版社有限公司	20 267.63
9	北京外语音像出版社有限公司	18 888.00
10	重庆西南师范大学出版社有限公司	13 382.00
11	北京语言大学出版社有限公司	11 999.78
12	辽宁师范大学出版社有限责任公司	11 826.00
13	苏州大学出版社	11 620.60
14	南京东南大学出版社有限公司	10 212.43
15	浙江大学出版社有限责任公司	10 019.70
16	大连理工大学出版社有限公司	8 713.80
17	长春东北师范大学出版社有限责任公司	8 144.00
18	中国政法大学出版社	8 009.00
19	南京师范大学出版社有限责任公司	7 503.92
20	华中科技大学出版社有限公司	7 298.89
21	湖南师范大学出版社	7 011.00
22	立信会计出版社有限公司	6 982.37
23	武汉武大出版社有限责任公司	6 681.00
24	华中师范大学出版社有限责任公司	6 083.53
25	南京大学出版社有限公司	6 081.07
26	武汉理工大学出版社有限责任公司	5 564.04
27	中国人民公安大学出版社	5 341.59
28	上海财大出版社有限公司	5 284.00
29	天津大学出版社有限责任公司	5 279.92
30	同济大学出版社有限公司	4 444.00

续表

序号	出版社名称	归属于学校方股东的所有者权益
31	上海交大出版社有限公司	4 104.00
32	河北大学出版社	3 972.00
33	中国科学技术大学出版社有限责任公司	3 882.94
34	北京航空航天大学出版社	3 608.00
35	西安电子科技大学出版社	3 569.26
36	中国协和医科大学出版社	3 499.80
37	西安交通大学出版社有限责任公司	3 410.63
38	华东理工大学出版社	3 134.00
39	上海外语音像出版社有限公司	3 034.00
40	南开大学出版社	2 979.81
41	北京理工大学出版社	2 838.24
42	旅游教育出版社	2 765.00
43	安徽大学出版社	2 743.79
44	北京首都经济贸易大学出版社有限责任公司	2 687.00
45	西北大学出版社	2 497.00
46	暨南大学出版社	2 348.00
47	中国农业大学出版社	2 212.12
48	西南交通大学出版社	2 141.00
49	大连海事大学出版社	2 124.00
50	厦门大学出版社	2 042.80
51	中国矿业大学出版社有限责任公司	2 010.41
52	内蒙古大学出版社有限责任公司	1 997.59
53	中国石油大学出版社	1 997.00
54	广州中山大学出版社有限公司	1 918.00
55	北京工业大学出版社有限公司	1 887.00
56	南京河海大学出版社有限公司	1 885.96
57	合肥工业大学出版社有限责任公司	1 834.26
58	华南理工大学出版社有限公司	1 762.87
59	成都西南财大出版社有限责任公司	1 680.52
60	辽宁大学出版社	1 635.00
61	哈尔滨工业大学出版社	1 504.00

续表

序号	出版社名称	归属于学校方股东的所有者权益
62	山东大学出版社有限公司	1 402.10
63	云南大学出版社	1 323.95
64	北京体育大学出版社	1 287.21
65	东北大学出版社有限公司	1 164.00
66	上海大学出版社有限公司	1 108.42
67	兰州大学出版社	775.00
68	延边大学出版社有限公司	726.00
69	重庆大学电子音像出版社	615.71
70	中国海洋大学出版社有限公司	584.00
71	东华大学出版社	543.10
72	上海外语电子出版社	505.00
73	同方光盘电子出版社有限公司	482.00
74	西安外语音像教材出版社	476.26
75	江苏大学出版社有限责任公司	472.90
76	华东师范大学电子音像出版社有限公司	463.31
77	浙江工商大学出版社有限公司	442.72
78	西北工业大学出版社	418.15
79	北京大学音像出版社	377.96
80	天津外语音像出版社	336.00
81	广州外语音像出版社	248.49
82	北京环球音像出版社	192.00
83	西北农林科技大学出版社	191.23
84	西安交通大学音像出版社有限责任公司	122.89
85	黑龙江大学出版社有限责任公司	116.00
86	汕头大学出版社有限公司	87.20
87	中央音乐学院出版社	79.24
88	北京师范大学音像出版社	42.00
89	湖南大学出版社	0.00
90	重庆大学出版社有限公司	0.00
91	上海中医药大学出版社有限公司	0.00
92	东北财经大学出版社	0.00

续表

序号	出版社名称	归属于学校方股东的所有者权益
93	四川大学出版社有限责任公司	0.00
94	西南师范大学电子音像出版社	0.00
95	上海音乐学院出版社有限公司	0.00
96	复旦大学出版社有限公司	0.00
97	南京大学电子音像出版社	0.00
98	北京电影学院音像出版社	−0.22

附表 5　全国高校校办出版社按收入总额排名情况一览表

2010 年 12 月 31 日　　　　单位：万元

序号	出版社名称	收入总额
1	外语教学与研究出版社有限责任公司	98 477.89
2	北京师范大学出版社	81 868.33
3	清华大学出版社有限公司	49 456.14
4	上海外语教育出版社有限公司	41 784.43
5	中国人民大学出版社有限公司	33 930.00
6	北京大学出版社	30 881.00
7	华东师范大学出版社有限公司	28 763.89
8	广西师范大学出版社集团有限公司	24 661.87
9	重庆西南师范大学出版社有限公司	21 469.00
10	复旦大学出版社有限公司	20 329.06
11	北京外语音像出版社有限公司	16 949.00
12	辽宁师范大学出版社有限责任公司	15 314.00
13	大连理工大学出版社有限公司	13 807.00
14	延边大学出版社有限公司	13 371.00
15	浙江大学出版社有限责任公司	13 050.11
16	南京师范大学出版社有限责任公司	11 451.02
17	南京大学出版社有限公司	11 340.36
18	重庆大学出版社有限公司	11 338.89
19	华中科技大学出版社有限公司	10 776.71
20	西安交通大学出版社有限责任公司	10 585.36
21	上海交大出版社有限公司	10 321.00
22	苏州大学出版社	10 155.99

续表

序号	出版社名称	收入总额
23	北京理工大学出版社	8 988.05
24	南京东南大学出版社有限公司	7 873.55
25	东北财经大学出版社	7 674.00
26	武汉武大出版社有限责任公司	7 650.00
27	北京语言大学出版社有限公司	7 606.13
28	长春东北师范大学出版社有限责任公司	7 330.00
29	安徽大学出版社	6 100.72
30	立信会计出版社有限公司	5 745.43
31	中国人民公安大学出版社	5 608.28
32	中国石油大学出版社	5 532.20
33	中国矿业大学出版社有限责任公司	5 331.30
34	山东大学出版社有限公司	4 868.10
35	华中师范大学出版社有限责任公司	4 842.90
36	同济大学出版社有限公司	4 719.00
37	厦门大学出版社	4 273.60
38	武汉理工大学出版社有限责任公司	4 233.12
39	天津大学出版社有限责任公司	4 071.99
40	北京航空航天大学出版社	4 071.00
41	上海财大出版社有限公司	4 069.00
42	西北大学出版社	3 848.00
43	内蒙古大学出版社有限责任公司	3 606.29
44	四川大学出版社有限责任公司	3 209.00
45	中国农业大学出版社	3 159.28
46	湖南师范大学出版社	3 110.00
47	广州中山大学出版社有限公司	2 963.06
48	华东理工大学出版社	2 911.00
49	华南理工大学出版社有限公司	2 864.00
50	中国政法大学出版社	2 793.00
51	暨南大学出版社	2 790.00
52	南开大学出版社	2 778.10
53	中国协和医科大学出版社	2 756.60

续表

序号	出版社名称	收入总额
54	北京体育大学出版社	2 711.11
55	西北工业大学出版社	2 639.96
56	西南交通大学出版社	2 606.00
57	兰州大学出版社	2 574.66
58	云南大学出版社	2 527.47
59	西安电子科技大学出版社	2 499.40
60	大连海事大学出版社	2 355.00
61	旅游教育出版社	2 189.00
62	湖南大学出版社	2 182.72
63	合肥工业大学出版社有限责任公司	2 155.38
64	成都西南财大出版社有限责任公司	2 143.33
65	河北大学出版社	2 135.00
66	中国科学技术大学出版社有限责任公司	2 077.75
67	哈尔滨工业大学出版社	2 064.00
68	辽宁大学出版社	2 058.00
69	北京首都经济贸易大学出版社有限责任公司	1 935.00
70	汕头大学出版社有限公司	1 889.06
71	上海外语音像出版社有限公司	1 797.00
72	上海大学出版社有限公司	1 547.23
73	东华大学出版社	1 432.59
74	南京河海大学出版社有限公司	1 313.86
75	广州外语音像出版社	1 210.00
76	上海音乐学院出版社有限公司	1 092.13
77	中国海洋大学出版社有限公司	961.00
78	北京师范大学音像出版社	952.00
79	华东师范大学电子音像出版社有限公司	838.68
80	东北大学出版社有限公司	826.00
81	黑龙江大学出版社有限责任公司	775.00
82	北京大学音像出版社	499.23
83	西南师范大学电子音像出版社	484.00
84	浙江工商大学出版社有限公司	460.65

续表

序号	出版社名称	收入总额
85	西北农林科技大学出版社	427.63
86	江苏大学出版社有限责任公司	388.82
87	西安交通大学音像出版社有限责任公司	304.45
88	中央音乐学院出版社	301.28
89	重庆大学电子音像出版社	297.21
90	上海中医药大学出版社有限公司	207.00
91	北京工业大学出版社有限公司	95.00
92	北京环球音像出版社	83.91
93	同方光盘电子出版社有限公司	66.00
94	天津外语音像出版社	27.00
95	西安外语音像教材出版社	26.28
96	北京电影学院音像出版社	25.39
97	南京大学电子音像出版社	0.00
98	上海外语电子出版社	0.00

附表 6　全国高校校办出版社按利润总额排名情况一览表

2010 年 12 月 31 日　　单位：万元

序号	出版社名称	利润总额
1	外语教学与研究出版社有限责任公司	12 170.08
2	北京师范大学出版社	9 911.43
3	清华大学出版社有限公司	8 941.00
4	上海外语教育出版社有限公司	8 460.27
5	北京大学出版社	7 088.00
6	辽宁师范大学出版社有限责任公司	7 076.00
7	中国人民大学出版社有限公司	6 261.00
8	广西师范大学出版社集团有限公司	5 351.78
9	重庆西南师范大学出版社有限公司	5 227.00
10	华东师范大学出版社有限公司	4 157.78
11	复旦大学出版社有限公司	3 310.04
12	南京师范大学出版社有限责任公司	2 643.53
13	北京语言大学出版社有限公司	2 520.76
14	大连理工大学出版社有限公司	2 200.00

续表

序号	出版社名称	利润总额
15	东北财经大学出版社	2 091.00
16	重庆大学出版社有限公司	1 769.58
17	浙江大学出版社有限责任公司	1 739.07
18	中国矿业大学出版社有限责任公司	1 564.14
19	南京东南大学出版社有限公司	1 412.24
20	合肥工业大学出版社有限责任公司	1 050.09
21	上海交大出版社有限公司	925.00
22	同济大学出版社有限公司	858.00
23	中国协和医科大学出版社	840.80
24	武汉理工大学出版社有限责任公司	816.21
25	南京大学出版社有限公司	767.53
26	天津大学出版社有限责任公司	760.47
27	暨南大学出版社	744.00
28	华中科技大学出版社有限公司	715.42
29	武汉武大出版社有限责任公司	712.00
30	山东大学出版社有限公司	694.60
31	厦门大学出版社	653.60
32	苏州大学出版社	627.89
33	华东理工大学出版社	622.00
34	上海财大出版社有限公司	613.00
35	中国科学技术大学出版社有限责任公司	557.17
36	兰州大学出版社	510.05
37	中国农业大学出版社	505.19
38	旅游教育出版社	497.00
39	华南理工大学出版社有限公司	448.14
40	中国人民公安大学出版社	447.08
41	西南交通大学出版社	434.00
42	河北大学出版社	433.00
43	中国石油大学出版社	417.70
44	云南大学出版社	381.85
45	西安交通大学出版社有限责任公司	362.00

续表

序号	出版社名称	利润总额
46	北京理工大学出版社	343.49
47	安徽大学出版社	330.00
48	西北大学出版社	323.00
49	立信会计出版社有限公司	300.88
50	北京航空航天大学出版社	299.00
51	北京首都经济贸易大学出版社有限责任公司	284.00
52	上海音乐学院出版社有限公司	228.85
53	哈尔滨工业大学出版社	216.00
54	华东师范大学电子音像出版社有限公司	215.70
55	西北工业大学出版社	200.29
56	东北大学出版社有限公司	199.00
57	东华大学出版社	192.38
58	湖南师范大学出版社	163.00
59	成都西南财大出版社有限责任公司	141.86
60	湖南大学出版社	140.02
61	黑龙江大学出版社有限责任公司	138.00
62	广州中山大学出版社有限公司	135.00
63	延边大学出版社有限公司	133.00
64	辽宁大学出版社	131.00
65	长春东北师范大学出版社有限责任公司	120.07
66	西安电子科技大学出版社	118.85
67	大连海事大学出版社	118.00
68	南京河海大学出版社有限公司	112.59
69	南开大学出版社	101.89
70	北京大学音像出版社	100.40
71	西南师范大学电子音像出版社	90.00
72	四川大学出版社有限责任公司	68.00
73	华中师范大学出版社有限责任公司	61.08
74	北京体育大学出版社	54.40
75	内蒙古大学出版社有限责任公司	40.97
76	中国政法大学出版社	39.00

续表

序号	出版社名称	利润总额
77	北京师范大学音像出版社	17.00
78	浙江工商大学出版社有限公司	12.46
79	重庆大学电子音像出版社	11.30
80	中国海洋大学出版社有限公司	10.00
81	北京工业大学出版社有限公司	4.00
82	中央音乐学院出版社	3.07
83	江苏大学出版社有限责任公司	2.09
84	北京环球音像出版社	1.68
85	上海外语电子出版社	0.00
86	西北农林科技大学出版社	−4.92
87	南京大学电子音像出版社	−5.87
88	西安交通大学音像出版社有限责任公司	−6.12
89	北京电影学院音像出版社	−7.26
90	西安外语音像教材出版社	−9.79
91	广州外语音像出版社	−10.66
92	同方光盘电子出版社有限公司	−31.00
93	天津外语音像出版社	−43.00
94	汕头大学出版社有限公司	−84.09
95	上海外语音像出版社有限公司	−111.00
96	上海大学出版社有限公司	−133.61
97	上海中医药大学出版社有限公司	−174.00
98	北京外语音像出版社有限公司	−4 002.00

附表 7　全国高校校办出版社按净利润额排名情况一览表

201[illegible]年12月31日　　　　单位：万元

序号	出版社名称	净利润额
1	外语教学与研究出版社有限责任公司	12 148.52
2	清华大学出版社有限公司	11 065.38
3	北京师范大学出版社	8 845.85
4	上海外语教育出版社有限公司	8 423.31
5	北京大学出版社	6 339.00
6	辽宁师范大学出版社有限责任公司	5 505.00

续表

序号	出版社名称	净利润额
7	广西师范大学出版社集团有限公司	5 351.78
8	中国人民大学出版社有限公司	5 037.00
9	重庆西南师范大学出版社有限公司	4 539.00
10	华东师范大学出版社有限公司	4 102.54
11	复旦大学出版社有限公司	3 267.66
12	南京师范大学出版社有限责任公司	2 401.77
13	大连理工大学出版社有限公司	2 200.00
14	北京语言大学出版社有限公司	1 890.57
15	重庆大学出版社有限公司	1 769.58
16	浙江大学出版社有限责任公司	1 739.07
17	东北财经大学出版社	1 713.00
18	南京东南大学出版社有限公司	1 250.44
19	中国矿业大学出版社有限责任公司	1 167.35
20	合肥工业大学出版社有限责任公司	1 050.09
21	上海交大出版社有限公司	924.00
22	同济大学出版社有限公司	858.00
23	武汉理工大学出版社有限责任公司	816.21
24	南京大学出版社有限公司	767.53
25	天津大学出版社有限责任公司	760.47
26	华中科技大学出版社有限公司	714.13
27	武汉武大出版社有限责任公司	712.00
28	苏州大学出版社	627.89
29	华东理工大学出版社	622.00
30	上海财大出版社有限公司	613.00
31	中国协和医科大学出版社	611.20
32	暨南大学出版社	597.00
33	山东大学出版社有限公司	564.50
34	中国科学技术大学出版社有限责任公司	556.18
35	厦门大学出版社	509.80
36	兰州大学出版社	458.17
37	华南理工大学出版社有限公司	448.14

续表

序号	出版社名称	净利润额
38	河北大学出版社	433.00
39	旅游教育出版社	394.00
40	西南交通大学出版社	384.00
41	中国农业大学出版社	378.89
42	中国人民公安大学出版社	335.31
43	云南大学出版社	322.72
44	中国石油大学出版社	315.40
45	立信会计出版社有限公司	300.88
46	西安交通大学出版社有限责任公司	281.34
47	西北大学出版社	280.00
48	北京理工大学出版社	257.61
49	安徽大学出版社	245.10
50	上海音乐学院出版社有限公司	228.85
51	北京航空航天大学出版社	225.00
52	北京首都经济贸易大学出版社有限责任公司	212.00
53	东华大学出版社	192.38
54	西北工业大学出版社	176.46
55	华东师范大学电子音像出版社有限公司	161.78
56	东北大学出版社有限公司	158.00
57	湖南师范大学出版社	142.00
58	广州中山大学出版社有限公司	135.00
59	大连海事大学出版社	118.00
60	南京河海大学出版社有限公司	110.60
61	成都西南财大出版社有限责任公司	106.39
62	黑龙江大学出版社有限责任公司	105.00
63	湖南大学出版社	102.57
64	南开大学出版社	101.89
65	西安电子科技大学出版社	100.47
66	延边大学出版社有限公司	99.75
67	辽宁大学出版社	98.00
68	北京大学音像出版社	97.05

续表

序号	出版社名称	净利润额
69	四川大学出版社有限责任公司	68.00
70	华中师范大学出版社有限责任公司	61.08
71	长春东北师范大学出版社有限责任公司	57.00
72	哈尔滨工业大学出版社	54.00
73	内蒙古大学出版社有限责任公司	30.73
74	北京体育大学出版社	22.47
75	西南师范大学电子音像出版社	21.00
76	北京师范大学音像出版社	17.00
77	中国政法大学出版社	15.00
78	浙江工商大学出版社有限公司	12.46
79	重庆大学电子音像出版社	11.30
80	中国海洋大学出版社有限公司	10.00
81	北京环球音像出版社	1.26
82	江苏大学出版社有限责任公司	0.86
83	西安外语音像教材出版社	0.00
84	中央音乐学院出版社	−0.20
85	西北农林科技大学出版社	−4.92
86	南京大学电子音像出版社	−5.87
87	北京工业大学出版社有限公司	−6.00
88	西安交通大学音像出版社有限责任公司	−6.12
89	北京电影学院音像出版社	−8.07
90	广州外语音像出版社	−10.66
91	上海外语电子出版社	−16.00
92	同方光盘电子出版社有限公司	−31.00
93	天津外语音像出版社	−43.00
94	汕头大学出版社有限公司	−84.09
95	上海外语音像出版社有限公司	−111.00
96	上海大学出版社有限公司	−133.61
97	上海中医药大学出版社有限公司	−174.00
98	北京外语音像出版社有限公司	−4 005.00

附表 8　全国高校校办出版社按归属于学校方股东的净利润额排名情况一览表

2010 年 12 月 31 日　　　　单位：万元

序号	出版社名称	归属于学校方股东的净利润额
1	外语教学与研究出版社有限责任公司	12 148.52
2	清华大学出版社有限公司	11 065.38
3	上海外语教育出版社有限公司	8 423.31
4	北京大学出版社	6 339.00
5	辽宁师范大学出版社有限责任公司	5 505.00
6	广西师范大学出版社集团有限公司	5 351.78
7	中国人民大学出版社有限公司	5 037.00
8	华东师范大学出版社有限公司	4 121.44
9	复旦大学出版社有限公司	3 267.66
10	南京师范大学出版社有限责任公司	2 401.77
11	大连理工大学出版社有限公司	2 200.00
12	北京语言大学出版社有限公司	1 890.57
13	浙江大学出版社有限责任公司	1 739.07
14	南京东南大学出版社有限公司	1 250.44
15	中国矿业大学出版社有限责任公司	1 167.35
16	上海交大出版社有限公司	924.00
17	同济大学出版社有限公司	858.00
18	南京大学出版社有限公司	767.53
19	华中科技大学出版社有限公司	714.13
20	武汉武大出版社有限责任公司	712.00
21	苏州大学出版社	627.89
22	中国协和医科大学出版社	611.20
23	暨南大学出版社	597.00
24	山东大学出版社有限公司	564.50
25	中国科学技术大学出版社有限责任公司	556.18
26	兰州大学出版社	458.17
27	安徽大学出版社	402.80
28	云南大学出版社	322.72
29	中国石油大学出版社	315.40
30	立信会计出版社有限公司	300.88

续表

序号	出版社名称	归属于学校方股东的净利润额
31	西安交通大学出版社有限责任公司	281.34
32	西北大学出版社	280.00
33	北京航空航天大学出版社	225.00
34	北京首都经济贸易大学出版社有限责任公司	212.00
35	西北工业大学出版社	176.46
36	华东师范大学电子音像出版社有限公司	161.78
37	湖南师范大学出版社	142.00
38	广州中山大学出版社有限公司	135.00
39	南京河海大学出版社有限公司	110.60
40	湖南大学出版社	102.57
41	北京大学音像出版社	97.05
42	哈尔滨工业大学出版社	54.00
43	内蒙古大学出版社有限责任公司	30.73
44	中国海洋大学出版社有限公司	10.00
45	江苏大学出版社有限责任公司	0.86
46	中国人民公安大学出版社	0.00
47	西北农林科技大学出版社	−4.92
48	西安交通大学音像出版社有限责任公司	−6.12
49	北京电影学院音像出版社	−8.07
50	上海外语电子出版社	−16.00
51	上海外语音像出版社有限公司	−111.00
52	上海大学出版社有限公司	−133.61
53	北京外语音像出版社有限公司	−1 038.00

八、2010 年度进入国家级大学科技园的全国高校校办产业统计分析

1. 进入国家级大学科技园的全国高校校办产业概况

参加 2010 年度全国高校校办产业统计工作的 3 564 个企业中，共有 497 个进入国家级大学科技园（以下简称科技园企业），占全国高校上报企业总数的 13.95%，如图 8-1 所示。

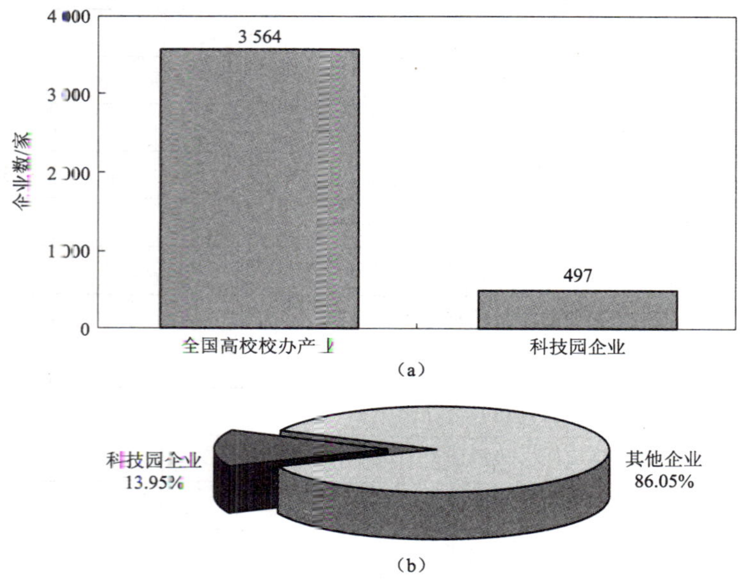

图 8-1　2010 年度进入国家级大学科技园的全国高校校办产业概况

（a）进入国家级大学科技园企业数；（b）进入国家级大学科技园企业占比

2. 资产状况

① 2010 年末，科技园企业的资产总额为 1 489.58 亿元，占全国高校校办产业资产总额（2 292.41 亿元）的 64.98%，如图 8-2 所示。

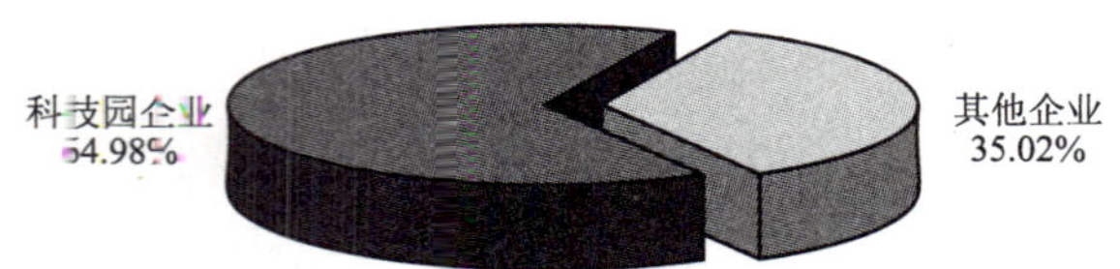

图 8-2　2010 年末科技园企业资产总额占比

② 2010 年末，科技园企业的负债额为 794.65 亿元，占全国高校校办产业负债额（1 314.63

亿元）的 60.45%，如图 8-3 所示。

图 8-3 2010 年末科技园企业负债额占比

③ 2010 年末，科技园企业的所有者权益为 694.93 亿元，占全国高校校办产业所有者权益（977.78 亿元）的 71.07%，如图 8-4 所示。

图 8-4 2010 年末科技园企业所有者权益占比

④ 2010 年末，科技园企业归属于学校方股东的所有者权益为 269.13 亿元，占全国高校校办产业归属于学校方股东所有者权益（513.06 亿元）的 52.46%，如图 8-5 所示。

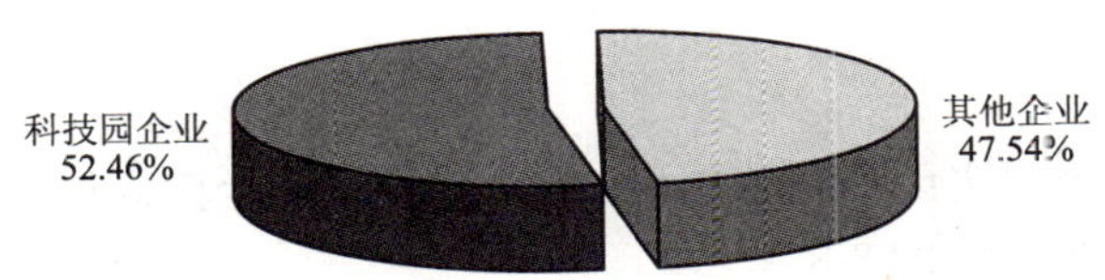

图 8-5 2010 年末科技园企业归属于学校方股东的所有者权益占比

⑤ 2010 年末，科技园企业的资产负债率为 53.35%，如图 8-6 所示。

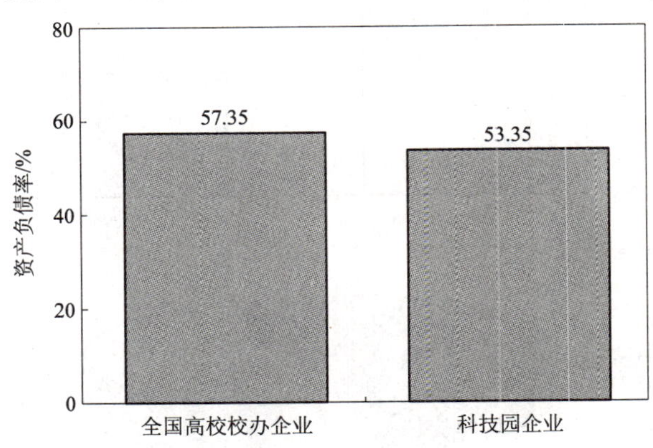

图 8-6 2010 年末科技园企业的资产负债率

3. 经营状况

（1）收入总额情况

2010 年度科技园企业收入总额为 988.04 亿元，占全国高校校办产业收入总额（1 671.83

亿元）的59.10%，如图8-7所示。

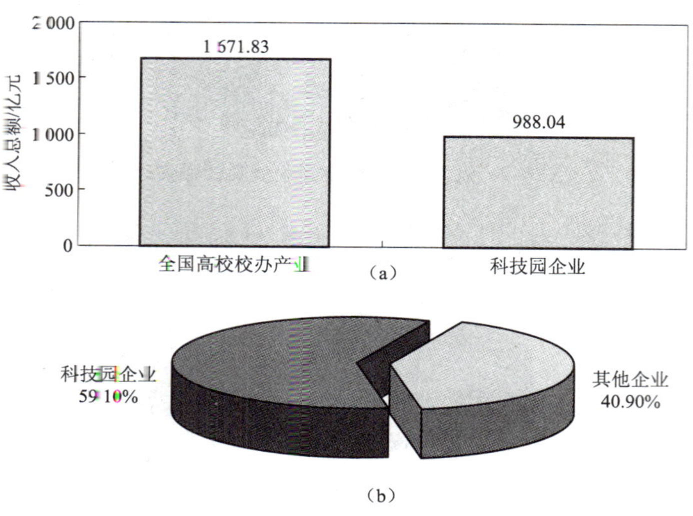

（a）

（b）

图8-7 2010年度科技园企业收入总额情况

（a）科技园企业收入总额；（b）科技园企业收入总额占比

（2）利润总额情况

2010年度科技园企业实现利润总额为55.53亿元，占全国高校校办产业实现利润总额（100.28亿元）的55.37%，如图8-8所示。

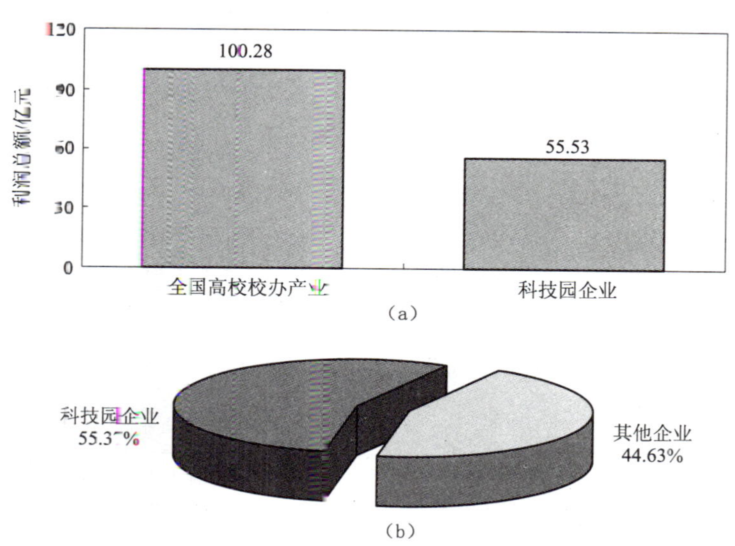

（a）

（b）

图8-8 2010年度科技园企业实现利润总额情况

（a）科技园企业实现利润总额；（b）科技园企业实现利润总额占比

（3）净利润额情况

2010年度科技园企业实现净利润额为48.50亿元，占全国高校校办产业实现净利润额

（82.00 亿元）的 59.15%，如图 8-9 所示。

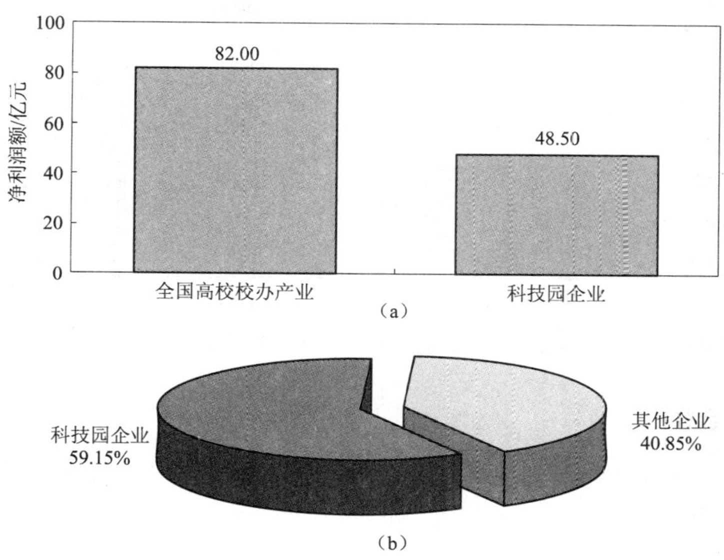

图 8-9　2010 年度科技园企业实现净利润额情况

（a）科技园企业实现净利润额；（b）科技园企业实现净利润额占比

（4）归属于学校方股东的净利润额情况

2010 年度科技园企业归属于学校方股东的净利润额为 18.20 亿元，占全国高校校办产业归属于学校方股东净利润额（38.27 亿元）的 47.56%，如图 8-10 所示。

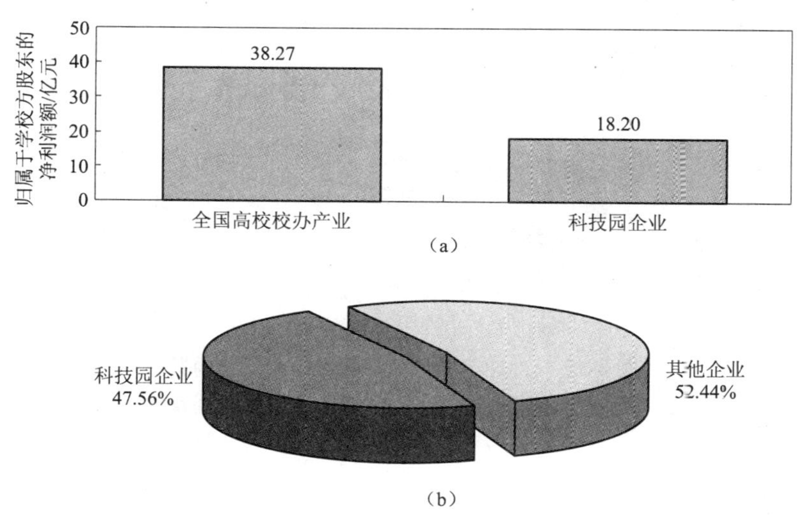

图 8-10　2010 年度科技园企业归属于学校方股东的净利润额情况

（a）科技园企业归属于学校方股东的净利润额；（b）科技园企业归属于学校方股东的净利润额占比

（5）已支付给学校方股东的利润额或股利情况

2010 年度科技园企业已支付给学校方股东的利润额或股利为 4.19 亿元，比 2009 年度科技园企业已支付给学校方股东的利润额或股利(2.72亿元)增加了1.47亿元，增长率为54.04%，如图8-11所示。

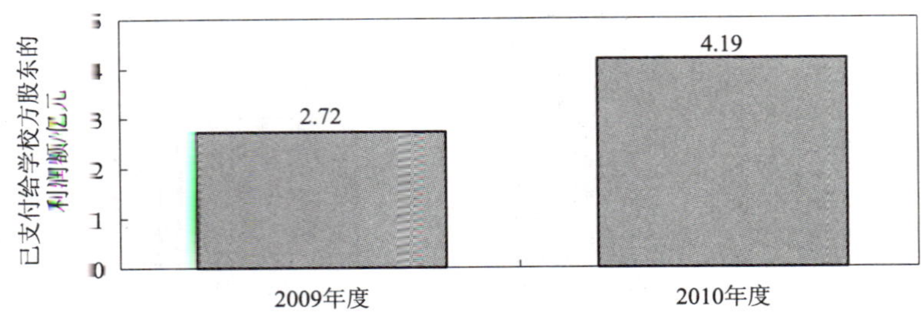

图 8-11　2010 年度科技园企业已支付给学校方股东的利润额或股利情况

（6）上交税金情况

2010 年度科技园企业向国家缴纳的税金总额为 40.27 亿元，占全国高校校办产业向国家缴纳税金总额（139.92 亿元）的 28.78%，如图 8-12 所示。

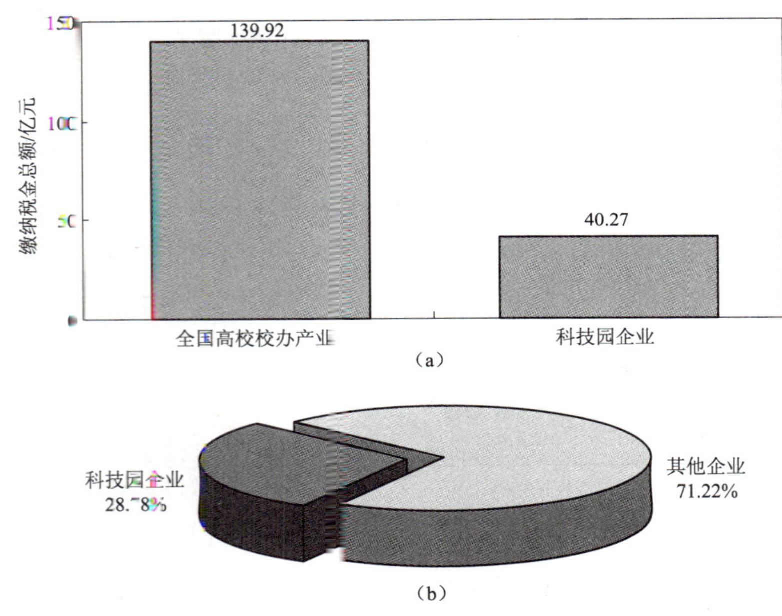

图 8-12　2010 年度科技园企业上交税金情况

（a）科技园企业缴纳税金总额；（b）科技园企业缴纳税金总额占比

4. 人员状况

2010 年末，科技园企业在册职工人数共计 13.82 万人。其中，接受高等教育的人员 9.40 万人；研究开发人员 4.71 万人；专职管理人员 1.69 万人。科技园企业接纳学生实习人数达 3.58 万人次，累计工时 427.20 万小时。此外，科技园企业还参与了硕士生、博士生的培养工作，2010 年度参与培养博士生 408 名、硕士生 2 241 名，如图 8-13 所示。

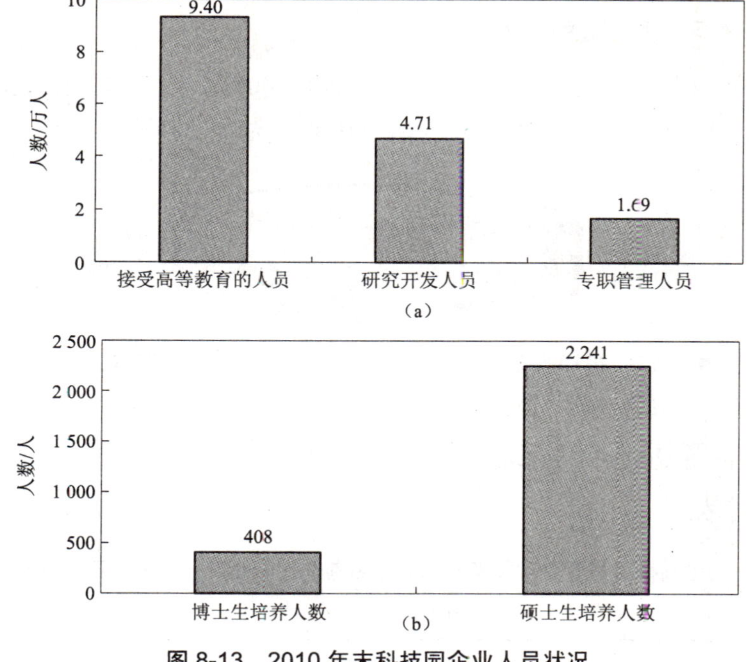

图 8-13　2010 年末科技园企业人员状况

(a) 职工中三类人员状况；(b) 参与培养博士生、硕士生人数

5. 科技创新指标

(1) 获授权的专利

2010 年末，科技园企业获授权的专利共 812 项，占全国高校校办产业获授权专利项（1 599 项）的 50.78%，如图 8-14 所示。

图 8-14　2010 年末科技园企业获授权的专利占比

(2) 登记的计算机软件及集成电路版权

2010 年末，科技园企业登记的计算机软件及集成电路版权共 460 项，占全国高校校办产业登记的计算机软件及集成电路版权项（803 项）的 57.29%，如图 8-15 所示。

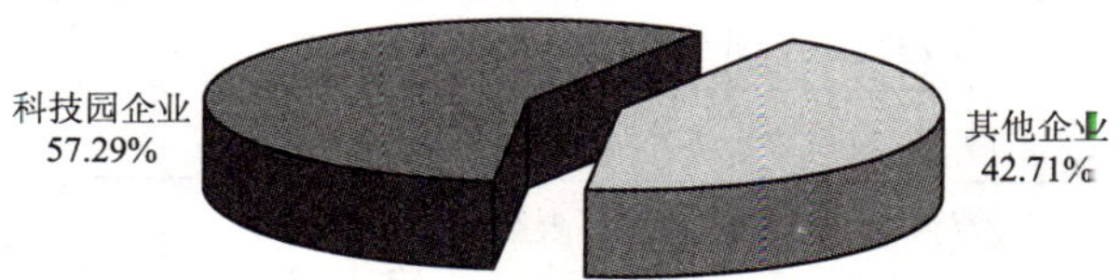

图 8-15　2010 年末科技园企业登记的计算机软件及集成电路版权占比

（3）获省市部委、国家级的奖项

2010 年末，科技园企业获省市部委、国家级奖项 340 项，占全国高校校办产业获省市部委、国家级奖项（1 230 项）的 27.64%，如图 8-16 所示。

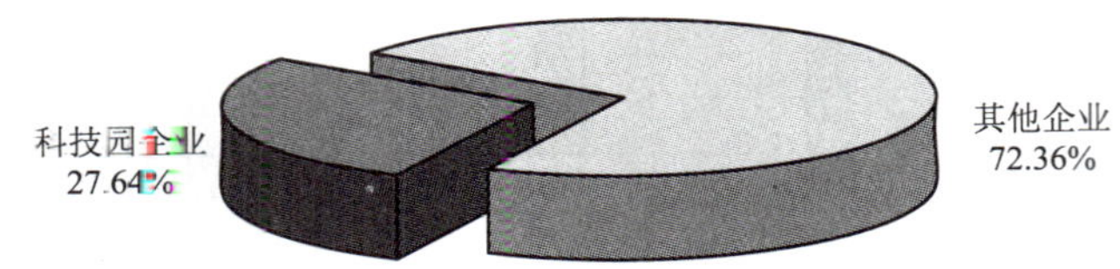

图 8-16　2010 年末科技园企业获省市部委、国家级奖项的占比

6. 2010 年度进入国家级大学科技园的全国高校校办企业统计综合分析附表

附表 1　全国高校科技园企业按资产总额排名前一百名情况一览表（不含资产公司）

2010 年 12 月 31 日　　单位：万元

序号	企　业　名　称	资产总额
1	同方股份有限公司	2 486 463.82
2	东软集团股份有限公司	685 888.00
3	启迪控股股份有限公司	358 039.00
4	诚志股份有限公司	354 632.96
5	华工科技产业股份有限公司	320 162.66
6	上海交大南洋房地产（集团）有限公司	250 609.99
7	紫光股份有限公司	203 029.82
8	北京北大科技园建设开发有限公司	201 083.55
9	紫光集团有限公司	130 243.52
10	浦华环保有限公司	126 465.00
11	山东山大华特科技股份有限公司	113 837.65
12	上海新南洋股份有限公司	100 123.27
13	北京北大科技园有限公司	99 112.09
14	清华大学出版社有限公司	79 231.89
15	上海交大企业管理中心	66 240.50
16	上海复旦科技园股份有限公司	60 815.38
17	武汉天喻信息产业股份有限公司	58 217.79
18	江苏南大苏富特科技股份有限公司	57 455.43

续表

序号	企 业 名 称	资产总额
19	武汉华中数控股份有限公司	54 708.28
20	博奥生物有限公司	52 475.00
21	浙江大学科技园发展有限公司	50 852.00
22	西安交通大学科技园有限责任公司	49 871.89
23	北京理工世纪科技集团有限公司	43 517.17
24	上海复旦世博传播有限公司	40 000.00
25	武汉南华高速船舶工程股份有限公司	39 730.46
26	武汉华工创业投资有限责任公司	39 232.00
27	北京中农大科技企业孵化器有限公司	36 529.00
28	天大科技园有限公司	33 569.37
29	上海交大科技园有限公司	31 523.04
30	沈阳东北大学冶金技术研究所有限公司	30 896.00
31	上海交大教育服务产业投资管理（集团）有限公司	29 506.00
32	北京北航科技园有限公司	27 344.14
33	东北大学设计研究院（有限公司）	25 220.82
34	重庆大学科技企业（集团）有限责任公司	25 061.65
35	山大鲁能信息科技有限公司	23 740.00
36	山东山大华天科技股份有限公司	23 664.00
37	哈尔滨工程大学科技园发展有限公司	23 283.94
38	哈尔滨工程大学科技园建设开发有限公司	23 283.94
39	哈尔滨工业大学国家大学科技园发展有限公司	22 777.00
40	南大科技园股份有限公司	22 513.92
41	上海纳米技术及应用国家工程研究中心有限公司	21 118.74
42	武汉华工大学科技园发展有限公司	18 850.91
43	新疆大学科技园有限责任公司	16 156.18
44	重庆大学出版社	15 854.21
45	上海昂立教育科技有限公司	15 703.25
46	大连理工大学出版社有限公司	15 664.00
47	广州中大产业集团有限公司	14 487.55
48	北京正方兴通信技术有限公司	13 871.48
49	武汉武大科技园有限公司	13 737.25

续表

序号	企　业　名　称	资产总额
50	湖南大学科技园有限公司	13 440.00
51	秦皇岛燕大汽车零部件制造有限公司	11 361.30
52	上海交大科技园（上饶）有限公司	11 099.63
53	大连理工大学技术转移中心	11 027.50
54	比威网络技术有限公司	10 872.00
55	白求恩医科大学制药厂	10 387.00
56	广州华南理工大学科技园有限公司	10 385.98
57	南京河海科技有限公司	9 800.89
58	上海华大投资有限公司	9 742.62
59	北京清能创新科技有限公司	9 336.01
60	上海同济后勤产业发展有限公司	8 961.00
61	湖大海捷制造技术有限公司	8 922.00
62	武汉华中师大科技园发展有限公司	8 858.45
63	上海大学科技园区	8 765.47
64	武汉理工大科技园股份有限公司	8 523.00
65	上海交大出版社有限公司	8 447.00
66	沈阳东大三建工业炉制造有限公司	8 319.00
67	保定华仿科技有限公司	8 267.00
68	哈尔滨工业大学实业开发总公司	8 260.00
69	沈阳东洋异型管有限公司	8 154.00
70	上海交大海科（集团）有限公司	7 994.10
71	上海同济新产业发展公司	7 871.18
72	秦皇岛燕大国海不锈钢业有限公司	7 552.46
73	江苏药物研究所有限公司	7 389.54
74	成都西南交通大学科技园管理有限责任公司	7 336.17
75	北京化大化新科技股份有限公司	7 238.00
76	广州华工信息软件有限公司	7 155.31
77	上海交通大学教育（集团）有限公司	6 193.53
78	北京华控汇金投资管理有限公司	7 096.00
79	北京北航天华科技有限责任公司	7 070.20
80	北京科大恒兴高新技术有限公司	6 955.38

续表

序号	企 业 名 称	资产总额
81	北京工大智源科技发展有限公司	6 690.00
82	深圳南大研究院有限公司	6 570.17
83	北京科技大学设计研究院有限公司	6 481.13
84	上海交通大学教育（集团）有限公司	6 302.30
85	武汉开目信息技术有限责任公司	6 017.00
86	南京理工科技园股份有限公司	5 890.03
87	兰州天际环境保护有限公司	5 804.00
88	西安西北工业大学科技产业集团公司	5 695.13
89	上海同济科技园有限公司	5 536.59
90	成都成电大学科技园孵化器有限公司	5 485.57
91	辽宁东大冷弯型钢有限公司	5 460.51
92	上海理工科技园有限公司	5 420.90
93	华东理工大学华昌聚合物有限公司	5 302.10
94	北京清软英泰信息技术有限公司	5 251.78
95	武汉理工新能源有限公司	5 250.47
96	北京中农大生物技术股份有限公司	5 139.67
97	重庆重大远兴科技发展有限公司	4 608.00
98	北京国环清华环境工程设计研究院有限公司	4 173.37
99	秦皇岛燕山大学科技园发展有限公司	4 120.39
100	华东理工大学出版社	4 116.00

附表 2　全国高校科技园企业按负债额排名前一百名情况一览表（不含资产公司）

2010 年 12 月 31 日　　单位：万元

序号	企 业 名 称	负 债 额
1	同方股份有限公司	1 426 686.28
2	东软集团股份有限公司	227 368.00
3	上海交大南洋房地产（集团）有限公司	222 124.34
4	诚志股份有限公司	191 521.08
5	启迪控股股份有限公司	178 145.00
6	北京北大科技园建设开发有限公司	171 476.57
7	华工科技产业股份有限公司	135 969.38
8	紫光股份有限公司	114 816.25

续表

序号	企 业 名 称	负 债 额
9	北京北大科技园有限公司	88 605.63
10	清华环保有限公司	87 314.00
11	紫光集团有限公司	75 930.25
12	上海新南洋股份有限公司	53 762.27
13	山东山大华特科技股份有限公司	48 885.66
14	武汉天喻信息产业股份有限公司	35 195.20
15	上海复旦科技园股份有限公司	35 008.03
16	天大科技园有限公司	31 193.65
17	江苏南大苏富特科技股份有限公司	30 136.36
18	武汉南华高速船舶工程股份有限公司	29 889.16
19	西安交通大学科技园有限责任公司	29 791.88
20	上海交大企业管理中心	28 504.53
21	北京中农大科技企业孵化器有限公司	27 158.68
22	武汉华中数控股份有限公司	27 099.06
23	浙江大学科技园发展有限公司	23 737.00
24	清华大学出版社有限公司	23 584.56
25	哈尔滨工程大学科技园发展有限公司	23 214.16
26	哈尔滨工程大学科技园建设开发有限公司	23 214.16
27	北京理工世纪科技集团有限公司	20 453.08
28	沈阳东北大学冶金技术研究所有限公司	19 446.00
29	北京北航科技园有限公司	18 979.83
30	重庆大学科技企业（集团）有限责任公司	17 597.41
31	上海交大教育服务产业投资管理（集团）有限公司	16 223.00
32	山东山大华天科技股份有限公司	13 343.00
33	新疆大学科技园有限责任公司	12 660.00
34	南大科技园股份有限公司	12 298.04
35	武汉华工大学科技园发展有限公司	10 735.24
36	比威网络技术有限公司	10 272.00
37	大连理工大学技术转移中心	10 185.12
38	武汉武大科技园有限公司	10 061.84
39	白求恩医科大学制药厂	9 024.00

续表

序号	企 业 名 称	负 债 额
40	哈尔滨工业大学国家大学科技园发展有限公司	7 679.00
41	湖南大学科技园有限公司	7 678.00
42	上海交大科技园有限公司	7 059.72
43	北京清能创新科技有限公司	6 874.05
44	博奥生物有限公司	6 833.34
45	武汉华工创业投资有限责任公司	6 831.00
46	成都西南交通大学科技园管理有限责任公司	6 660.29
47	东北大学设计研究院（有限公司）	6 654.52
48	湖大海捷制造技术有限公司	6 135.00
49	北京北航天华科技有限责任公司	6 064.49
50	大连理工大学出版社有限公司	5 982.00
51	北京华控汇金投资管理有限公司	5 882.00
52	南京河海科技有限公司	5 748.56
53	深圳南大研究院有限公司	5 682.98
54	武汉华中师大科技园发展有限公司	5 629.90
55	上海同济后勤产业发展有限公司	5 577.00
56	北京科技大学设计研究院有限公司	5 401.09
57	秦皇岛燕大国海不锈钢业有限公司	5 349.61
58	上海昂立教育科技有限公司	4 934.69
59	上海大学科技园区	4 854.87
60	上海同济新产业发展公司	4 617.68
61	兰州天际环境保护有限公司	4 509.00
62	沈阳东大三建工业炉制造有限公司	4 455.00
63	哈尔滨工业大学实业开发总公司	4 445.00
64	沈阳东洋异型管有限公司	4 417.00
65	上海交大出版社有限公司	4 343.00
66	保定华仿科技有限公司	4 151.00
67	重庆大学出版社	3 856.29
68	上海纳米技术及应用国家工程研究中心有限公司	3 686.19
69	秦皇岛燕大汽车零部件制造有限公司	3 610.23
70	秦皇岛燕山大学科技园发展有限公司	3 497.38

续表

序号	企业名称	负债额
71	北京清软英泰信息技术有限公司	3 373.99
72	北京国环清华环境工程设计研究院有限公司	3 350.82
73	上海理工科技园有限公司	3 238.67
74	广州华工信息软件有限公司	3 048.36
75	北京正方兴通信技术有限公司	3 005.24
76	成都成电大学科技园孵化器有限公司	2 973.47
77	北京工大智源科技发展有限公司	2 955.00
78	广州中大产业集团有限公司	2 941.64
79	沈阳工业大学科技园有限公司	2 715.00
80	武汉理工大科技园股份有限公司	2 660.00
81	北京科大恒兴高新技术有限公司	2 426.37
82	武汉开目信息技术有限责任公司	2 416.00
83	北京人大文化科技园建设发展有限公司	2 312.00
84	上海复旦枫林科技园有限公司	2 124.70
85	吉林大学同拓高科技发展中心	2 073.29
86	哈尔滨工业大学科技发展有限责任公司	2 064.00
87	沈阳东创自动化仪器仪表有限公司	2 023.62
88	东北大学自动化工程技术开发公司	1 866.48
89	南京理工科技园股份有限公司	1 842.28
90	辽宁省轧制工程技术中心	1 795.68
91	大连理工大学土木建筑设计研究院有限公司	1 738.08
92	安徽大学特种电视技术研究中心	1 460.60
93	北京中农大生物技术股份有限公司	1 456.06
94	北京四方立德保护控制设备有限公司	1 424.00
95	北京化大化新科技股份有限公司	1 279.00
96	北京邮通科贸有限公司	1 214.78
97	秦皇岛科力汽车零部件有限公司	1 208.58
98	江苏药物研究所有限公司	1 168.57
99	北京邮电大学出版社发行部	1 068.64
100	北京布来得科技有限公司	985.88

附表3　全国高校科技园企业按所有者权益排名前一百名情况一览表（不含资产公司）

2010年12月31日　　单位：万元

序号	企　业　名　称	所有者权益
1	同方股份有限公司	1 059 777.54
2	东软集团股份有限公司	458 520.00
3	华工科技产业股份有限公司	184 193.28
4	启迪控股股份有限公司	179 894.00
5	诚志股份有限公司	163 111.88
6	紫光股份有限公司	88 213.57
7	山东山大华特科技股份有限公司	64 951.99
8	清华大学出版社有限公司	55 647.33
9	紫光集团有限公司	54 313.27
10	上海新南洋股份有限公司	46 361.00
11	博奥生物有限公司	45 641.66
12	上海复旦世博传播有限公司	40 000.00
13	浦华环保有限公司	39 151.00
14	上海交大企业管理中心	37 735.97
15	武汉华工创业投资有限责任公司	32 401.00
16	北京北大科技园建设开发有限公司	29 606.98
17	上海交大南洋房地产（集团）有限公司	28 485.65
18	武汉华中数控股份有限公司	27 609.22
19	江苏南大苏富特科技股份有限公司	27 319.07
20	浙江大学科技园发展有限公司	27 065.00
21	上海复旦科技园股份有限公司	25 807.35
22	上海交大科技园有限公司	24 463.32
23	北京理工世纪科技集团有限公司	23 064.09
24	武汉天喻信息产业股份有限公司	23 022.59
25	山大鲁能信息科技有限公司	22 923.00
26	西安交通大学科技园有限责任公司	20 080.01
27	东北大学设计研究院（有限公司）	18 566.30
28	上海纳米技术及应用国家工程研究中心有限公司	17 432.55
29	哈尔滨工业大学国家大学科技园发展有限公司	15 098.00
30	上海交大教育服务产业投资管理（集团）有限公司	13 283.00

续表

序号	企业名称	所有者权益
31	重庆大学出版社	11 997.92
32	广州中大产业集团有限公司	11 545.91
33	沈阳东北大学冶金技术研究所有限公司	11 450.00
34	上海交大科技园（上饶）有限公司	11 099.63
35	北京正方兴通信技术有限公司	10 866.24
36	上海昂立教育科技有限公司	10 768.56
37	北京北大科技园有限公司	10 505.46
38	山东山大华天科技股份有限公司	10 321.00
39	南大科技园股份有限公司	10 215.88
40	广州华南理工大学科技园有限公司	9 988.28
41	武汉南华高速船舶工程股份有限公司	9 841.30
42	大连理工大学出版社有限公司	9 682.00
43	北京中农大科技企业孵化器有限公司	9 370.32
44	上海华大投资有限公司	8 881.51
45	北京北航科技园有限公司	8 364.31
46	武汉华工大学科技园发展有限公司	8 115.67
47	秦皇岛燕大汽车零部件制造有限公司	7 751.07
48	重庆大学科技企业（集团）有限责任公司	7 464.24
49	上海交大海科（集团）有限公司	7 012.37
50	上海交通大学教育（集团）有限公司	6 302.30
51	江苏药物研究所有限公司	6 220.97
52	北京化大化新科技股份有限公司	5 959.00
53	武汉理工大科技园股份有限公司	5 863.00
54	湖南大学科技园有限公司	5 762.00
55	上海同济科技园有限公司	5 536.59
56	辽宁东大冷弯型钢有限公司	5 419.17
57	华东理工大学华昌聚合物有限公司	5 302.10
58	西安西北工业大学科技产业集团公司	4 894.26
59	武汉理工新能源有限公司	4 722.65
60	北京科大恒兴高新技术有限公司	4 529.01
61	重庆重大远兴科技发展有限公司	4 150.00

续表

序号	企　业　名　称	所有者权益
62	保定华仿科技有限公司	4 116.00
63	广州华工信息软件有限公司	4 106.95
64	上海交大出版社有限公司	4 104.00
65	南京河海科技有限公司	4 052.33
66	南京理工科技园股份有限公司	4 047.75
67	上海大学科技园区	3 910.60
68	沈阳东大三建工业炉制造有限公司	3 864.00
69	哈尔滨工业大学实业开发总公司	3 815.00
70	沈阳东洋异型管有限公司	3 737.00
71	北京工大智源科技发展有限公司	3 735.00
72	北京中农大生物技术股份有限公司	3 683.61
73	武汉武大科技园有限公司	3 675.41
74	武汉开目信息技术有限责任公司	3 601.00
75	新疆大学科技园有限责任公司	3 496.18
76	上海慧立创业投资有限公司	3 460.97
77	湖大海捷（湖南）工程技术研究有限公司	3 435.00
78	上海同济后勤产业发展有限公司	3 384.00
79	上海同济新产业发展公司	3 253.50
80	武汉华中师大科技园发展有限公司	3 228.55
81	沈阳华创风能有限公司	3 181.81
82	华东理工大学出版社	3 134.00
83	湖大海捷制造技术有限公司	2 787.00
84	江苏省无锡江大大学科技园有限公司	2 748.45
85	申银万国期货有限公司	2 637.00
86	成都成电大学科技园孵化器有限公司	2 512.10
87	北京清能创新科技有限公司	2 461.96
88	天大科技园有限公司	2 375.72
89	上海华明高技术（集团）有限公司	2 264.57
90	四川川大科技园发展有限公司	2 220.79
91	北京北大创业园有限公司	2 207.37
92	华东师范大学科教仪器厂	2 203.01

续表

序号	企　业　名　称	所有者权益
93	秦皇岛燕大国海不锈钢业有限公司	2 202.85
94	上海复旦水务工程技术有限公司	2 198.98
95	上海理工科技园有限公司	2 182.23
96	深圳市华科兆恒科技有限公司	2 154.00
97	沈阳东大科技企业孵化器有限公司	1 897.71
98	北京清软英泰信息技术有限公司	1 877.79
99	北京赛能杰高新技术股份有限公司	1 759.83
100	杨凌西北农林科大科技园有限公司	1 749.26

附表4　全国高校科技园企业按归属于学校方股东的所有者权益排名前一百名情况一览表

（不含资产公司）

2010年12月31日　　单位：万元

序号	企　业　名　称	归属于学校方股东的所有者权益
1	同方股份有限公司	190 722.36
2	东软集团股份有限公司	75 417.12
3	启迪控股股份有限公司	70 374.21
4	华工科技产业股份有限公司	67 269.01
5	诚志股份有限公司	62 872.74
6	清华大学出版社有限公司	55 647.33
7	上海复旦世博传播有限公司	40 000.00
8	博奥生物有限公司	29 699.03
9	紫光股份有限公司	25 086.32
10	上海交大企业管理中心	24 015.11
11	山大鲁能信息科技有限公司	22 923.00
12	上海交大南洋房地产（集团）有限公司	17 385.84
13	紫光集团有限公司	15 163.06
14	哈尔滨工业大学国家大学科技园发展有限公司	15 098.00
15	浙江大学科技园发展有限公司	14 989.00
16	上海新南洋股份有限公司	14 024.55
17	上海交大科技园有限公司	12 520.71
18	浦华环保有限公司	12 185.58
19	上海交大教育服务产业投资管理（集团）有限公司	12 172.00

续表

序号	企 业 名 称	归属于学校方股东的所有者权益
20	北京北大科技园建设开发有限公司	12 138.73
21	广州中大产业集团有限公司	11 370.41
22	上海交大科技园（上饶）有限公司	11 099.63
23	西安交通大学科技园有限责任公司	10 925.11
24	山东山大华特科技股份有限公司	9 748.00
25	北京中农大科技企业孵化器有限公司	9 370.32
26	武汉华工创业投资有限责任公司	8 941.00
27	大连理工大学出版社有限公司	8 713.80
28	武汉华中数控股份有限公司	8 007.86
29	广州华南理工大学科技园有限公司	7 990.62
30	上海华大投资有限公司	7 854.59
31	北京北航科技园有限公司	7 806.77
32	北京正方兴通信技术有限公司	7 171.72
33	上海交大海科（集团）有限公司	7 009.08
34	武汉华工大学科技园发展有限公司	6 703.70
35	上海交通大学教育（集团）有限公司	6 302.30
36	江苏药物研究所有限公司	6 220.97
37	江苏南大苏富特科技股份有限公司	5 764.67
38	东北大学设计研究院（有限公司）	5 755.55
39	上海同济科技园有限公司	5 536.59
40	上海复旦科技园股份有限公司	5 161.47
41	西安西北工业大学科技产业集团公司	4 894.26
42	北京化大化新科技股份有限公司	4 549.10
43	北京科大恒兴高新技术有限公司	4 529.01
44	上海纳米技术及应用国家工程研究中心有限公司	4 150.69
45	北京理工世纪科技集团有限公司	4 134.77
46	上海交大出版社有限公司	4 104.00
47	广州华工信息软件有限公司	4 040.42
48	上海昂立教育科技有限公司	3 950.49
49	哈尔滨工业大学实业开发总公司	3 815.00
50	武汉理工大科技园股份有限公司	3 752.32

续表

序号	企业名称	归属于学校方股东的所有者权益
51	北京工大智源科技发展有限公司	3 548.25
52	北京北大科技园有限公司	3 506.49
53	上海慧立创业投资有限公司	3 460.97
54	武汉南华高速船舶工程股份有限公司	3 410.99
55	上海大学科技园区	3 236.91
56	上海同济后勤产业发展有限公司	3 214.80
57	沈阳华创风能有限公司	3 181.81
58	华东理工大学出版社	3 134.00
59	山东山大华天科技股份有限公司	3 062.84
60	南大科技园股份有限公司	3 030.03
61	江苏省无锡江大大学科技园有限公司	2 748.45
62	沈阳东北大学冶金技术研究所有限公司	2 748.00
63	申银万国期货有限公司	2 637.00
64	上海同济新产业发展公司	2 399.47
65	北京清能创新科技有限公司	2 326.55
66	南京理工科技园股份有限公司	2 275.71
67	上海华明高技术（集团）有限公司	2 264.57
68	天大科技园有限公司	2 233.18
69	北京北大创业园有限公司	2 207.37
70	上海复旦水务工程技术有限公司	2 198.98
71	华东师范大学科教仪器厂	2 155.39
72	武汉开目信息技术有限责任公司	2 107.80
73	武汉华中师大科技园发展有限公司	2 033.99
74	重庆重大远兴科技发展有限公司	2 033.50
75	南京河海科技有限公司	2 026.17
76	四川川大科技园发展有限公司	2 018.70
77	武汉天喻信息产业股份有限公司	1 938.50
78	武汉理工新能源有限公司	1 889.06
79	北京中农大生物技术股份有限公司	1 841.81
80	武汉武大科技园有限公司	1 810.14
81	北京赛能杰高新技术股份有限公司	1 759.83

续表

序号	企 业 名 称	归属于学校方股东的所有者权益
82	沈阳东大三建工业炉制造有限公司	1 738.80
83	沈阳东大材料先进制备技术工程研究中心	1 656.24
84	杨凌西北农林科大科技园有限公司	1 574.33
85	大连理工大学土木建筑设计研究院有限公司	1 573.43
86	北京邮电大学出版社发行部	1 464.68
87	上海高清数字科技产业有限公司	1 461.80
88	山东山大科技园发展有限公司	1 440.20
89	白求恩医科大学制药厂	1 363.00
90	上海华东师大科技园管理有限公司	1 359.54
91	成都成电大学科技园孵化器有限公司	1 289.96
92	吉林长邮通信建设股份有限公司	1 269.91
93	深圳市华科兆恒科技有限公司	1 267.41
94	广州中山大学科技园有限公司	1 231.78
95	大连理工大学监理有限公司	1 206.00
96	长春吉大·小天鹅仪器有限公司	1 201.56
97	成都华微电子系统有限公司	1 200.00
98	合肥安科精细化工有限公司	1 152.00
99	上海交大太阳能发电和制冷工程研究中心	1 147.26
100	辽宁东大冷弯型钢有限公司	1 138.03

附表 5　全国高校科技园企业按收入总额排名前一百名情况一览表（不含资产公司）

2010 年 12 月 31 日　　　　单位：万元

序号	企 业 名 称	收入总额
1	同方股份有限公司	1 900 216.78
2	东软集团股份有限公司	536 156.00
3	紫光股份有限公司	453 499.95
4	山东山大科技园发展有限公司	363 262.56
5	诚志股份有限公司	316 055.90
6	华工科技产业股份有限公司	219 427.39
7	浦华环保有限公司	95 510.00
8	上海交大企业管理中心	63 631.65
9	上海新南洋股份有限公司	57 265.87

续表

序号	企 业 名 称	收入总额
10	山东山大华特科技股份有限公司	56 834.67
11	武汉天喻信息产业股份有限公司	53 331.07
12	清华大学出版社有限公司	49 456.14
13	江苏南大苏富特科技股份有限公司	43 707.22
14	武汉华中数控股份有限公司	40 711.63
15	紫光集团有限公司	40 624.18
16	启迪控股股份有限公司	40 603.00
17	上海昂立教育科技有限公司	31 355.40
18	上海交大南洋房地产（集团）有限公司	30 602.64
19	西安交通大学科技园有限责任公司	29 002.37
20	沈阳东北大学冶金技术研究所有限公司	26 939.00
21	武汉南华高速船舶工程股份有限公司	26 406.21
22	武汉华工创业投资有限责任公司	23 216.00
23	博奥生物有限公司	20 432.72
24	上海交大教育服务产业投资管理（集团）有限公司	19 210.00
25	哈尔滨工业大学国家大学科技园发展有限公司	18 907.00
26	山东山大华天科技股份有限公司	18 880.00
27	北京北大科技园有限公司	18 682.24
28	东北大学设计研究院（有限公司）	17 892.82
29	秦皇岛燕大国海不锈钢业有限公司	17 691.86
30	沈阳东洋异型管有限公司	17 437.00
31	大连理工大学出版社有限公司	13 807.00
32	秦皇岛燕大汽车零部件制造有限公司	13 076.18
33	浙江大学科技园发展有限公司	12 519.00
34	重庆大学科技企业（集团）有限责任公司	12 405.18
35	成都西南交通大学科技园管理有限责任公司	11 924.53
36	北京北大科技园建设开发有限公司	11 462.56
37	重庆大学出版社	11 338.89
38	上海交大出版社有限公司	10 321.00
39	上海同济后勤产业发展有限公司	9 988.00

续表

序号	企　业　名　称	收入总额
40	北京北航科技园有限公司	9 278.11
41	上海同济新产业发展公司	9 077.53
42	上海复旦科技园股份有限公司	9 052.20
43	沈阳东大三建工业炉制造有限公司	8 698.00
44	北京科大恒兴高新技术有限公司	8 617.83
45	大连理工大学土木建筑设计研究院有限公司	8 519.02
46	兰州天际环境保护有限公司	8 206.00
47	山大鲁能信息科技有限公司	7 741.00
48	北京清能创新科技有限公司	7 505.68
49	北京理工世纪科技集团有限公司	7 442.45
50	广州华工信息软件有限公司	7 097.55
51	武汉华工大学科技园发展有限公司	6 527.20
52	北京化大化新科技股份有限公司	6 183.00
53	上海交大科技园有限公司	5 530.16
54	武汉开目信息技术有限责任公司	4 630.00
55	南京理工科技园股份有限公司	4 251.95
56	上海交大海科（集团）有限公司	3 981.76
57	白求恩医科大学制药厂	3 832.00
58	北京科技大学设计研究院有限公司	3 804.66
59	北京国环清华环境工程设计研究院有限公司	3 792.67
60	保定华仿科技有限公司	3 534.00
61	大连理工现代工程检测有限公司	3 527.00
62	湖大海捷制造技术有限公司	3 456.00
63	北京邮电大学出版社发行部	3 288.54
64	重庆重大远兴科技发展有限公司	3 190.00
65	秦皇岛科力汽车零部件有限公司	3 188.75
66	合肥安科精细化工有限公司	3 050.00
67	华东理工大学出版社	2 911.00
68	广州华南理工大学科技园有限公司	2 791.65
69	成都成电大学科技园有限公司	2 750.10
70	北京中农大生物技术股份有限公司	2 641.34

续表

序号	企 业 名 称	收入总额
71	北京人大文化科技园建设发展有限公司	2 586.00
72	北京正方兴通信技术有限公司	2 546.73
73	大连理工大学监理有限公司	2 432.00
74	上海大学科技园区	2 277.52
75	上海理工科技园有限公司	2 238.84
76	成都成电大学科技园孵化器有限公司	2 220.43
77	广州中大产业集团有限公司	2 198.20
78	辽宁东大冷弯型钢有限公司	2 036.69
79	安徽中科大擎天数码科技有限公司	1 986.98
80	北京清软英泰信息技术有限公司	1 954.51
81	北京工大智源科技发展有限公司	1 919.00
82	上海华力索菲科技有限公司	1 850.99
83	沈阳东创自动化仪器仪表有限公司	1 822.65
84	安徽大学特种电视技术研究中心	1 782.40
85	北京科大华科高新技术有限公司	1 575.32
86	河北工业大学科技开发中心	1 552.58
87	上海复旦爆破建设工程有限公司	1 529.00
88	华东师范大学科教仪器厂	1 513.13
89	广州数园网络有限公司	1 507.14
90	秦皇岛燕大科力塑业有限公司	1 443.77
91	新疆大学科技园有限责任公司	1 426.53
92	南京河海科技有限公司	1 405.32
93	上海复旦枫林科技园有限公司	1 381.31
94	北京化大群星科技公司	1 355.00
95	山东吕美容体技术有限公司	1 329.00
96	北京华控汇金投资管理有限公司	1 292.00
97	江苏药物研究所有限公司	1 282.93
98	武汉武大科技园有限公司	1 256.50
99	湖南大学科技园有限公司	1 197.00
100	河北工业大学电工厂	1 138.49

附表6　全国高校科技园企业按利润总额排名前一百名情况一览表（不含资产公司）

2010年12月31日　　　　单位：万元

序号	企　业　名　称	利润总额
1	同方股份有限公司	71 801.51
2	东软集团股份有限公司	56 011.00
3	华工科技产业股份有限公司	33 833.63
4	山东山大华特科技股份有限公司	15 321.07
5	清华大学出版社有限公司	8 941.00
6	启迪控股股份有限公司	8 170.00
7	紫光集团有限公司	6 890.60
8	江苏南大苏富特科技股份有限公司	6 554.30
9	武汉华中数控股份有限公司	6 279.15
10	武汉天喻信息产业股份有限公司	6 162.75
11	武汉华工创业投资有限责任公司	5 326.00
12	哈尔滨工业大学国家大学科技园发展有限公司	5 276.00
13	上海交大企业管理中心	5 101.50
14	紫光股份有限公司	4 436.25
15	东北大学设计研究院（有限公司）	3 838.43
16	浙江大学科技园发展有限公司	3 034.00
17	上海昂立教育科技有限公司	2 960.13
18	西安交通大学科技园有限责任公司	2 779.60
19	北京中农大科技企业孵化器有限公司	2 778.14
20	上海复旦科技园股份有限公司	2 712.98
21	沈阳东北大学冶金技术研究所有限公司	2 633.00
22	上海交大科技园有限公司	2 596.70
23	上海交大南洋房地产（集团）有限公司	2 571.04
24	北京正方兴通信技术有限公司	2 382.22
25	诚志股份有限公司	2 216.24
26	大连理工大学出版社有限公司	2 200.00
27	浦华环保有限公司	2 103.00
28	重庆重大远兴科技发展有限公司	1 914.00
29	重庆大学出版社	1 769.58
30	广州中大产业集团有限公司	1 692.89

续表

序号	企 业 名 称	利润总额
31	上海新南洋股份有限公司	1 602.28
32	秦皇岛燕大汽车零部件制造有限公司	1 441.86
33	广州华南理工大学科技园有限公司	1 331.15
34	山东山大华天科技股份有限公司	1 246.00
35	山大鲁能信息科技有限公司	1 208.00
36	重庆大学科技企业（集团）有限责任公司	1 125.76
37	武汉华工大学科技园发展有限公司	1 115.57
38	武汉南华高速船舶工程股份有限公司	1 001.99
39	保定华仿科技有限公司	968.00
40	上海交大出版社有限公司	925.00
41	沈阳东洋异型管有限公司	856.00
42	兰州天际环境保护有限公司	757.00
43	上海交大教育服务产业投资管理（集团）有限公司	743.00
44	北京北航科技园有限公司	696.41
45	新疆大学科技园有限责任公司	691.06
46	北京科大恒兴高新技术有限公司	663.56
47	沈阳东大三建工业炉制造有限公司	642.00
48	华东理工大学出版社	622.00
49	成都成电大学科技园孵化器有限公司	566.94
50	大连理工大学土木建筑设计研究院有限公司	560.85
51	上海理工科技园有限公司	499.09
52	广州华工信息软件有限公司	493.15
53	大连理工大学监理有限公司	473.00
54	沈阳东大科技企业孵化器有限公司	467.80
55	大连理工现代工程检测有限公司	458.00
56	上海同济后勤产业发展有限公司	421.00
57	北京化大化新科技股份有限公司	402.00
58	合肥安科精细化工有限公司	389.00
59	上海同济新产业发展公司	381.99
60	南京理工科技园股份有限公司	375.41
61	北京清能创新科技有限公司	341.58

续表

序号	企 业 名 称	利润总额
62	上海交大海科（集团）有限公司	331.53
63	南京河海科技有限公司	331.45
64	广州中山大学科技园有限公司	272.93
65	秦皇岛燕大国海不锈钢业有限公司	234.19
66	北京清软英泰信息技术有限公司	226.86
67	秦皇岛科力汽车零部件有限公司	222.39
68	江苏东大科技园发展有限公司	213.31
69	上海华理化工科技发展有限公司	210.14
70	保定华电电力设计院有限公司	189.00
71	广州中山大学科技园管理有限公司	187.65
72	武汉武大科技园有限公司	187.50
73	西安西工大科信软件有限责任公司	171.56
74	上海华理远大技术有限公司	161.00
75	上海复旦枫林科技园有限公司	160.08
76	上海复旦爆破建设工程有限公司	151.00
77	上海东华健利纺织科技有限公司	134.90
78	东北大学设备诊断工程中心	117.58
79	山东吕美容体技术有限公司	114.00
80	北京国环清华环境工程设计研究院有限公司	113.54
81	天津市河北工业大学北洋实业公司	110.89
82	北京工大中宇智能信息系统工程中心	95.00
83	吉林大学同拓高科技发展中心	94.76
84	北京科技大学设计研究院有限公司	88.59
85	北京人大文化科技园建设发展有限公司	83.00
86	安徽大学特种电视技术研究中心	80.70
87	南京理达软件有限公司	77.00
88	广州数园网络有限公司	68.65
89	成都西南交通大学科技园管理有限责任公司	65.78
90	江苏东大工程检测技术有限公司	63.72
91	杭州嘉量科技企业管理有限公司	63.09
92	北京华控汇金投资管理有限公司	59.00

续表

序号	企 业 名 称	利润总额
93	上海上大莱欧美术创作有限公司	52.67
94	南京工业大学建筑设计研究院	52.00
95	成都心意诚科技产业服务有限公司	49.14
96	上海华师积丰数字技术有限公司	44.03
97	沈阳东大材料先进制备技术工程研究中心	41.47
98	南京理达科技实业有限公司	41.00
99	北京时代创新设计企业孵化器有限公司	39.00
100	武汉理工新能源有限公司	38.08

附表 7　全国高校科技园企业按净利润额排名前一百名情况一览表（不含资产公司）

2010 年 12 月 31 日　　单位：万元

序号	企 业 名 称	净利润额
1	同方股份有限公司	59 973.78
2	东软集团股份有限公司	50 730.00
3	华工科技产业股份有限公司	28 473.58
4	山东山大华特科技股份有限公司	13 249.65
5	清华大学出版社有限公司	11 065.38
6	江苏南大苏富特科技股份有限公司	6 168.47
7	紫光集团有限公司	5 967.76
8	启迪控股股份有限公司	5 916.00
9	武汉华中数控股份有限公司	5 364.77
10	武汉天喻信息产业股份有限公司	5 211.25
11	哈尔滨工业大学国家大学科技园发展有限公司	3 920.00
12	紫光股份有限公司	3 511.41
13	东北大学设计研究院（有限公司）	3 262.66
14	武汉华工创业投资有限责任公司	3 076.00
15	浙江大学科技园发展有限公司	2 900.00
16	北京中农大科技企业孵化器有限公司	2 778.14
17	上海昂立教育科技有限公司	2 566.23
18	上海交大企业管理中心	2 491.90
19	北京正方兴通信技术有限公司	2 382.22
20	上海复旦科技园股份有限公司	2 371.70

续表

序号	企　业　名　称	净利润额
21	上海交大科技园有限公司	2 362.94
22	沈阳东北大学冶金技术研究所有限公司	2 256.00
23	大连理工大学出版社有限公司	2 200.00
24	上海交大南洋房地产（集团）有限公司	2 114.83
25	西安交通大学科技园有限责任公司	2 102.40
26	浦华环保有限公司	2 087.00
27	上海同济科技园有限公司	1 774.30
28	重庆大学出版社	1 769.58
29	诚志股份有限公司	1 759.10
30	重庆重大远兴科技发展有限公司	1 678.00
31	上海交大科技园（上饶）有限公司	1 615.30
32	广州中大产业集团有限公司	1 469.24
33	广州华南理工大学科技园有限公司	1 311.15
34	山大鲁能信息科技有限公司	1 208.00
35	秦皇岛燕大汽车零部件制造有限公司	1 196.86
36	山东山大华天科技股份有限公司	1 172.00
37	华东理工大学华昌聚合物有限公司	1 120.19
38	重庆大学科技企业（集团）有限责任公司	1 041.79
39	上海交大出版社有限公司	924.00
40	保定华仿科技有限公司	877.00
41	武汉南华高速船舶工程股份有限公司	820.80
42	武汉华工大学科技园发展有限公司	720.02
43	沈阳东洋异型管有限公司	655.00
44	上海新南洋股份有限公司	650.20
45	兰州天际环境保护有限公司	644.00
46	华东理工大学出版社	622.00
47	上海交大教育服务产业投资管理（集团）有限公司	590.00
48	北京科大恒兴高新技术有限公司	564.02
49	武汉武大巨成加固实业有限公司	542.20
50	北京北航科技园有限公司	525.63
51	吉林长邮通信建设股份有限公司	522.45

续表

序号	企　业　名　称	净利润额
52	新疆大学科技园有限责任公司	518.29
53	上海理工科技园有限公司	499.08
54	广州华工信息软件有限公司	491.25
55	沈阳东大三建工业炉制造有限公司	482.00
56	长春电信工程设计院股份有限公司	476.40
57	沈阳东大科技企业孵化器有限公司	444.85
58	成都成电大学科技园孵化器有限公司	425.21
59	大连理工大学监理有限公司	402.00
60	大连理工现代工程检测有限公司	394.00
61	大连理工大学土木建筑设计研究院有限公司	391.42
62	上海复旦水务工程技术有限公司	385.02
63	南京圣诺热管有限公司	372.59
64	南京理工科技园股份有限公司	345.89
65	北京清能创新科技有限公司	335.06
66	南京河海科技有限公司	331.28
67	合肥安科精细化工有限公司	331.00
68	上海慧立创业投资有限公司	320.31
69	上海同济新产业发展公司	305.51
70	上海交大海科（集团）有限公司	299.47
71	北京科大中冶技术发展有限公司	298.37
72	北京化大化新科技股份有限公司	283.00
73	上海同济后勤产业发展有限公司	276.00
74	广州中山大学科技园有限公司	272.93
75	上海华理安全装备有限公司	268.87
76	秦皇岛科力汽车零部件有限公司	211.60
77	北京清软英泰信息技术有限公司	208.08
78	江苏中矿大正表面工程技术有限公司	208.00
79	江苏东大科技园发展有限公司	199.45
80	上海华理化工科技发展有限公司	191.11
81	秦皇岛燕大国海不锈钢业有限公司	175.36
82	上海复旦规划建筑设计研究院有限公司	161.04

续表

序号	企 业 名 称	净利润额
83	上海华理远大技术有限公司	161.00
84	北京赛能杰高新技术股份有限公司	158.09
85	西安西工大科信软件有限责任公司	145.47
86	广州中山大学科技园管理有限公司	137.79
87	保定华电电力设计院有限公司	136.00
88	武汉武大创新投资有限公司	121.96
89	上海复旦枫林科技园有限公司	118.08
90	东北大学设备诊断工程中心	117.58
91	上海复旦爆破建设工程有限公司	113.00
92	上海东华健利纺织科技有限公司	112.85
93	武汉武大科技园有限公司	110.00
94	北京科大朗涤环保工程技术有限公司	98.46
95	山东吕美容体技术有限公司	96.00
96	北京国环清华环境工程设计研究院有限公司	90.95
97	吉林省吉大机电设备有限公司	85.00
98	天津市河北工业大学北洋实业公司	78.90
99	吉林大学同拓高科技发展中心	74.17
100	安徽大学特种电视技术研究中心	68.60

附表 8　全国高校科技园企业按归属于学校方股东的净利润额排名前一百名情况一览表（不含资产公司）

2010 年 12 月 31 日　　　　单位：万元

序号	企 业 名 称	归属于学校方股东的净利润额
1	同方股份有限公司	11 451.79
2	清华大学出版社有限公司	11 065.38
3	华工科技产业股份有限公司	10 357.24
4	东软集团股份有限公司	8 540.00
5	哈尔滨工业大学国家大学科技园发展有限公司	3 920.00
6	上海交大南洋房地产（集团）有限公司	3 888.50
7	启迪控股股份有限公司	2 987.00
8	北京中农大科技企业孵化器有限公司	2 778.14
9	上海交大企业管理中心	2 491.90

续表

序号	企业名称	归属于学校方股东的净利润额
10	上海交大科技园有限公司	2 347.11
11	大连理工大学出版社有限公司	2 200.00
12	浙江大学科技园发展有限公司	2 084.00
13	西安交通大学科技园有限责任公司	1 927.36
14	上海同济科技园有限公司	1 774.30
15	上海交大科技园（上饶）有限公司	1 615.30
16	北京正方兴通信技术有限公司	1 572.26
17	武汉华中数控股份有限公司	1 551.90
18	山东山大华特科技股份有限公司	1 538.52
19	广州华大产业集团有限公司	1 469.24
20	山大鲁能信息科技有限公司	1 208.00
21	紫光集团有限公司	1 140.81
22	华东理工大学华昌聚合物有限公司	1 120.19
23	上海昂立教育科技有限公司	1 087.70
24	武汉华工创业投资有限责任公司	1 052.60
25	紫光股份有限公司	1 050.47
26	广州华南理工大学科技园有限公司	1 048.92
27	东北大学设计研究院（有限公司）	1 011.43
28	重庆大学科技企业（集团）有限责任公司	1 000.05
29	上海交大出版社有限公司	924.00
30	诚志股份有限公司	863.95
31	江苏南大苏富特科技股份有限公司	714.31
32	清华环保有限公司	634.00
33	武汉华工大学科技园发展有限公司	594.95
34	北京科大恒兴高新技术有限公司	564.02
35	武汉武大巨成加固实业有限公司	542.20
36	沈阳东北大学冶金技术研究所有限公司	541.00
37	吉林长邮通信建设股份有限公司	522.45
38	广州华工信息软件有限公司	491.25
39	长春电信工程设计院股份有限公司	476.40
40	武汉天喻信息产业股份有限公司	438.79

续表

序号	企 业 名 称	归属于学校方股东的净利润额
41	上海复旦水务工程技术有限公司	385.02
42	南京圣诺热管有限公司	372.59
43	大连理工大学土木建筑设计研究院有限公司	352.28
44	山东山大华天科技股份有限公司	349.00
45	兰州天际环境保护有限公司	335.00
46	南京河海科技有限公司	331.28
47	合肥安科精细化工有限公司	331.00
48	上海慧立创业投资有限公司	320.31
49	北京清能创新科技有限公司	316.63
50	上海交大海科（集团）有限公司	299.47
51	北京科大中冶技术发展有限公司	298.37
52	武汉南华高速船舶工程股份有限公司	284.49
53	广州中山大学科技园有限公司	272.93
54	上海华理安全装备有限公司	268.87
55	上海同济后勤产业发展有限公司	266.00
56	上海新南洋股份有限公司	250.07
57	秦皇岛燕大汽车零部件制造有限公司	240.60
58	成都成电大学科技园孵化器有限公司	218.34
59	沈阳东大三建工业炉制造有限公司	217.00
60	北京化大化新科技股份有限公司	216.00
61	江苏中矿大正表面工程技术有限公司	208.00
62	南京理工科技园股份有限公司	204.89
63	江苏东大科技园发展有限公司	199.45
64	沈阳东大科技企业孵化器有限公司	177.94
65	上海华理化工科技发展有限公司	170.00
66	上海理工科技园有限公司	166.39
67	上海复旦规划建筑设计研究院有限公司	161.04
68	上海华理远大技术有限公司	161.00
69	上海同济新产业发展公司	159.37
70	北京赛能杰高新技术股份有限公司	158.09
71	武汉武大创新投资有限公司	121.96

续表

序号	企业名称	归属于学校方股东的净利润额
72	北京清软英泰信息技术有限公司	106.12
73	北京科大朗涤环保工程技术有限公司	98.46
74	北京国环清华环境工程设计研究院有限公司	90.95
75	上海东华健利纺织科技有限公司	90.28
76	吉林省吉大机电设备有限公司	85.00
77	广州中山大学科技园管理有限公司	82.67
78	吉林大学同拓高科技发展中心	74.17
79	安徽大学特种电视技术研究中心	68.60
80	北京科大方兴高新技术有限公司	67.57
81	北京人大文化科技园建设发展有限公司	66.00
82	山东吕美容体技术有限公司	63.36
83	南京理达软件有限公司	53.00
84	秦皇岛燕大国海不锈钢业有限公司	52.61
85	上海复旦爆破建设工程有限公司	52.00
86	江苏东大工程检测技术有限公司	48.88
87	成都西南交通大学科技园管理有限责任公司	46.93
88	北京科技大学设计研究院有限公司	45.19
89	长春吉大·小天鹅仪器有限公司	44.84
90	西安西工大科信软件有限责任公司	43.64
91	南京工业大学建筑设计研究院	39.00
92	华东理工大学工程设计研究院有限公司	38.00
93	南京工大建设监理咨询有限公司	37.34
94	南京同凯兆业生物技术有限责任公司	37.34
95	广州数园网络有限公司	34.01
96	上海复旦耀天医疗器械科技有限公司	33.33
97	沈阳东大材料先进制备技术工程研究中心	31.10
98	南京理达科技实业有限公司	31.00
99	北京华控汇金投资管理有限公司	31.00
100	上海多佳水处理科技有限公司	30.54

九、2010 年度在国家级高新技术开发区注册的校办产业统计分析

1. 在国家级高新技术开发区注册的校办产业概况

2010 年度参加全国普通高校校办产业统计工作的 3 564 个企业来自全国 29 个省、自治区、直辖市的 494 所普通高校。其中，在国家级高新技术开发区注册的（以下简称高新区企业）共 408 家，占全国高校上报企业总数的 11.45%，如图 9-1 所示。

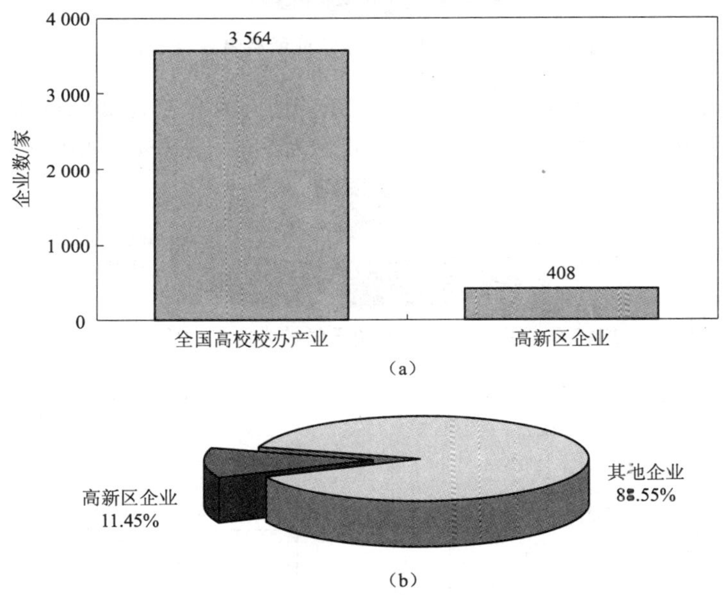

图 9-1　2010 年度高新区企业概况

（a）高新区企业数；（b）高新区企业占比

2. 资产状况

① 2010 年末，高新区企业的资产总额为 1 909.03 亿元，占全国高校校办产业资产总额（2 292.41 亿元）的 83.28%，如图 9-2 所示。

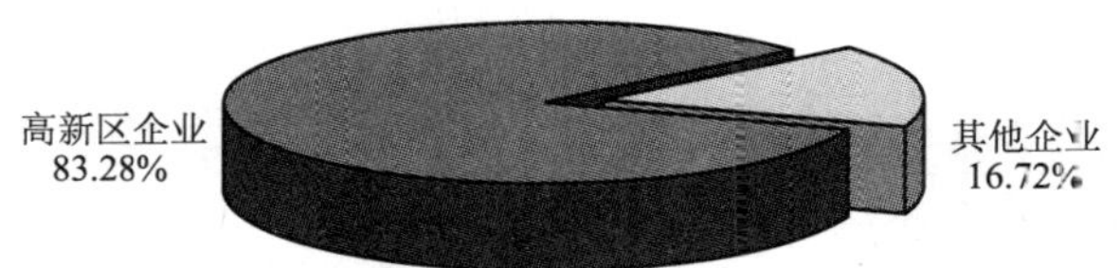

图 9-2　2010 年末高新区企业资产总额占比

② 2010 年末，高新区企业的负债额为 1 085.52 亿元，占全国高校校办产业负债额（1 314.63 亿元）的 82.57%，如图 9-3 所示。

图 9-3　2010 年末高新区企业负债额占比

③ 2010 年末，高新区企业的所有者权益为 823.51 亿元，占全国高校校办产业所有者权益（977.78 亿元）的 84.22%，如图 9-4 所示。

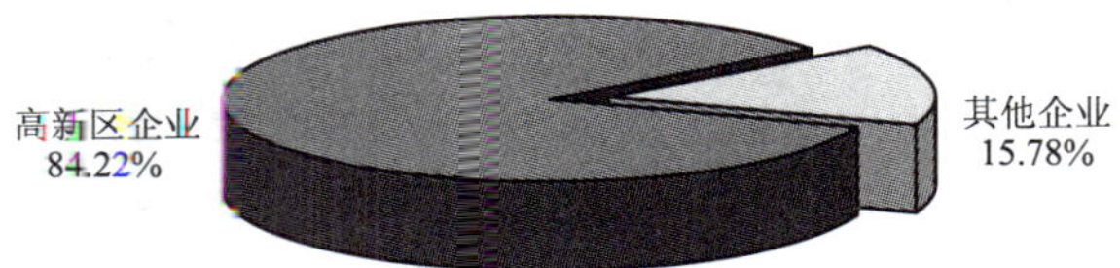

图 9-4　2010 年末高新区企业所有者权益占比

④ 2010 年末，高新区企业归属于学校方股东的所有者权益为 298.11 亿元，占全国高校校办产业归属于学校方股东所有者权益（513.06 亿元）的 58.10%，如图 9-5 所示。

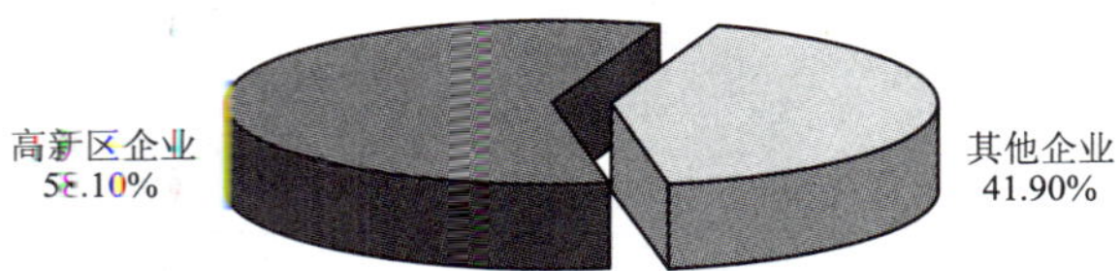

图 9-5　2010 年末高新区企业归属于学校方股东的所有者权益占比

⑤ 2010 年末，高新区企业的资产负债率为 56.86%，如图 9-6 所示。

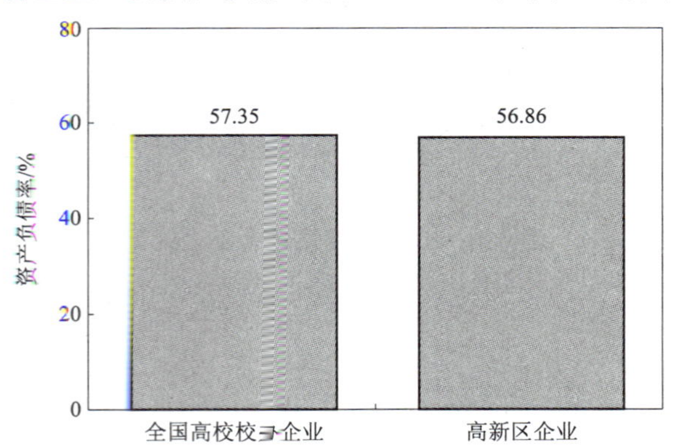

图 9-6　2010 年末高新区企业资产负债率

3. 经营状况

（1）收入总额情况

2010 年度高新区企业收入总额为 1 451.60 亿元，占全国高校校办产业收入总额（1 671.83

亿元）的 87.43%，如图 9-7 所示。

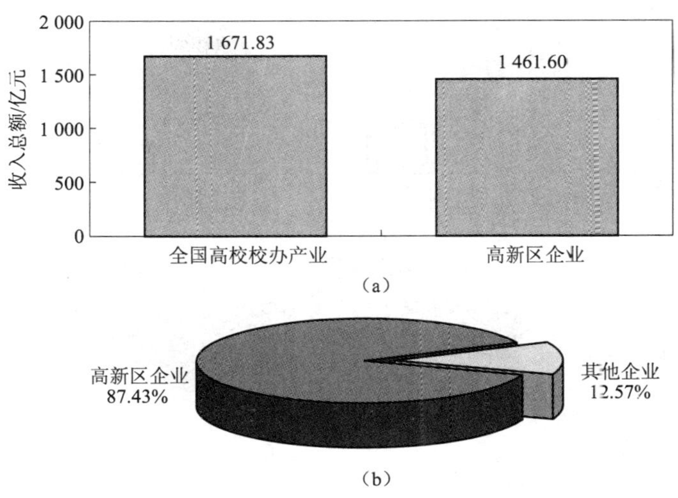

图 9-7　2010 年度高新区企业收入总额情况

（a）高新区企业收入总额；（b）高新区企业收入总额占比

（2）利润总额情况

2010 年度高新区企业实现利润总额为 81.04 亿元，占全国高校校办产业实现利润总额（100.28 亿元）的 80.81%，如图 9-8 所示。

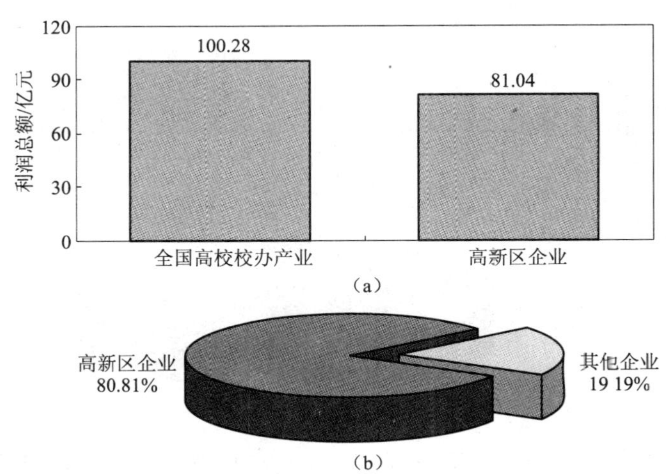

图 9-8　2010 年度高新区企业实现利润总额情况

（a）高新区企业实现利润总额；（b）高新区企业实现利润总额占北

（3）净利润额情况

2010 年度高新区企业实现净利润额为 58.39 亿元，占全国高校校办产业实现净利润额（82.00 亿元）的 71.21%，如图 9-9 所示。

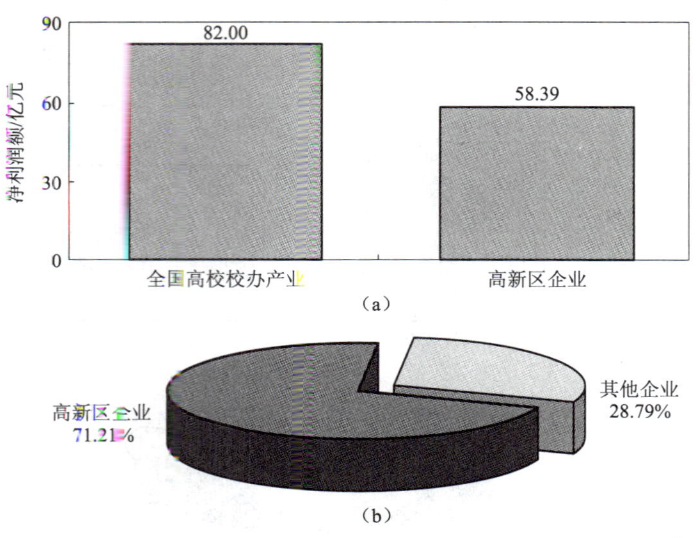

图 9-9　2010 年度高新区企业实现净利润额情况

（a）高新区企业实现净利润额；（b）高新区企业实现净利润额占比

（4）归属于学校方股东的净利润额情况

2010 年度高新区企业归属于学校方股东的净利润额为 24.44 亿元，占全国高校校办产业归属于学校方股东净利润额（38.27 亿元）的 63.86%，如图 9-10 所示。

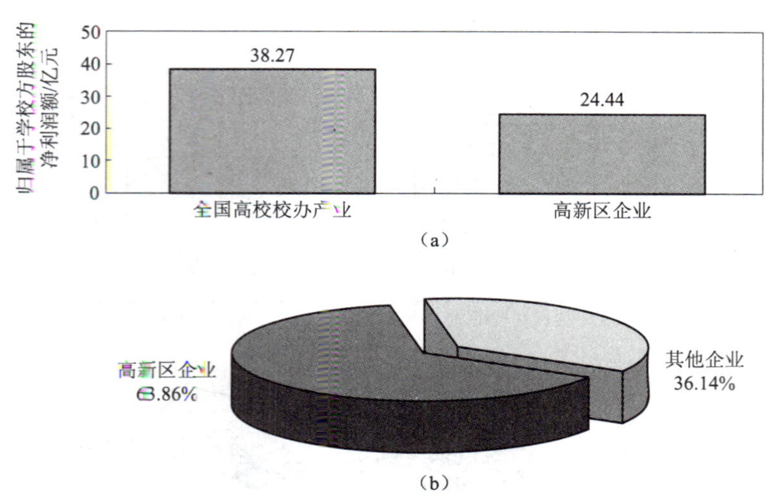

图 9-10　2010 年度高新区企业归属于学校方股东的净利润额情况

（a）高新区企业归属于学校方股东的净利润额；（b）高新区企业归属于学校方股东的净利润额占比

（5）已支付给学校方股东的利润额或股利情况

2010 年度高新区企业已支付给学校方股东的利润额或股利为 3.64 亿元，比 2009 年度高新区企业已支付给学校方股东的利润额或股利（2.62 亿元）增加了 1.02 亿元，增长率为 38.93%，如图 9-11 所示。

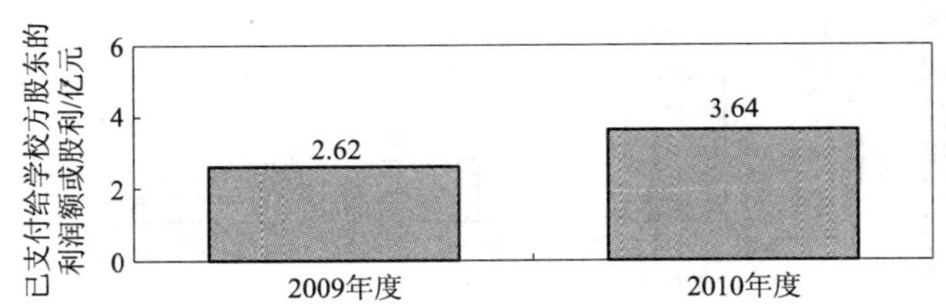

图 9-11 2010 年度高新区企业已支付给学校方股东的利润额或股利情况

（6）上交税金情况

2010 年度高新区企业向国家缴纳税金总额为 52.60 亿元，占全国高校校办产业向国家缴纳税金总额（139.92 亿元）的 37.59%，如图 9-12 所示。

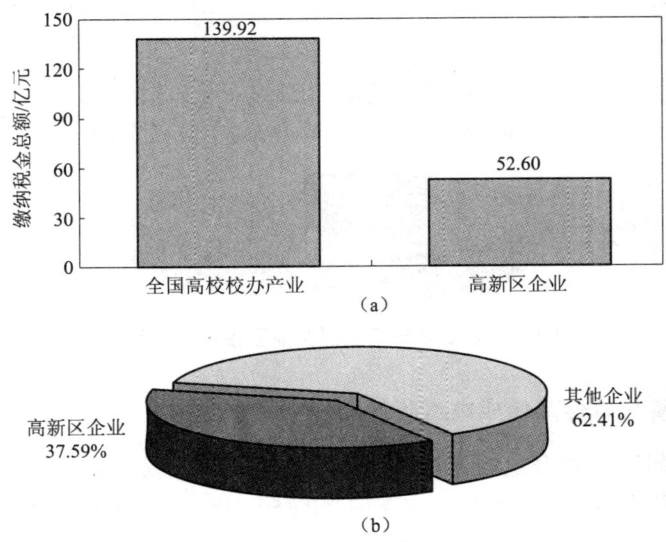

图 9-12 2010 年度高新区企业上交税金情况

（a）高新区企业上交税金总额；（b）高新区企业上交税金总额占比

4. 人员状况

2010 年末，高新区企业在册职工人数共计 14.81 万人。其中，接受高等教育的人员 9.03 万人；研究开发人员 3.83 万人；专职管理人员 1.56 万人。高新区企业接纳学生实习人数达 3.09 万人次，累计工时 478.77 万小时。此外，高新区企业还参与了硕士生、博士生的培养工作，2010 年度参与培养博士生 479 名、硕士生 2 276 名，如图 9-13 所示。

5. 科技创新指标

（1）获授权的专利

2010 年末，高新区企业获授权的专利共 940 项，占全国高校校办产业获授权专利项（1 599 项）的 58.79%，如图 9-14 所示。

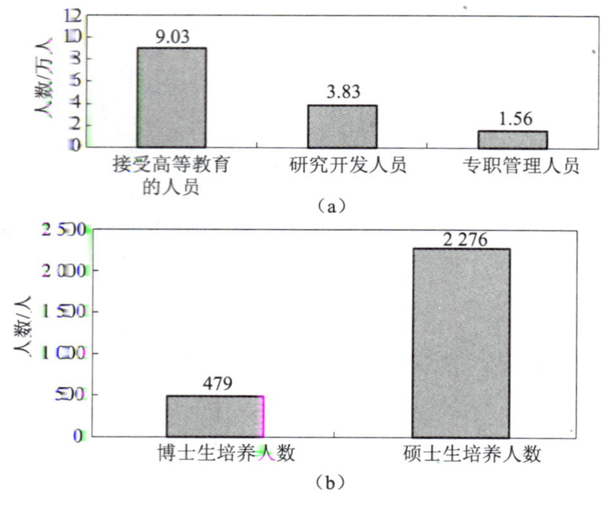

图 9-13　2010 年末高新区企业在册职工人数状况

（a）职工中三类人员状况；（b）参与培养博士生、硕士生人数

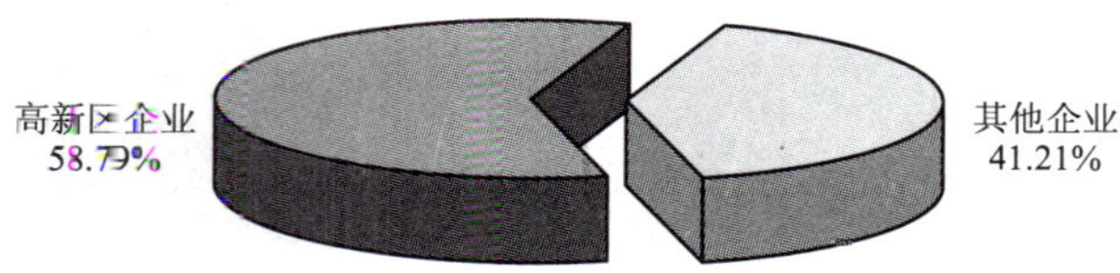

图 9-14　2010 年末高新区企业获授权的专利占比

（2）登记的计算机软件及集成电路版权

2010 年末，高新区企业登记的计算机软件及集成电路版权共 434 项，占全国高校校办产业登记计算机软件及集成电路版权项（803 项）的 54.05%，如图 9-15 所示。

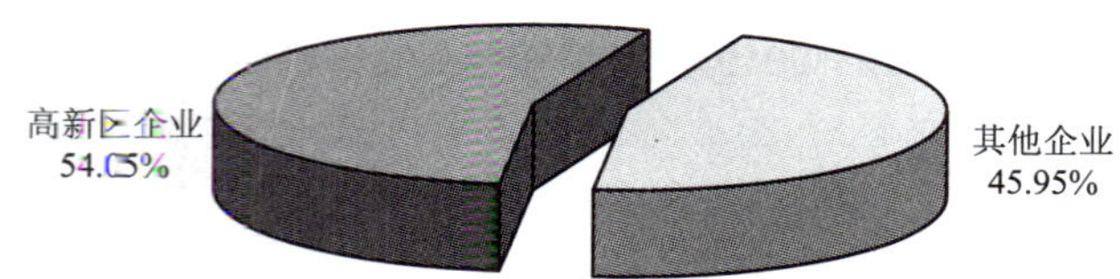

图 9-15　2010 年末高新区企业登记的计算机软件及集成电路版权占比

（3）获省市部委、国家级的奖项

2010 年末，高新区企业获省市部委、国家级奖项共 295 项，占全国高校校办产业获省市部委、国家级奖项（1 230 项）的 23.98%，如图 9-16 所示。

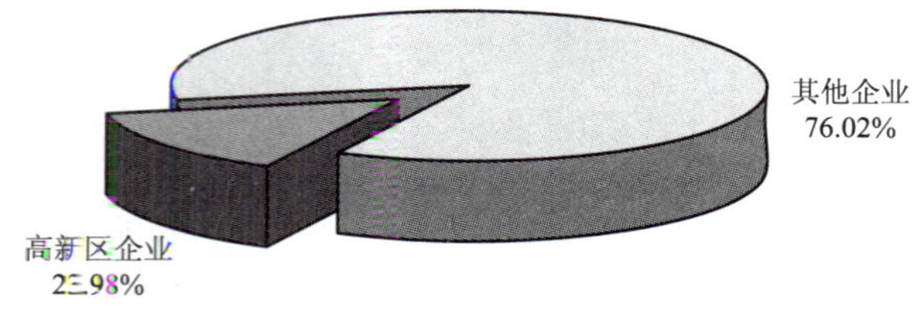

图 9-16　2010 年末高新区企业获省市部委、国家级奖项情况

6. 2010年度在国家级高新技术开发区注册的校办产业统计综合分析附表

附表1　全国高校高新区企业按资产总额排名前一百名情况一览表

2010年12月31日　　　　单位：万元

序号	企　业　名　称	资产总额
1	清华控股有限公司	5 060 424.00
2	北大方正集团有限公司	5 022 302.24
3	同方股份有限公司	2 486 463.82
4	北京北大资源集团有限公司	891 988.25
5	东软集团股份有限公司	685 888.00
6	武汉华中科技大产业集团有限公司	614 569.87
7	启迪控股股份有限公司	358 039.00
8	华工科技产业股份有限公司	320 162.66
9	龙江环保集团股份有限公司	293 933.40
10	北京北大未名生物工程集团有限公司	260 147.31
11	山东山大产业集团有限公司	231 751.96
12	紫光股份有限公司	203 029.82
13	北京北大科技园建设开发有限公司	201 083.55
14	武汉大学资产经营投资管理有限责任公司	184 572.93
15	紫光集团有限公司	130 243.52
16	浦华环保有限公司	126 465.00
17	山东山大华特科技股份有限公司	113 837.65
18	北京北大科技园有限公司	99 112.09
19	南京康尼机电股份有限公司	84 822.54
20	清华大学出版社有限公司	79 231.89
21	中山大学达安基因股份有限公司	67 106.87
22	江苏南大苏富特科技股份有限公司	57 455.43
23	武汉华中数控股份有限公司	54 708.28
24	博奥生物有限公司	52 475.00
25	北京清华阳光能源开发有限责任公司	51 724.72
26	大连理工大学产业投资有限公司	48 494.00
27	北京理工世纪科技集团有限公司	43 517.17

续表

序号	企业名称	资产总额
28	武汉南华高速船舶工程股份有限公司	39 730.46
29	武汉华工创业投资有限责任公司	39 232.00
30	北大国际医院集团有限公司	38 788.85
31	南京大学资产经营有限公司	37 901.03
32	西安理工大资产经营管理有限公司	37 112.87
33	中科大资产经营有限责任公司	35 659.52
34	西安理工晶体科技有限公司	33 175.00
35	沈阳东北大学冶金技术研究所有限公司	30 896.00
36	北京科大资产经营有限公司	30 447.31
37	北京北航科技园有限公司	27 344.14
38	四川川大华西药业股份有限公司	26 325.00
39	武汉华工建设发展有限公司	25 678.78
40	东北大学设计研究院（有限公司）	25 220.82
41	云南大学投资管理有限公司	24 508.28
42	山大鲁能信息科技有限公司	23 740.00
43	山东山大华天科技股份有限公司	23 664.00
44	哈尔滨工程大学科技园发展有限公司	23 283.94
45	哈尔滨工业大学国家大学科技园发展有限公司	22 777.00
46	河北医科大学生物医学工程中心	21 710.00
47	武汉华工大学科技园发展有限公司	18 850.91
48	江苏南星药业有限责任公司	17 608.00
49	北京北邮资产经营有限公司	17 264.28
50	新疆大学科技园有限责任公司	16 156.18
51	黑龙江哈尔滨医大药业有限公司	16 013.00
52	大连理工大学出版社有限公司	15 664.00
53	北京辰安伟业科技有限公司	14 442.00
54	北京正方兴通信技术有限公司	13 871.48
55	武汉武大科技园有限公司	13 737.25
56	武汉华宏资产经营管理有限公司	13 479.19
57	湖南大学科技园有限公司	13 440.00
58	云南云大投资控股有限公司	13 197.71

续表

序号	企 业 名 称	资产总额
59	北京华环电子股份有限公司	12 590.00
60	北京华电天德资产经营有限公司	11 411.26
61	大连理工大学技术转移中心	11 027.50
62	比威网络技术有限公司	10 872.00
63	白求恩医科大学制药厂	10 387.00
64	南京南大药业有限责任公司	9 620.81
65	北京清能创新科技有限公司	9 336.01
66	西安西北工业大学资产经营管理有限公司	9 214.54
67	湖大海捷制造技术有限公司	8 922.00
68	武汉华中师大科技园发展有限公司	8 858.45
69	上海大学科技园区	8 765.47
70	武汉理工大科技园股份有限公司	8 523.00
71	保定华仿科技有限公司	8 267.00
72	北京华控汇金投资管理有限公司	7 096.00
73	北京北航天华科技有限责任公司	7 070.20
74	北京科大恒兴高新技术有限公司	6 955.38
75	江西第三机床厂	6 764.00
76	深圳南大研究院有限公司	6 570.17
77	北京科技大学设计研究院有限公司	6 481.13
78	北京银盘电子技术有限公司	6 444.00
79	广东暨大基因药物工程研究中心有限公司	6 260.70
80	湖北武大有机硅新材料股份有限公司	6 201.80
81	武汉开目信息技术有限责任公司	6 017.00
82	兰州天际环境保护有限公司	5 804.00
83	北京北大宇环微电子系统有限公司	5 800.17
84	南京理工大学科技贸易公司	5 736.79
85	西安西北工业大学科技产业集团公司	5 695.13
86	北京北大维信生物科技有限公司	5 689.15
87	北大先锋科技有限公司	5 523.09
88	成都成电大学科技园孵化器有限公司	5 485.57
89	辽宁东大冷弯型钢有限公司	5 460.51

续表

序号	企　业　名　称	资产总额
90	北京清软英泰信息技术有限公司	5 251.78
91	武汉理工新能源有限公司	5 250.47
92	华中师范大学科技开发总公司	5 204.14
93	北京中农大生物技术股份有限公司	5 139.67
94	西安沃兰科技有限责任公司	4 680.53
95	北京北大英华科技有限公司	4 670.00
96	鲁迅美术学院艺术工程总公司	4 587.55
97	北京首科兴业工程技术有限公司	4 489.05
98	湖南中大设计院有限公司	4 476.00
99	江西电子仪器厂	4 358.00
100	天津膜天膜工程技术有限公司	4 309.00

附表 2　全国高校高新区企业按负债总额排名前一百名情况一览表

201[illegible] 年 12 月 31 日　　　　单位：万元

序号	企　业　名　称	负债总额
1	北大方正集团有限公司	3 054 628.55
2	清华控股有限公司	3 010 783.00
3	同方股份有限公司	1 426 686.28
4	北京北大资源集团有限公司	503 156.77
5	武汉华中科技大产业集团有限公司	313 507.63
6	龙江环保集团股份有限公司	234 910.53
7	东软集团股份有限公司	227 368.00
8	启迪控股股份有限公司	178 145.00
9	北京北大未名生物工程集团有限公司	177 742.86
10	北京北大科技园建设开发有限公司	171 476.57
11	华工科技产业股份有限公司	135 969.38
12	紫光股份有限公司	114 816.25
13	山东山大产业集团有限公司	95 445.26
14	北京北大科技园有限公司	88 606.63
15	浦华环保有限公司	87 314.00
16	紫光集团有限公司	75 930.25
17	武汉大学资产经营投资管理有限责任公司	63 785.63

续表

序号	企 业 名 称	负债总额
18	南京康尼机电股份有限公司	57 742.45
19	山东山大华特科技股份有限公司	48 885.66
20	江苏南大苏富特科技股份有限公司	30 136.36
21	武汉南华高速船舶工程股份有限公司	29 889.16
22	武汉华中数控股份有限公司	27 099.06
23	武汉华工建设发展有限公司	23 946.75
24	清华大学出版社有限公司	23 584.56
25	北京清华阳光能源开发有限责任公司	23 382.35
26	哈尔滨工程大学科技园发展有限公司	23 214.16
27	河北医科大学生物医学工程中心	21 011.00
28	西安理工晶体科技有限公司	20 832.00
29	南京大学资产经营有限公司	20 680.35
30	北京理工世纪科技集团有限公司	20 453.08
31	大连理工大学产业投资有限公司	20 042.00
32	西安理工大资产经营管理有限公司	19 907.56
33	沈阳东北大学冶金技术研究所有限公司	19 446.00
34	中山大学达安基因股份有限公司	19 014.85
35	北京北航科技园有限公司	18 979.83
36	北京科大资产经营有限公司	14 832.48
37	山东山大华天科技股份有限公司	13 343.00
38	中科大资产经营有限责任公司	13 023.58
39	新疆大学科技园有限责任公司	12 660.00
40	云南大学投资管理有限公司	12 346.43
41	武汉华工大学科技园发展有限公司	10 735.24
42	比威网络技术有限公司	10 272.00
43	大连理工大学技术转移中心	10 185.12
44	武汉武大科技园有限公司	10 061.84
45	四川川大华西药业股份有限公司	9 644.00
46	白求恩医科大学制药厂	9 024.00
47	南京南大药业有限责任公司	8 587.99
48	江苏南星药业有限责任公司	8 482.00

续表

序号	企业名称	负债总额
49	北京银盘电子技术有限公司	8 174.00
50	黑龙江哈尔滨医大药业有限公司	7 871.00
51	哈尔滨工业大学国家大学科技园发展有限公司	7 679.00
52	湖南大学科技园有限公司	7 678.00
53	北京清能创新科技有限公司	6 874.05
54	博奥生物有限公司	6 833.34
55	武汉华工创业投资有限责任公司	6 831.00
56	武汉华宏资产经营管理有限公司	6 787.33
57	东北大学设计研究院（有限公司）	6 654.52
58	湖大海捷制造技术有限公司	6 135.00
59	北京北航天华科技有限责任公司	6 064.49
60	西安西北工业大学资产经营管理有限公司	6 053.48
61	大连理工大学出版社有限公司	5 982.00
62	北京华控汇金投资管理有限公司	5 882.00
63	江西第三机床厂	5 849.00
64	深圳南大研究院有限公司	5 682.98
65	武汉华中师大科技园发展有限公司	5 629.90
66	北京科技大学设计研究院有限公司	5 401.09
67	北京北大宇环微电子系统有限公司	5 077.59
68	北京华电天德资产经营有限公司	5 052.45
69	南京理工大学科技贸易公司	5 046.08
70	上海大学科技园区	4 854.87
71	云南云大投资控股有限公司	4 599.78
72	兰州天际环境保护有限公司	4 509.00
73	西安沃兰科技有限责任公司	4 453.74
74	南昌客车厂	4 440.00
75	华中师范大学科技开发总公司	4 336.23
76	保定华仿科技有限公司	4 151.00
77	北京华环电子股份有限公司	3 790.00
78	北京北邮资产经营有限公司	3 773.98
79	广东暨大基因药物工程研究中心有限公司	3 761.29

续表

序号	企 业 名 称	负债总额
80	北京首科兴业工程技术有限公司	3 412.33
81	北京清软英泰信息技术有限公司	3 373.99
82	北京国环清华环境工程设计研究院有限公司	3 350.82
83	鲁迅美术学院艺术工程总公司	3 143.88
84	哈尔滨医科大学科技开发总公司	3 034.44
85	北京正方兴通信技术有限公司	3 005.24
86	成都成电大学科技园孵化器有限公司	2 973.47
87	北京辰安伟业科技有限公司	2 904.00
88	威海天诺数控机械有限公司	2 717.80
89	天津工大纺织助剂有限公司	2 666.20
90	武汉理工大科技园股份有限公司	2 660.00
91	湖南中大设计院有限公司	2 559.00
92	北京科大恒兴高新技术有限公司	2 426.37
93	武汉开目信息技术有限责任公司	2 416.00
94	北京人大文化科技园建设发展有限公司	2 312.00
95	太原理工大学机电厂	2 259.00
96	西安中星材料有限责任公司	2 070.00
97	哈尔滨工业大学科技发展有限责任公司	2 064.00
98	武汉华科机电工程技术有限公司	1 898.80
99	东北大学自动化工程技术开发公司	1 866.48
100	浙江大学三伊电气电子工程公司	1 857.00

附表3　全国高校高新区企业按所有者权益排名前一百名情况一览表

2010年12月31日　　单位：万元

序号	企 业 名 称	所有者权益
1	清华控股有限公司	2 049 641.00
2	北大方正集团有限公司	1 967 673.69
3	同方股份有限公司	1 059 777.54
4	东软集团股份有限公司	458 520.00
5	北京北大资源集团有限公司	388 831.48
6	武汉华中科技大产业集团有限公司	301 062.24
7	华工科技产业股份有限公司	184 193.28

续表

序号	企 业 名 称	所有者权益
8	启迪控股股份有限公司	179 894.00
9	山东山大产业集团有限公司	136 306.70
10	武汉大学资产经营投资管理有限责任公司	120 787.30
11	紫光股份有限公司	88 213.57
12	北京北大未名生物工程集团有限公司	82 404.45
13	山东山大华特科技股份有限公司	64 951.99
14	龙江环保集团股份有限公司	59 022.87
15	清华大学出版社有限公司	55 647.33
16	紫光集团有限公司	54 313.27
17	中山大学达安基因股份有限公司	48 092.02
18	博奥生物有限公司	45 641.66
19	清华环保有限公司	39 151.00
20	北大国际医院集团有限公司	38 788.85
21	武汉华工创业投资有限责任公司	32 401.00
22	北京北大科技园建设开发有限公司	29 606.98
23	大连理工大学产业投资有限公司	28 452.00
24	北京清华阳光能源开发有限责任公司	28 342.37
25	武汉华中数控股份有限公司	27 609.22
26	江苏南大苏富特科技股份有限公司	27 319.07
27	南京康尼机电股份有限公司	27 080.09
28	北京理工世纪科技集团有限公司	23 064.09
29	山大鲁能信息科技有限公司	22 923.00
30	中科大资产经营有限责任公司	22 635.94
31	东北大学设计研究院（有限公司）	18 566.30
32	南京大学资产经营有限公司	17 220.68
33	西安理工大资产经营管理有限公司	17 205.31
34	四川川大华西药业股份有限公司	16 681.00
35	北京科大资产经营有限公司	15 614.83
36	哈尔滨工业大学国家大学科技园发展有限公司	15 098.00
37	北京北邮资产经营有限公司	13 490.30
38	西安理工晶体科技有限公司	12 343.00

续表

序号	企 业 名 称	所有者权益
39	云南大学投资管理有限公司	12 161.85
40	北京辰安伟业科技有限公司	11 538.00
41	沈阳东北大学冶金技术研究所有限公司	11 450.00
42	北京正方兴通信技术有限公司	10 866.24
43	北京北大科技园有限公司	10 505.46
44	山东山大华天科技股份有限公司	10 321.00
45	武汉南华高速船舶工程股份有限公司	9 841.30
46	大连理工大学出版社有限公司	9 682.00
47	江苏南星药业有限责任公司	9 126.00
48	北京华环电子股份有限公司	8 800.00
49	云南云大投资控股有限公司	8 597.93
50	北京北航科技园有限公司	8 364.31
51	黑龙江哈尔滨医大药业有限公司	8 142.00
52	武汉华工大学科技园发展有限公司	8 115.67
53	武汉华宏资产经营管理有限公司	6 691.86
54	北京华电天德资产经营有限公司	6 358.81
55	湖北武大有机硅新材料股份有限公司	6 201.80
56	武汉理工大科技园股份有限公司	5 863.00
57	湖南大学科技园有限公司	5 762.00
58	北京北大维信生物科技有限公司	5 689.15
59	北大先锋科技有限公司	5 523.09
60	辽宁东大冷弯型钢有限公司	5 419.17
61	西安西北工业大学科技产业集团公司	4 894.26
62	武汉理工新能源有限公司	4 722.65
63	北京科大恒兴高新技术有限公司	4 529.01
64	保定华仿科技有限公司	4 116.00
65	上海大学科技园区	3 910.60
66	天津膜天膜工程技术有限公司	3 901.00
67	亿阳信通股份有限公司	3 844.26
68	北京中农大生物技术股份有限公司	3 683.61
69	武汉武大科技园有限公司	3 675.41

续表

序号	企 业 名 称	所有者权益
70	南京速必得宝高新技术有限公司	3 640.69
71	武汉开目信息技术有限责任公司	3 601.00
72	北京北航精密机电有限公司	3 520.13
73	新疆大学科技园有限责任公司	3 496.18
74	湖大海捷（湖南）工程技术研究有限公司	3 435.00
75	四川川大智胜软件股份有限公司	3 428.66
76	武汉凯迪电力股份有限公司	3 396.54
77	北京交大资产经营有限公司	3 363.88
78	武汉工程大学研究设计院	3 251.00
79	武汉华中师大科技园发展有限公司	3 228.55
80	西安西北工业大学资产经营管理有限公司	3 161.06
81	杨凌西北农林科大新天地设施农业开发公司	3 139.42
82	北京北大英华科技有限公司	3 129.00
83	成都运达创新科技有限公司	2 904.87
84	重庆大学城市规划与研究院	2 882.00
85	西安邮电学院邮电技术公司	2 832.02
86	湖大海捷制造技术有限公司	2 787.00
87	江苏省无锡江大大学科技园有限公司	2 748.45
88	北京北科麦思科自动化工程技术有限公司	2 747.58
89	江西电子仪器厂	2 681.00
90	成都成电大学科技园孵化器有限公司	2 512.10
91	广东暨大基因药物工程研究中心有限公司	2 499.41
92	北京清能创新科技有限公司	2 461.96
93	深圳市永达电子股份有限公司	2 387.00
94	太原中北新缘科技中心	2 214.67
95	北京北大创业园有限公司	2 207.37
96	西安深亚电子有限公司	2 034.41
97	成都交大光芒实业有限公司	1 999.60
98	江苏南大光电材料股份有限公司	1 996.43
99	湖南中大设计院有限公司	1 917.00
100	北京清软英泰信息技术有限公司	1 877.79

附表4　全国高校高新区企业按归属于学校方股东的所有者权益排名前一百名情况一览表

2010年12月31日　　　　单位：万元

序号	企 业 名 称	归属于学校方股东的所有者权益
1	清华控股有限公司	727 602.00
2	北大方正集团有限公司	725 007.08
3	同方股份有限公司	190 722.36
4	武汉华中科技大产业集团有限公司	135 580.41
5	武汉大学资产经营投资管理有限责任公司	120 787.30
6	北京北大资源集团有限公司	85 452.29
7	东软集团股份有限公司	75 417.12
8	启迪控股股份有限公司	70 374.21
9	华工科技产业股份有限公司	67 269.01
10	清华大学出版社有限公司	55 647.33
11	山东山大产业集团有限公司	54 132.13
12	北大国际医院集团有限公司	38 788.85
13	博奥生物有限公司	29 699.03
14	大连理工大学产业投资有限公司	25 877.00
15	紫光股份有限公司	25 086.32
16	山大鲁能信息科技有限公司	22 923.00
17	中科大资产经营有限责任公司	22 039.74
18	西安理工大资产经营管理有限公司	17 205.31
19	南京大学资产经营有限公司	16 678.27
20	紫光集团有限公司	15 163.06
21	哈尔滨工业大学国家大学科技园发展有限公司	15 098.00
22	北京科大资产经营有限公司	14 365.15
23	北京北邮资产经营有限公司	13 490.30
24	浦华环保有限公司	12 185.58
25	云南大学投资管理有限公司	12 161.85
26	北京北大科技园建设开发有限公司	12 138.73
27	龙江环保集团股份有限公司	10 447.06
28	山东山大华特科技股份有限公司	9 748.00
29	北京北大未名生物工程集团有限公司	9 648.83
30	四川川大华西药业股份有限公司	8 961.81

续表

序号	企 业 名 称	归属于学校方股东的所有者权益
31	武汉华工创业投资有限责任公司	8 941.00
32	大连理工大学出版社有限公司	8 713.80
33	北京清华阳光能源开发有限责任公司	8 391.38
34	黑龙江哈尔滨医大药业有限公司	8 142.00
35	中山大学达安基因股份有限公司	8 050.04
36	武汉华中数控股份有限公司	8 007.86
37	北京北航科技园有限公司	7 806.77
38	北京正方兴通信技术有限公司	7 171.72
39	云南云大投资控股有限公司	6 878.34
40	武汉华工大学科技园发展有限公司	6 703.70
41	武汉华宏资产经营管理有限公司	6 691.86
42	北京华电天德资产经营有限公司	6 358.81
43	湖北武大有机硅新材料股份有限公司	6 201.80
44	西安理工晶体科技有限公司	6 181.37
45	江苏南大苏富特科技股份有限公司	5 764.67
46	东北大学设计研究院（有限公司）	5 755.55
47	北京北大维信生物科技有限公司	5 689.15
48	北大先锋科技有限公司	5 523.09
49	南京康尼机电股份有限公司	5 306.21
50	北京华环电子股份有限公司	4 934.16
51	西安西北工业大学科技产业集团公司	4 894.26
52	北京科大恒兴高新技术有限公司	4 529.01
53	北京理工世纪科技集团有限公司	4 134.77
54	亿阳信通股份有限公司	3 844.26
55	武汉理工大科技园股份有限公司	3 752.32
56	北京北大科技园有限公司	3 506.49
57	武汉南华高速船舶工程股份有限公司	3 410.99
58	武汉凯迪电力股份有限公司	3 396.54
59	北京交大资产经营有限公司	3 363.88
60	武汉工程大学研究设计院	3 251.00
61	上海大学科技园区	3 236.91

续表

序号	企　业　名　称	归属于学校方股东的所有者权益
62	西安西北工业大学资产经营管理有限公司	3 161.06
63	北京辰安伟业科技有限公司	3 095.65
64	山东山大华天科技股份有限公司	3 062.84
65	江苏南星药业有限责任公司	2 978.73
66	成都运达创新科技有限公司	2 904.87
67	重庆大学城市规划与研究院	2 882.00
68	西安邮电学院邮电技术公司	2 832.02
69	江苏省无锡江大大学科技园有限公司	2 748.45
70	沈阳东北大学冶金技术研究所有限公司	2 748.00
71	北京北科麦思科自动化工程技术有限公司	2 747.58
72	江西电子仪器厂	2 681.00
73	天津膜天膜工程技术有限公司	2 622.25
74	南京速必得宝高新技术有限公司	2 548.48
75	深圳市永达电子股份有限公司	2 387.00
76	北京清能创新科技有限公司	2 326.55
77	太原中北新缘科技中心	2 214.67
78	北京北大创业园有限公司	2 207.37
79	北京北航精密机电有限公司	2 161.36
80	武汉开目信息技术有限责任公司	2 107.80
81	武汉华中师大科技园发展有限公司	2 033.99
82	成都交大光芒实业有限公司	1 999.60
83	江苏南大光电材料股份有限公司	1 996.43
84	武汉理工新能源有限公司	1 889.06
85	杨凌西北农林科大新天地设施农业开发公司	1 883.65
86	北京中农大生物技术股份有限公司	1 841.81
87	武汉武大科技园有限公司	1 810.14
88	北京北大英华科技有限公司	1 799.18
89	南昌江南电子仪器厂	1 764.00
90	北京赛能杰高新技术股份有限公司	1 759.83
91	武汉华工建设发展有限公司	1 732.03
92	北京北大众志微系统科技有限公司	1 615.50

续表

序号	企 业 名 称	归属于学校方股东的所有者权益
93	大连理工大学土木建筑设计研究院有限公司	1 573.43
94	兰州大学科技开发总公司	1 551.14
95	北京北大软件工程发展有限公司	1 469.20
96	北京邮电大学出版社发行部	1 464.68
97	威海天诺数控机械有限公司	1 454.70
98	鲁迅美术学院艺术工程总公司	1 443.67
99	白求恩医科大学制药厂	1 363.00
100	成都成电大学科技园孵化器有限公司	1 289.96

附表 5　全国高校高新区企业按收入总额排名前一百名情况一览表

2010 年 12 月 31 日　　单位：万元

序号	企 业 名 称	收入总额
1	北大方正集团有限公司	5 395 631.35
2	清华控股有限公司	3 450 836.00
3	同方股份有限公司	1 900 216.78
4	北京北大资源集团有限公司	569 343.90
5	东软集团股份有限公司	536 156.00
6	紫光股份有限公司	453 499.95
7	武汉华中科技大产业集团有限公司	386 705.05
8	华工科技产业股份有限公司	219 427.39
9	北京北大未名生物工程集团有限公司	188 097.75
10	武汉大学资产经营投资管理有限责任公司	184 535.60
11	山东山大产业集团有限公司	129 293.43
12	浦华环保有限公司	95 510.00
13	南京康尼机电股份有限公司	75 706.49
14	山东山大华特科技股份有限公司	56 834.67
15	清华大学出版社有限公司	49 456.14
16	江苏南大苏富特科技股份有限公司	43 707.22
17	武汉华中数控股份有限公司	40 711.63
18	紫光集团有限公司	40 624.18
19	启迪控股股份有限公司	40 603.00
20	中山大学达安基因股份有限公司	39 231.16

续表

序号	企 业 名 称	收入总额
21	北京清华阳光能源开发有限责任公司	31 539.42
22	龙江环保集团股份有限公司	31 193.15
23	大连理工大学产业投资有限公司	30 760.00
24	沈阳东北大学冶金技术研究所有限公司	26 939.00
25	武汉南华高速船舶工程股份有限公司	26 406.21
26	北京科大资产经营有限公司	24 566.53
27	武汉华工创业投资有限责任公司	23 216.00
28	博奥生物有限公司	20 432.72
29	哈尔滨工业大学国家大学科技园发展有限公司	18 907.00
30	山东山大华天科技股份有限公司	18 880.00
31	北京北大科技园有限公司	18 682.24
32	东北大学设计研究院（有限公司）	17 892.82
33	四川川大华西药业股份有限公司	17 766.00
34	江苏南星药业有限责任公司	17 269.00
35	南京大学资产经营有限公司	17 201.69
36	西安理工大资产经营管理有限公司	15 666.79
37	西安理工晶体科技有限公司	15 666.00
38	大连理工大学出版社有限公司	13 807.00
39	北京华环电子股份有限公司	13 318.00
40	中科大资产经营有限责任公司	13 211.85
41	鲁迅美术学院艺术工程总公司	12 711.92
42	北京北大科技园建设开发有限公司	11 462.56
43	湖南中大设计院有限公司	11 462.00
44	北京北航科技园有限公司	9 278.11
45	北京科大恒兴高新技术有限公司	8 617.83
46	大连理工大学土木建筑设计研究院有限公司	8 519.02
47	兰州天际环境保护有限公司	8 206.00
48	云南大学投资管理有限公司	8 193.67
49	山大鲁能信息科技有限公司	7 741.00
50	北京清能创新科技有限公司	7 505.68
51	北京理工世纪科技集团有限公司	7 442.45

续表

序号	企业名称	收入总额
52	北京首科兴业工程技术有限公司	7 347.81
53	重庆大学城市规划与研究院	6 636.00
54	武汉华工大学科技园发展有限公司	6 527.20
55	北京辰安伟业科技有限公司	6 460.64
56	云南云大投资控股有限公司	5 357.64
57	北京华电天德资产经营有限公司	5 233.53
58	北京银盘电子技术有限公司	5 104.00
59	武汉开目信息技术有限责任公司	4 630.00
60	黑龙江哈尔滨医大药业有限公司	4 436.00
61	河北医科大学生物医学工程中心	4 268.00
62	威海天诺数控机械有限公司	4 093.20
63	南京理工大学科技贸易公司	4 020.69
64	白求恩医科大学制药厂	3 832.00
65	北京科技大学设计研究院有限公司	3 804.66
66	北京国环清华环境工程设计研究院有限公司	3 792.67
67	西安邮电学院邮电技术公司	3 631.25
68	保定华仿科技有限公司	3 534.00
69	大连理工现代工程检测有限公司	3 527.00
70	西安中星材料有限责任公司	3 479.79
71	湖大海捷制造技术有限公司	3 456.00
72	太原中北新缘科技中心	3 451.76
73	天津工大纺织助剂有限公司	3 412.00
74	兰州大学科技开发总公司	3 378.30
75	西安西北工业大学资产经营管理有限公司	3 371.51
76	北京邮电大学出版社发行部	3 288.54
77	秦皇岛科力汽车零部件有限公司	3 188.75
78	武汉工程大学研究设计院	3 120.00
79	武汉华胜工程建设科技有限公司	3 081.98
80	北京中农大生物技术股份有限公司	2 641.34
81	北京人大文化科技园建设发展有限公司	2 586.00
82	北京三方兴通信技术有限公司	2 546.73

续表

序号	企 业 名 称	收入总额
83	大连理工大学监理有限公司	2 432.00
84	北京北邮资产经营有限公司	2 320.10
85	上海大学科技园区	2 277.52
86	北京油源恒业科技有限公司	2 238.00
87	成都成电大学科技园孵化器有限公司	2 220.43
88	武汉华科机电工程技术有限公司	2 074.08
89	辽宁东大冷弯型钢有限公司	2 036.69
90	西安西工大高商科技有限公司	2 023.68
91	安徽中科大擎天数码科技有限公司	1 986.98
92	北京清软英泰信息技术有限公司	1 954.51
93	北京北大英华科技有限公司	1 895.00
94	南京南大药业有限责任公司	1 867.72
95	兰州兰大科技广场	1 761.53
96	北京市煤炭矿用机电设备技术开发公司	1 736.00
97	北京科大华科高新技术有限公司	1 575.32
98	武汉华宏资产经营管理有限公司	1 519.31
99	浙江大学三伊电气电子工程公司	1 512.00
100	新疆大学科技园有限责任公司	1 426.53

附表6　全国高校高新区企业按利润总额排名前一百名情况一览表

2010 年 12 月 31 日　　单位：万元

序号	企 业 名 称	利润总额
1	北大方正集团有限公司	258 265.83
2	清华控股有限公司	111 468.00
3	同方股份有限公司	71 801.51
4	东软集团股份有限公司	56 011.00
5	武汉华中科技大产业集团有限公司	51 818.83
6	华工科技产业股份有限公司	33 833.63
7	北京北大资源集团有限公司	26 812.25
8	山东山大产业集团有限公司	24 266.97
9	山东山大华特科技股份有限公司	15 321.07
10	武汉大学资产经营投资管理有限责任公司	14 196.84

续表

序号	企业名称	利润总额
11	南京康尼机电股份有限公司	12 241.71
12	北京北大未名生物工程集团有限公司	9 532.27
13	清华大学出版社有限公司	8 941.00
14	启迪控股股份有限公司	8 170.00
15	南京大学资产经营有限公司	7 966.31
16	紫光集团有限公司	6 890.60
17	中山大学达安基因股份有限公司	6 794.24
18	江苏南大苏富特科技股份有限公司	6 554.30
19	武汉华中数控股份有限公司	6 279.15
20	龙江环保集团股份有限公司	5 434.14
21	武汉华工创业投资有限责任公司	5 326.00
22	哈尔滨工业大学国家大学科技园发展有限公司	5 276.00
23	云南云大投资控股有限公司	5 077.53
24	中科大资产经营有限责任公司	4 611.41
25	紫光股份有限公司	4 436.25
26	大连理工大学产业投资有限公司	4 303.00
27	云南大学投资管理有限公司	4 099.70
28	东北大学设计研究院（有限公司）	3 838.43
29	四川川大华西药业股份有限公司	3 257.00
30	沈阳东北大学冶金技术研究所有限公司	2 633.00
31	北京正方兴通信技术有限公司	2 382.22
32	大连理工大学出版社有限公司	2 200.00
33	清华环保有限公司	2 103.00
34	北京科大资产经营有限公司	2 000.02
35	江苏南星药业有限责任公司	1 948.00
36	北京辰安伟业科技有限公司	1 919.00
37	西安理工晶体科技有限公司	1 402.00
38	重庆大学城市规划与研究院	1 386.00
39	西安理工大资产经营管理有限公司	1 378.18
40	天津膜天膜工程技术有限公司	1 327.00

续表

序号	企 业 名 称	利润总额
41	山东山大华天科技股份有限公司	1 246.00
42	北京华电天德资产经营有限公司	1 230.26
43	山大鲁能信息科技有限公司	1 208.00
44	北京华环电子股份有限公司	1 174.00
45	武汉华工大学科技园发展有限公司	1 115.57
46	湖南中大设计院有限公司	1 027.00
47	武汉南华高速船舶工程股份有限公司	1 001.99
48	保定华仿科技有限公司	968.00
49	北京清华阳光能源开发有限责任公司	887.61
50	兰州天际环境保护有限公司	757.00
51	北京北航科技园有限公司	696.41
52	新疆大学科技园有限责任公司	691.06
53	北京北邮资产经营有限公司	690.19
54	北京科大恒兴高新技术有限公司	663.56
55	北京交大资产经营有限公司	650.88
56	北京北大英华科技有限公司	603.00
57	鲁迅美术学院艺术工程总公司	575.12
58	成都成电大学科技园孵化器有限公司	566.94
59	大连理工大学土木建筑设计研究院有限公司	560.85
60	西安深亚电子有限公司	501.74
61	大连理工大学监理有限公司	473.00
62	北京北航精密机电有限公司	472.50
63	大连理工现代工程检测有限公司	458.00
64	武汉华胜工程建设科技有限公司	415.24
65	武汉华宏资产经营管理有限公司	397.33
66	太原中北新缘科技中心	391.04
67	北京清能创新科技有限公司	341.58
68	北京石大油软技术有限公司	312.23
69	黑龙江哈尔滨医大药业有限公司	304.00
70	北京清软英泰信息技术有限公司	226.86

续表

序号	企 业 名 称	利润总额
71	秦皇岛科力汽车零部件有限公司	222.39
72	保定华电电力设计院有限公司	189.00
73	武汉武大科技园有限公司	187.50
74	西安西工大科信软件有限责任公司	171.56
75	武汉工程大学研究设计院	152.00
76	广东暨大基因药物工程研究中心有限公司	138.13
77	西安西北工业大学资产经营管理有限公司	134.01
78	北京市煤炭矿用机电设备技术开发公司	120.00
79	北京师宏药物研制中心	114.27
80	山东吕美容体技术有限公司	114.00
81	北京国环清华环境工程设计研究院有限公司	113.54
82	武汉华科机电工程技术有限公司	111.30
83	北京首科兴业工程技术有限公司	108.93
84	天津工大纺织助剂有限公司	101.00
85	南昌大学科技产业联合公司	97.00
86	山西医科大学制药厂	93.00
87	北京科技大学设计研究院有限公司	88.59
88	北京人大文化科技园建设发展有限公司	83.00
89	西安西工大思强科技有限公司	80.63
90	西安邮电学院邮电技术公司	80.47
91	北京华控汇金投资管理有限公司	59.00
92	上海上大莱欧美术创作有限公司	52.67
93	西安沃兰科技有限责任公司	47.27
94	兰州兰大小精灵新技术有限责任公司	41.81
95	武汉理工新能源有限公司	38.08
96	上海上大海润信息系统有限公司	33.03
97	合肥中科大爱克科技有限公司	20.50
98	浙江大学三伊电气电子工程公司	17.00
99	武汉华科教育科技有限公司	15.69
100	北京华电天达科技有限公司	15.10

附表 7　全国高校高新区企业按净利润额排名前一百名情况一览表

2010 年 12 月 31 日　　　　　　　　　　单位：万元

序号	企　业　名　称	净利润额
1	北大方正集团有限公司	111 521.48
2	清华控股有限公司	97 064.00
3	同方股份有限公司	59 973.78
4	东软集团股份有限公司	50 730.00
5	武汉华中科技大产业集团有限公司	43 450.39
6	华工科技产业股份有限公司	28 473.58
7	山东山大产业集团有限公司	20 607.08
8	北京北大资源集团有限公司	20 102.88
9	山东山大华特科技股份有限公司	13 249.65
10	清华大学出版社有限公司	11 065.38
11	南京康尼机电股份有限公司	10 690.30
12	武汉大学资产经营投资管理有限责任公司	9 227.94
13	江苏南大苏富特科技股份有限公司	6 168.47
14	南京大学资产经营有限公司	6 066.69
15	紫光集团有限公司	5 967.76
16	启迪控股股份有限公司	5 916.00
17	中山大学达安基因股份有限公司	5 746.11
18	武汉华中数控股份有限公司	5 364.77
19	龙江环保集团股份有限公司	4 667.67
20	中科大资产经营有限责任公司	4 153.83
21	哈尔滨工业大学国家大学科技园发展有限公司	3 920.00
22	大连理工大学产业投资有限公司	3 879.00
23	哈尔滨博实自动化股份有限公司	3 561.00
24	紫光股份有限公司	3 511.41
25	东北大学设计研究院（有限公司）	3 262.66
26	武汉华工创业投资有限责任公司	3 076.00
27	四川川大华西药业股份有限公司	2 661.00
28	云南云大投资控股有限公司	2 541.96
29	北京正方兴通信技术有限公司	2 382.22
30	沈阳东北大学冶金技术研究所有限公司	2 256.00

续表

序号	企 业 名 称	净利润额
31	大连理工大学出版社有限公司	2 200.00
32	浦华环保有限公司	2 087.00
33	云南大学投资管理有限公司	2 000.33
34	北京科大资产经营有限公司	1 804.50
35	江苏南星药业有限责任公司	1 739.00
36	北大先锋科技有限公司	1 711.28
37	北京辰安伟业科技有限公司	1 690.00
38	北京北大维信生物科技有限公司	1 408.26
39	天津膜天膜工程技术有限公司	1 307.00
40	山大鲁能信息科技有限公司	1 208.00
41	西安理工晶体科技有限公司	1 194.00
42	重庆大学城市规划与研究院	1 188.00
43	山东山大华天科技股份有限公司	1 172.00
44	西安理工大资产经营管理有限公司	1 163.30
45	北京北大未名生物工程集团有限公司	1 162.10
46	江苏南大光电材料股份有限公司	1 122.40
47	成都交大光芒实业有限公司	1 118.30
48	北京华电天德资产经营有限公司	1 080.33
49	北京华环电子股份有限公司	1 053.00
50	保定华仿科技有限公司	877.00
51	北大国际医院集团有限公司	848.96
52	武汉南华高速船舶工程股份有限公司	820.80
53	湖南中大设计院有限公司	729.00
54	武汉华工大学科技园发展有限公司	720.02
55	湖北武大有机硅新材料股份有限公司	704.50
56	北京清华阳光能源开发有限责任公司	692.03
57	北京北邮资产经营有限公司	690.19
58	深圳市永达电子股份有限公司	682.00
59	北京交大资产经营有限公司	650.88
60	兰州天际环境保护有限公司	644.00
61	武汉中地信息工程有限公司	621.92

续表

序号	企 业 名 称	净利润额
62	北京科大恒兴高新技术有限公司	564.02
63	武汉武大巨成加固实业有限公司	542.20
64	北京北航科技园有限公司	525.63
65	新疆大学科技园有限责任公司	518.29
66	北京北大英华科技有限公司	513.00
67	西安深亚电子有限公司	501.74
68	成都运达创新科技有限公司	468.49
69	成都成电大学科技园孵化器有限公司	425.21
70	大连理工大学监理有限公司	402.00
71	北京北航精密机电有限公司	401.62
72	武汉华宏资产经营管理有限公司	394.29
73	大连理工现代工程检测有限公司	394.00
74	大连理工大学土木建筑设计研究院有限公司	391.42
75	北京清能创新科技有限公司	335.06
76	太原中北新缘科技中心	332.39
77	厦门北大泰普科技有限公司	311.36
78	武汉华胜工程建设科技有限公司	309.30
79	北京科大中冶技术发展有限公司	298.37
80	北京石大油软技术有限公司	285.09
81	黑龙江哈尔滨医大药业有限公司	238.00
82	秦皇岛科力汽车零部件有限公司	211.60
83	北京清软英泰信息技术有限公司	208.08
84	哈尔滨工业大学八达集团有限公司	206.00
85	江苏久吾高科技股份有限公司	200.00
86	兰州民海生物工程有限公司	173.00
87	北京赛能杰高新技术股份有限公司	158.09
88	武汉工程大学研究设计院	152.00
89	西安西工大科信软件有限责任公司	145.47
90	广东暨大基因药物工程研究中心有限公司	138.13
91	保定华电电力设计院有限公司	136.00
92	西安西北工业大学资产经营管理有限公司	127.91

续表

序号	企　业　名　称	净利润额
93	武汉武大创新投资有限公司	121.96
94	武汉武大科技园有限公司	110.00
95	武汉武大弘元股份有限公司	108.00
96	北京师宏药物研制中心	102.21
97	北京市煤炭矿用机电设备技术开发公司	102.00
98	北京科大朗涤环保工程技术有限公司	98.46
99	鲁迅美术学院艺术工程总公司	98.42
100	山东吕美容体技术有限公司	96.00

附表 8　全国高校高新区企业按归属于学校方股东的净利润额排名前一百名情况一览表

2010 年 12 月 31 日　　单位：万元

序号	企　业　名　称	归属于学校方股东的净利润额
1	北大方正集团有限公司	78 065.04
2	清华控股有限公司	30 871.00
3	武汉华中科技大产业集团有限公司	16 755.28
4	同方股份有限公司	11 451.79
5	清华大学出版社有限公司	11 065.38
6	华工科技产业股份有限公司	10 357.24
7	东软集团股份有限公司	8 540.00
8	山东山大产业集团有限公司	6 180.22
9	南京大学资产经营有限公司	6 066.69
10	北京北大资源集团有限公司	5 628.81
11	中科大资产经营有限责任公司	4 142.94
12	哈尔滨工业大学国家大学科技园发展有限公司	3 920.00
13	哈尔滨博实自动化股份有限公司	3 561.00
14	大连理工大学产业投资有限公司	3 349.00
15	武汉大学资产经营投资管理有限责任公司	3 006.30
16	启迪控股股份有限公司	2 987.00
17	大连理工大学出版社有限公司	2 200.00
18	南京宸尼机电股份有限公司	2 113.89
19	云南云大投资控股有限公司	2 033.57
20	云南大学投资管理有限公司	1 876.87

续表

序号	企 业 名 称	归属于学校方股东的净利润额
21	北大先锋科技有限公司	1 711.28
22	北京科大资产经营有限公司	1 703.23
23	北京正方兴通信技术有限公司	1 572.26
24	武汉华中数控股份有限公司	1 551.90
25	山东山大华特科技股份有限公司	1 538.52
26	四川川大华西药业股份有限公司	1 483.00
27	北京北大维信生物科技有限公司	1 408.26
28	山大鲁能信息科技有限公司	1 208.00
29	紫光集团有限公司	1 140.81
30	江苏南大光电材料股份有限公司	1 122.40
31	成都交大光芒实业有限公司	1 118.30
32	中山大学达安基因股份有限公司	1 071.52
33	武汉华工创业投资有限责任公司	1 052.60
34	紫光股份有限公司	1 050.47
35	东北大学设计研究院（有限公司）	1 011.43
36	天津膜天膜工程技术有限公司	878.57
37	北大国际医院集团有限公司	848.96
38	龙江环保集团股份有限公司	827.25
39	江苏南大苏富特科技股份有限公司	714.31
40	湖北武大有机硅新材料股份有限公司	704.50
41	北京北邮资产经营有限公司	690.19
42	深圳市永达电子股份有限公司	682.00
43	浦华环保有限公司	634.00
44	武汉中地信息工程有限公司	621.92
45	武汉华工大学科技园发展有限公司	594.95
46	北京华环电子股份有限公司	590.00
47	西安理工大资产经营管理有限公司	567.42
48	北京科大恒兴高新技术有限公司	564.02
49	武汉武大巨成加固实业有限公司	542.20
50	沈阳东北大学冶金技术研究所有限公司	541.00
51	成都运达创新科技有限公司	468.49

续表

序号	企业名称	归属于学校方股东的净利润额
52	北京北大未名生物工程集团有限公司	464.84
53	北京辰安伟业科技有限公司	453.43
54	北京北航精密机电有限公司	401.62
55	武汉华宏资产经营管理有限公司	394.29
56	湖南中大设计院有限公司	386.00
57	大连理工大学土木建筑设计研究院有限公司	352.28
58	山东山大华天科技股份有限公司	349.00
59	兰州天际环境保护有限公司	335.00
60	太原中北新缘科技中心	332.39
61	北京华电天德资产经营有限公司	327.75
62	北京清能创新科技有限公司	316.63
63	北京清华阳光能源开发有限责任公司	313.15
64	厦门北大泰普科技有限公司	311.36
65	武汉华胜工程建设科技有限公司	309.30
66	北京科大中冶技术发展有限公司	298.37
67	北京北大英华科技有限公司	294.98
68	武汉南华高速船舶工程股份有限公司	284.49
69	成都成电大学科技园孵化器有限公司	218.34
70	哈尔滨工业大学八达集团有限公司	206.00
71	黑龙江哈尔滨医大药业有限公司	203.00
72	江苏久吾高科技股份有限公司	200.00
73	兰州民海生物工程有限公司	173.00
74	北京赛能杰高新技术股份有限公司	158.09
75	武汉工程大学研究设计院	152.00
76	武汉武大创新投资有限公司	121.96
77	武汉武大弘元股份有限公司	108.00
78	北京清软英泰信息技术有限公司	106.12
79	北京石大油软技术有限公司	99.78
80	北京科大朗涤环保工程技术有限公司	98.46
81	鲁迅美术学院艺术工程总公司	98.42
82	北京国环清华环境工程设计研究院有限公司	90.95

续表

序号	企 业 名 称	归属于学校方股东的净利润额
83	武汉华科机电工程技术有限公司	88.95
84	吉林省吉大机电设备有限公司	85.00
85	北京科大机翔科技有限公司	80.27
86	天津工大纺织助剂有限公司	76.00
87	北大先行科技产业有限公司	75.17
88	北京北大软件工程发展有限公司	72.94
89	广东暨大基因药物工程研究中心有限公司	69.06
90	西安西北工业大学资产经营管理有限公司	68.01
91	南昌大学科技产业联合公司	68.00
92	北京科大方兴高新技术有限公司	67.57
93	北京人大文化科技园建设发展有限公司	66.00
94	山东吕美容体技术有限公司	63.36
95	大庆开发区东油新技术有限公司	51.70
96	长沙坛坛香调料食品有限公司	51.00
97	西安沃兰科技有限责任公司	45.77
98	北京科技大学设计研究院有限公司	45.19
99	长春吉大·小天鹅仪器有限公司	44.84
100	西安西工大科信软件有限责任公司	43.64

十、高校及高校企业控股的上市公司名录（沪深股市）

截至2010年12月31日，高校及高校企业控股的上市公司名录（沪深股市）如表10-1所示。

表10-1　高校及高校企业控股的上市公司名录（沪深股市）

2010年12月31日

序号	股票代码	上市公司	控股单位	每股净资产/元	每股收益/元	每股现金含量/元	资产总计/万元	主营业务收入/万元	净利润额/万元	所属学校
1	600100	同方股份有限公司	清华控股有限公司	8.04	0.486 7	0.271 4	2 406 460.00	1 826 750.00	47 955.60	清华大学
2	600530	上海交大昂立股份有限公司	上海新南洋股份有限公司	3.39	0.19	0.041 1	131 544.00	33 898.40	5 800.47	上海交通大学
3	600590	泰豪科技股份有限公司	同方股份有限公司	3.72	0.12	0.393 7	485 296.00	297 244.00	5 422.23	清华大学
4	600601	方正科技集团股份有限公司	北大方正集团有限公司	1.870 6	0.117 6	0.094 4	699 583.00	816 779.00	24 085.50	北京大学
5	600624	上海复旦复华科技股份有限公司	复旦大学	1.573 0	0.059 0	0.232 2	143 356.00	59 859.90	2 043.96	复旦大学
6	600661	上海新南洋股份有限公司	上海交通大学	2.10	0.04	0.287 9	100 123.00	55 886.40	650.20	上海交通大学

续表

序号	股票代码	上市公司	控股单位	每股净资产/元	每股收益/元	每股现金含量/元	资产总计/万元	主营业务收入/万元	净利润额/万元	所属学校
7	600701	哈尔滨工大高新技术产业开发股份有限公司	哈尔滨工业大学高新技术开发总公司	1.70	0.038 8	0.28	161 556.00	75 497.00	1 934.22	哈尔滨工业大学
8	600718	东软集团股份有限公司	东北大学科技产业集团有限公司	3.49	0.39	0.311 1	685 888.00	493 770.00	48 467.50	东北大学
9	600730	中国高科集团股份有限公司	多家高校参股	2.57	0.075	−0.544 1	170 110.00	116 568.00	2 212.69	多家高校
10	600797	浙大网新科技股份有限公司	浙江浙大网新集团有限公司	2.02	0.08	0.026	443 080.00	554 806.00	6 822.35	浙江大学
11	600846	上海同济科技实业股份有限公司	上海同济资产经营有限公司	1.91	0.15	−0.758 7	414 006.00	193 598.00	9 575.88	同济大学
12	600857	哈工大首创科技股份有限公司	哈尔滨工业大学八达集团公司	1.95	0.09	0.204	62 111.90	95 987.40	1 941.44	哈尔滨工业大学
13	000004	深圳中国农大科技股份有限公司	深圳中农大科技投资有限公司	0.863 9	0.138 4	−0.139 8	18 421.90	13 133.10	1 162.41	中国农业大学
14	000532	力合股份有限公司	深圳力合创业投资有限公司	2.06	0.07	0.066 6	121 913.00	25 590.30	2 385.04	清华大学
15	000590	紫光古汉集团股份有限公司	紫光集团有限公司	1.37	0.232 3	0.418 6	56 872.60	31 162.50	4 715.37	清华大学

续表

序号	股票代码	上市公司	控股单位	每股净资产/元	每股收益/元	每股现金含量/元	资产总计/万元	主营业务收入/万元	净利润额/万元	所属学校
16	000790	成都华神集团股份有限公司	四川华神集团股份有限公司	1.707 7	0.046 6	0.430 8	76 946.20	48 903.30	1 247.97	成都中医药大学
17	000915	山东山大华特科技股份有限公司	山东山大产业集团有限公司	2.47	0.155	0.131 7	113 536.00	14 906.30	2 794.85	山东大学
18	000938	紫光股份有限公司	清华控股有限公司	3.85	0.161	0.762 3	203 030.00	447 601.00	3 322.16	清华大学
19	000988	华工科技产业股份有限公司	武汉华中科技大产业集团有限公司	4.00	[illegible]	0.172 2	[illegible]	[illegible]	[illegible]	华中科技大学
20	000990	诚志股份有限公司	清华控股有限公司	5.28	0.073	−0.238 9	354 633.00	314 018.00	2 153.96	清华大学
21	002030	中山大学达安基因股份有限公司	广州中大控股有限公司	1.46	0.20	0.273 4	67 375.50	36 996.80	5 645.27	中山大学
22	000788	北大国际医院集团西南合成制药股份有限公司	重庆西南合成制药有限公司	1.95	0.65	0.265 7	197 915.00	129 910.00	27 004.20	北京大学
23	002049	唐山晶源裕丰电子股份有限公司	同方股份有限公司	3.21	0.278 6	0.352 5	51 900.2	34 869.4	3 760.45	清华大学

十一、2010年度全国普通高校校办产业统计分析报告统计说明

① 一级企业：指由高校作为出资人所投资的各类企业。为避免汇总财务数据的重复计算，2010年度高校校办产业统计汇总分析对象为高校的一级企业。

② 二级企业：由学校一级控股企业作为出资人所投资的企业。

③ 科技企业的财务数据汇总范围：一级科技企业和母公司不是科技企业的二级科技企业。

④ 科技园企业财务数据汇总范围：一级科技园企业和母公司不是科技园企业的二级科技园企业。

⑤ 高新区企业财务数据汇总范围：一级高新区企业和母公司不是高新区企业的二级高新区企业。

⑥ 资产总额：指固定资产、流动资产、长期投资、无形资产、递延资产及其他资产年末数总和。本项数字根据“高产2-1表”中年末资产总计项中本年实际数填列。

⑦ 负债总额：指流动负债和长期负债的年末数总和。本项数字根据“高产2-1表”中年末负债总计项中本年实际数填列。

⑧ 所有者权益：反映企业投资者净资产的所有权，包括企业所有者投入资本、留存收益等。本项数字根据“高产2-1表”中所有者权益总计项的本年实际数填报。

⑨ 年末职工总人数：指企业工资册上固定发放薪酬的职工总人数，不包括临时聘用的人员。

⑩ 接受高等教育的人数：包括电大、自考、函授、高职、大专、本科、硕士和博士研究生等，不包括非学历教育的各类培训。

⑪ 研究开发人员：指主要从事新产品、新技术研发的技术人员，不包括生产经营活动中的技术人员。

⑫ 专职管理人员：指主要从事企业管理工作的人员，如各级经理、企业内部管理机构的人员、财会人员等，不包括勤杂人员（如司机、保洁工等）。

⑬ 收入总额：指企业主营业务收入、其他业务收入、补贴收入、投资收益和营业外收入的合计数。

北京产权交易所

CHINA BEIJING EQUITY EXCHANGE

业务范围

Business Scope

- 国有企业改制重组、产权交易及相关增值服务
- 地方政府招商服务
- 林权和大宗林产品交易
- 金融资产交易、不良金融资产市场化处置服务
- 矿业权和矿产品交易
- 股权交易资金结算
- 企业投融资服务
- 知识产权交易及相关增值服务
- 文化权益和文化产品交易
- 各类环境权益交易服务
- 石油石化产品、专用设备交易
- 股权交易资金结算

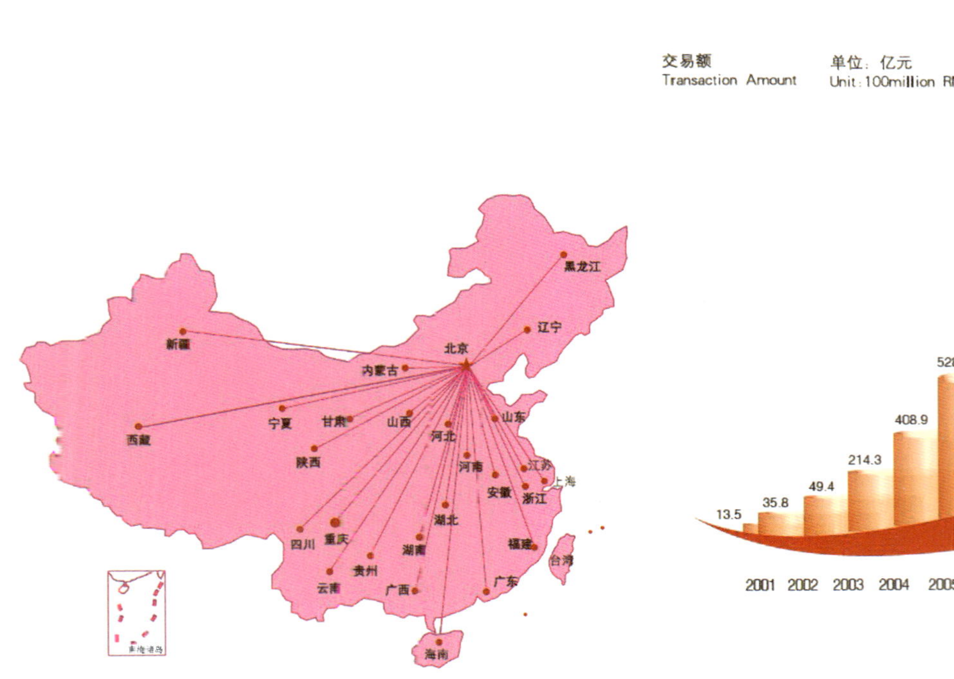

北交所全国市场服务网络

北交所交易规模增长示意图

Sketch of CBEX Transaction Growth

北京产权交易所

CHINA BEIJING EQUITY EXCHANGE

北交所以服务为首要职能，秉承“专注诚信、创造卓越”的精神，倡导“效益、服务、奉献、团结”的企业文化，通过创新交易品种和服务内容，实现产权市场“发现投资人，发现价格”的功能，逐步发展成为服务于多品种权益交易的基础性资本市场平台。

2010 年，北交所完成各类产权交易 10 106 宗，成交金额达到 2 227.25 亿元。从央企进场到北京市属企业进场，再到技术、环境、金融等各种权益类要素流转，北交所目前已形成以国有企业股权交易为基础，涵盖技术交易、林权交易、文化产权交易、金融资产交易、环境权益交易、矿权交易、贵金属交易等在内的“一托十”集团化发展架构。

中国技术交易所

中国技术交易所是经国务院批准，由北京市人民政府、科技部、国家知识产权局和中国科学院联合共建的技术交易服务机构。

中国林业产权交易所

中国林业产权交易所是经国务院批准，由国家林业局联合北京市人民政府共建的全国性林权及森林资源交易的市场平台，是我国唯一从事全国林业要素流转服务的机构，也是目前经国家工商总局批准的唯一一家许可经营林业碳汇业务的交易所。

北京金融资产交易所

北京金融资产交易所是经北京市人民政府批准设立的专业化金融资产交易机构，于 2010 年 5 月 30 日正式揭牌运营。

北京环境交易所

北京环境交易所是经北京市人民政府批准设立的特许经营实体，是集各类环境权益交易服务为一体的专业化市场平台。

北京产权交易所
CHINA BEIJING EQUITY EXCHANGE

北京国际矿业权交易所

北京国际矿业权交易所有限公司是经北京市人民政府批准设立的矿业权和矿产品交易公共服务平台，是北京市国土资源局指定的矿业权出让和转让公开交易场所。

北京石油交易所

北京石油交易所是经北京市人民政府批准设立的特许经营实体，致力于原油、成品油、燃料油、润滑油、化工产品等五大类石油石化产品的交易服务。

北京金马甲产权网络交易有限公司

金马甲电子商务平台是由分布在全国三十多个省市的产权交易机构和相关实力机构按照“资合、人合、业合”方式，遵照“共建、共用、共享”原则创立的基于互联网的资产与权益交易服务平台。

北京黄金交易中心

北京黄金交易中心（简称北京黄金）是经北京市政府批准，依托北京产权交易所集团平台建立并发展的综合性贵金属交易机构。

北京股权登记管理中心

北京股权登记管理中心是经北京市人民政府批准设立的北京市唯一一家专业从事非上市股权托管登记与管理的服务机构。

江苏南大光电材料股份有限公司

江苏南大光电材料股份有限公司地处苏州工业园区，是一家由南京大学技术参股专业从事光电新材料——高纯金属有机源（MO 源）研发、生产和销售的高新技术企业。MO 源目前主要用于半导体照明产业 LED 外延片的生产，是 LED 产业链的三大初始关键材料之一。公司是全球几大主要 MO 源生产厂商之一，也是国内唯一一家拥有完全自主知识产权并实现了 MO 源产业化生产的企业。2010 年，公司核心技术产品的全球市场份额在 15% 以上，国内市场份额在 60% 以上。

一、核心竞争优势明显

公司拥有完全自主知识产权的独特生产技术和生产工艺，公司的生产设备全部为自主设计制造，全面达到国际先进水平，完全摆脱了对国外先进制造设备和工艺的依赖。公司汇聚了一批国内 MO 源领域最顶尖的技术专家，并先后承担了五项国家“863”计划项目以及多项其他国家级、省级和市级重点科研项目。

二、公司产品市场前景广阔

据预计，未来 7 年全球 MO 源市场规模年复合增长率高达 45.3%，除可应用在 LED 行业，还可以运用在砷化镓太阳能电池、非晶硅薄膜太阳能电池、相变存储器以及半导体激光器等领域，南大光电的产品具有广阔的市场前景。

三、财务状况良好，盈利能力极强，具备高成长性

公司已实现连续三年业绩增长，尤其从 2010 年起，公司在下游 LED 等行业飞速发展的带动下，MO 源产销量急剧扩大，营业收入和净利润分别达到 11 792 万元和 5 612 万元，较上年增长了 310.86% 和 716.75%。

J-PARK

江南大学国家大学科技园

江南大学国家大学科技园依托江南大学的学科、科研、人才优势，面向社会，开放办园，经过多年的发展，已经成为具有持续创新能力，集科技成果转化、高新技术企业孵化、创新创业人才培养、服务区域经济建设和支撑行业技术进步于一体的综合性孵化基地。目前已形成A、B、C三个功能孵化区协调发展的新格局。

A区位于无锡国家高新区，已初步形成了以新能源、节能环保、生命科技、软件外包等新兴产业的孵化区。B区位于无锡太湖国际科技园，构建以企业为主体、产学研相结合，推动传感网技术在应用领域的发展。C区位于无锡山水城科教产业园，主要以公共技术服务平台为支撑，提供生物医药、食品技术、数字媒体、创意设计等创业服务；发挥国家大学生创业实践基地作用，促进科技成果转化。

◆综合服务

江南大学国家大学科技园依托所在行政区，为园区企业提供优质配套服务，并为企业搭建政产学研金交流合作平台。协调入园企业与政府、高校、科研院所等之间的关系，协助创投、法律、专利、会计、评估、审计等服务机构开展工作，帮助企业寻求项目合作。

◆扶持政策

入园企业可以享受国家、省、市、区各级政府的财政专项支持资金、创新创业税收优惠、重点产业扶持以及高层次人才引进等多项优惠政策。入园企业可申请创业基金，园区将积极协助入驻企业申请政府其他各类支持。

◆入园条件

1. 具备一定研发能力或拥有自主知识产权、产品市场前景较好的产学研合作型科技企业。
2. 江南大学或其他高校、科研院所教授科研团队。
3. 大学生创业团队。

Introduction

A区 ——创业孵化区

为大学科技园的创业孵化区，孵化面积42 571平方米，其中留学生创业基地孵化面积15 000平方米。主要以孵化光电子、精密机械自动化、仪器装备和软件为主。建立了风险投资、产权交易、信贷融资、信用担保、改制上市等全方位、多元化的科技投融资服务平台。

B区 ——传感网分园

为物联网产业化分园，孵化面积18 231平方米，主要围绕物联网产业，充分利用江南大学的学科、人才、科研优势，重点转化引进物联网技术应用成果项目，积极培育技术型公司，投资政产学研合作的物联网企业，共建江南能源研究院、教育部物联网应用技术工程中心等等。

C区

——大学生创业园

始建于2008年，由江南大学、江南大学国家大学科技园、无锡山水城科教产业园三方合作共建，旨在借鉴“斯坦福硅谷”模式，专注于提供创业系统解决方案，打造大学生创业模拟、培训、孵化、融资、信息、交流六大平台。大学生创业基地拥有场地孵化面积5 000平方米，1 000万元的大学生创业种子基金以及100余人的创业导师团，建有大学生创业办公室（联盟）、江南大学创业学院、公共服务中心等助推大学生创业企业发展。

——公共技术服务平台

◇江苏省绿色功能食品及添加剂工程研究中心
◇科技部火炬计划生物医药试验服务平台
◇江苏省无锡发酵工程公共技术服务中心
◇江苏省现代物理农业技术与装备创新中心
◇江南大学无锡传感器网络工程技术研究中心

平台为企业提供中试、验证、开发、检测、咨询等技术服务

www.j-park.jiangnan.edu.cn

地址：无锡市滨湖区蠡湖大道99号 电话：0510-85191065 传真：0510-85189107